HISTOIRE

DES

PROGRÈS DE LA GÉOGRAPHIE

DE 1857 A 1874

HISTOIRE

DES

PROGRÈS DE LA GÉOGRAPHIE

DE 1857 A 1874

PAR

 E. CORTAMBERT

ANCIEN PRÉSIDENT DE LA COMMISSION CENTRALE DE LA SOCIÉTÉ DE GÉOGRAPHIE,
BIBLIOTHÉCAIRE DU CABINET GÉOGRAPHIQUE DE LA BIBLIOTHÈQUE NATIONALE

(Extrait du Complément de la Geographie de **MALTE-BRUN,**

publié par

MM. LEGRAND, POMEY ET CROUZET.)

PARIS

IMPRIMERIE DE PAUL DUPONT

41, RUE JEAN-JACQUES-ROUSSEAU, 41

—

1875

C.

Division des Matières.

I. Voyages, découvertes, travaux géographiques et topographiques, communications générales du globe.

II. Mouvement de la littérature géographique.

III. Nécrologie géographique.

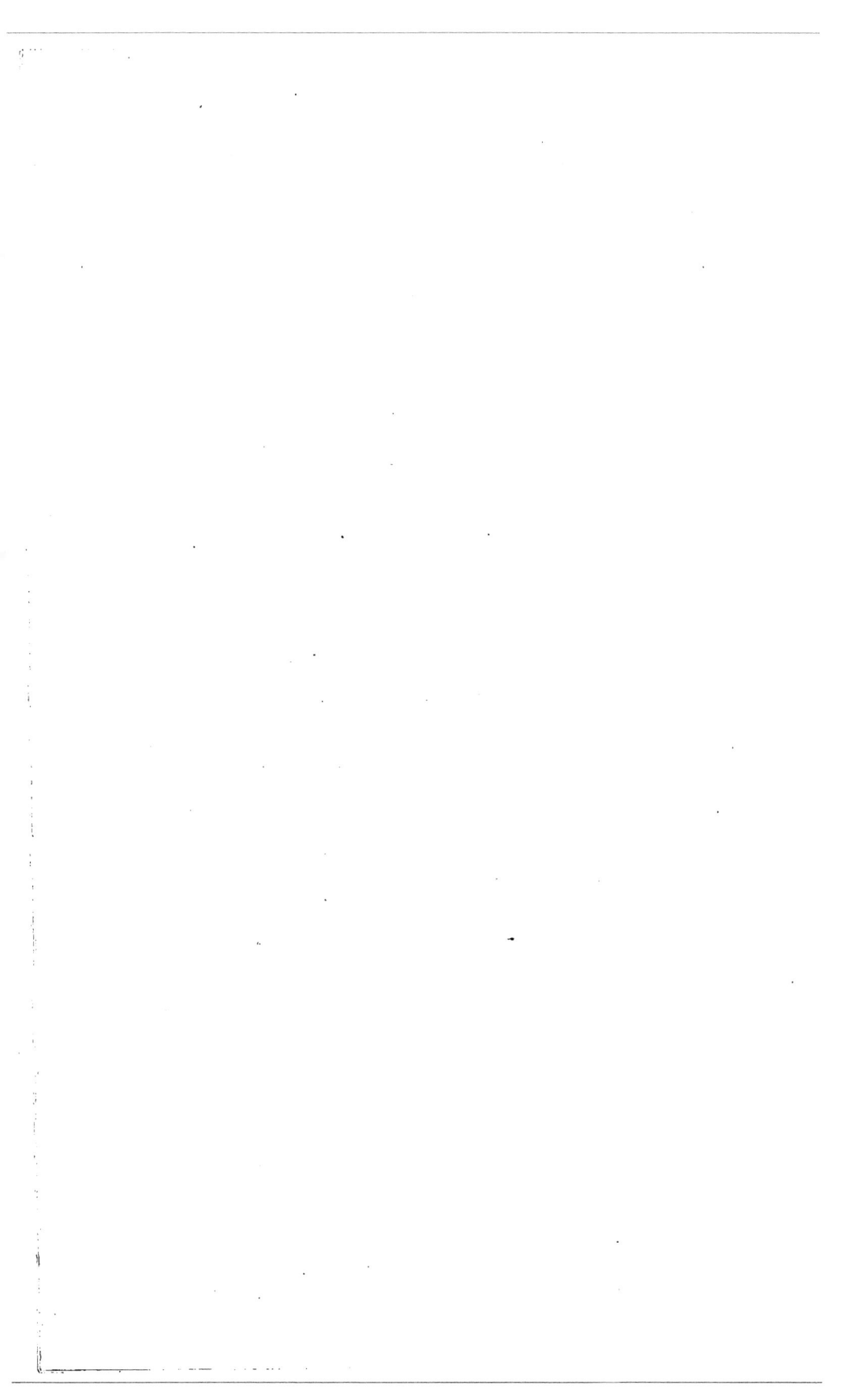

HISTOIRE DE LA GÉOGRAPHIE

DE 1857 A 1874.

VOYAGES ET DÉCOUVERTES.

AFRIQUE.

Commençons notre coup d'œil général sur les principales découvertes géographiques, depuis plus de quinze années, par cette mystérieuse Afrique, où tant d'espaces restent encore inconnus.

En 1858, les capitaines anglais Richard Burton et John Speke voulurent atteindre les sources du Nil, non en remontant ce fleuve, comme leurs prédécesseurs, mais en attaquant le problème par la côte orientale de l'Afrique ; ils s'étaient avancés jusqu'au lac Tanganyika, qu'on désignait auparavant très-vaguement sous le nom de lac Ouniamési et dont ils firent, les premiers, connaître la vraie situation et la forme allongée du nord au sud. Speke se sépara de son compagnon, resté malade à Oujiji, sur la côte orientale de ce lac, se dirigea vers le nord-est et découvrit le grand lac nommé Oukérévé-Nyanza dans la langue des naturels et qu'en Anglais patriote il appela Victoria-Nyanza [1]. On lui dit, sans qu'il pût le vérifier encore, que le Nil sortait, au nord, de cette grande masse d'eau. Ce n'est que plus tard qu'il s'assura de l'écoulement du lac.

L'intrépide voyageur, accompagné du capitaine Grant, revint en Afrique en 1860 ; il s'enfonça dans l'intérieur, et pénétra dans les mêmes contrées où il était parvenu dans son expédition avec Burton. Les deux explorateurs longèrent à l'ouest le lac Oukérévé, traversèrent le royaume de Karagoué, puis celui d'Ouganda, dont ils trouvèrent les habitants bienveillants, polis et

[1] Nyanza est un mot indigène qui signifie lac.

aimables, dignes enfin, disent-ils avec une grande courtoisie, d'être surnommés les *Français de l'Afrique ;* ils virent sortir du lac au nord un effluent qu'ils considérèrent comme le Nil Blanc. Mais est-ce bien là la vraie source du Nil ? Parmi les rivières qui tombent dans l'Oukérévé, quelle est celle qui est l'origine principale de ce cours d'eau ? Ou bien n'y a-t-il pas, au milieu des grandes rivières voisines, quelque branche mère plus importante et plus digne d'être regardée comme la tête du célèbre fleuve ? Quoi qu'il en soit, ils suivirent jusqu'à 2° de latitude N. le cours d'eau qu'ils regardaient comme le Nil Blanc, l'abandonnèrent en le voyant fuir à l'O. par un grand coude qui le conduisait, d'après le rapport des indigènes, dans un autre lac nommé Louta-Nzighé ou Mvouta-Nzighé (ou Mvoutan-Nzighé), lac d'où il sortait, ajoutait-on, vers le nord ; ils rejoignirent plus loin ce fleuve, qu'ils crurent échappé du second lac, arrivèrent à Gondokoro en février 1863, et regagnèrent l'Angleterre, où Speke, qui avait surmonté tant d'obstacles, tant de dangers, périt misérablement par un vulgaire accident de chasse.

Continuons l'histoire des efforts tentés pour déterminer le cours supérieur du Nil. Hansal avait parcouru une partie de ce bassin en 1858 ; Guillaume Lejean, en 1860 et 1861, y a fait une importante excursion, et il a rendu compte de ses remarques pleines de sagacité dans plusieurs recueils estimés et dans un beau volume accompagné d'un atlas. Le docteur Pency, qui avait envoyé des notes précises sur ses observations, et dont la science et le courage inspiraient tant d'espoir, fut enlevé par les fièvres paludéennes en 1861. Ambroise et Jules Poncet, vaillants chasseurs d'éléphants, ont vu beaucoup de pays dans leurs courses aventureuses et ont adressé des remarques intéressantes sur le cours du Nil Blanc et son voisinage. Les Italiens Castel Bolognesi, Horace Antinori, Debono, Miani et Philippe de Terranuova faisaient aussi, vers cette époque, des excursions dans le bassin du Nil.

Une courageuse et riche Hollandaise, mademoiselle Tinné, y a exécuté un célèbre voyage en 1862 et 1863 ; elle remonta d'abord le Nil Blanc, puis, dans une seconde expédition, le Bahr-el-Ghazal, dirigeant toute chose avec une énergie et une perspicacité extraordinaires ; elle perdit dans cette audacieuse entreprise sa mère et sa tante. Th. de Heuglin et Steudner se sont joints à elle dans une partie de ses explorations, et ont fourni à la science de précieux documents.

Samuel Baker remontait le fleuve dans les mêmes années, et il rencontra Speke et Grant à Gondokoro. Un autre Anglais, Petherick, voyageait aussi dans cette région et il a publié un ouvrage important, résultat de ses courses, mais où l'imagination et les suppositions jouent un trop grand rôle.

En 1864, Baker, accompagné de sa jeune et courageuse femme, s'est avancé jusqu'au Louta-Nzighé, qu'il a nommé Albert-Nyanza, en l'honneur de l'époux de la reine d'Angleterre ; il y a vérifié l'entrée et la sortie de ce Nil Blanc qu'avaient suivi Speke et Grant, et il a montré l'exactitude des renseignements donnés à ses prédécesseurs.

En 1867, un jeune officier français, Le Saint, patronné par notre Société de géographie, partit pour compléter les découvertes de Baker ; mais les redoutables fièvres équatoriales l'ont frappé de mort à Ab-Kouka, sur la route de Khartoum à Gondokoro, au commencement de 1868.

Dans le même temps, le docteur Schweinfurth commençait ses savantes recherches dans la région du Nil moyen ; il s'est avancé depuis dans celle du Nil Blanc, et il a donné les plus précieux détails sur les affluents de l'ouest, particulièrement le Diour, qui se joint au Bahr-el-Arab pour former le Bahr-el-Ghazal, cours d'eau très-considérable et qu'il n'est pas éloigné de considérer comme le vrai Nil. Il a beaucoup étudié les habitants de ce bassin, principalement les Nyam-Nyam, ces peuples mystérieux qu'on a dépeints, tour à tour, comme des anthropophages, comme des hommes, au contraire, doux et hospitaliers, comme de beaux types et comme des êtres inférieurs munis d'un appendice caudal; mais cette prétendue queue n'est, on le sait aujourd'hui, qu'un ornement de peau dont plusieurs d'entre eux (surtout les femmes) se parent ; et quant aux appréciations si diverses sur les qualités physiques et morales des Nyam-Nyam, elles proviennent de la grande diversité des tribus dont se composent les nations si vaguement nommées et éparses sur une si vaste étendue. Parmi les observations curieuses du docteur allemand, se trouve une notice sur une population tout entière de nègres *nains*, les Akka ; le Père Léon des Avanchers avait fait une remarque du même genre sur un groupe d'habitants de la partie orientale, dans la région des Gallas ; Du Chaillu, de son côté, a parlé d'un peuple nain de la côte occidentale ; il y a donc une race de *Pygmées* dans l'Afrique équatoriale ; Homère l'avait déjà dit dans son immortelle description du bouclier d'Achille.

Schweinfurth affirme l'anthropophagie des Nyam-Nyam et des Mombouttou, le peuple le plus occidental qu'il ait visité. Il a donné sur les Bongos les plus curieuses notions. Il a vu couler vers l'ouest la grande rivière Ouellé, qui lui parut être le commencement du Chari, tributaire du lac Tsad, et il a étudié le pays de Fertit, dont, avant lui, on ne connaissait que le nom.

L'Italien Piaggia a recueilli des indications sur un grand lac équatorial qui serait à l'ouest du lac Albert.

Baker a fait, en 1869 et dans les années suivantes, une expédition qui, préparée avec de puissants moyens militaires fournis par le khédive, avait pour but la destruction de la traite des esclaves dans le bassin du haut Nil, et la conquête à main armée de toute la région voisine du lac Albert, au profit de l'Égypte. Cette tentative n'a eu de résultats importants ni en politique ni pour la science. Un brillant officier de la marine française, M. de Bizemont, patronné par le gouvernement de la France et la Société de géographie, devait faire partie de l'expédition, et déjà il avait communiqué d'intéressantes observations ; mais la guerre funeste de 1870 l'a rappelé subitement au service de la patrie.

M. Marno a déterminé, vers 1871, plusieurs points du cours des deux

Nils. Le fleuve Blanc a encore vu une exploration plus récente : le colonel anglais Gordon, qui a succédé à Baker comme chef des expéditions égyptiennes de ce Nil, a remonté le fleuve en mars et avril 1874 ; il est arrivé à Gondokoro plus facilement que ses prédécesseurs, car le gouvernement d'Égypte avait fait déblayer les forêts d'herbes qui encombraient une partie du cours du Nil, et une immense débâcle de végétaux et d'animaux s'était précipitée vers la Nubie.

De son côté, le plus grand voyageur de ce siècle, Livingstone,-avait poursuivi sans relâche les sources de Nil, et il crut les avoir trouvées. Mais remontons à l'expédition qu'il fit en 1858 et dans les années suivantes. Il reconnut alors une partie du Zambèze, découvrit la rivière Chiré et les lacs Nyassa et Chiroua, visita le fleuve Rovuma, et revint en Angleterre en 1864, ayant payé bien cher ses conquêtes scientifiques : outre quelques-uns de ses compagnons, sa femme, cette dévouée et intelligente compagne de ses entreprises, était morte de l'insalubrité du climat. L'âme de Livingstone, quoique cruellement déchirée, ne se laissa point abattre par ces douloureuses épreuves. Dès 1865, il repartait pour l'Afrique. Ce fut son troisième et dernier voyage. Son but était d'établir dans les parages du Nyassa une station de missionnaires et de trafiquants honorables; en outre, d'explorer, au cœur de l'Afrique, les régions visitées déjà par Burton, Speke et Grant, et d'y rechercher les véritables sources du Nil, qui se cachaient peut-être au sud du Tanganyika.

Cependant on perdit bientôt la trace de son itinéraire ; un bruit sinistre s'était répandu : il avait été assassiné avec une partie de son escorte, par les indigènes Mazites, qui habitent à l'ouest du lac Nyassa. Les circonstances de l'événement étaient si précises que le doute ne paraissait pas possible ; un homme avait vu porter au docteur le coup mortel !

M. Kirk, consul à Zanzibar, organisa les recherches. Des pionniers furent envoyés dans toutes les directions; bientôt on recueillit quelques indices favorables. Enfin, un jour, arriva à Zanzibar une lettre du docteur datée de Cazembé ou Lucenda 8 juillet 1868.

Il racontait la découverte de la rivière Tchambèze (qu'il ne faut pas confondre avec le Zambèze), celle du lac Bangouéolo, où elle va se jeter, vers le 11e degré de latitude sud et qui s'écoule au nord-ouest par la rivière Louapoula, laquelle va tomber elle-même dans le lac Moéro ; plusieurs lacs succèdent à celui-ci, et Livingstone paraît croire que ces cours d'eau et ces chapelets lacustres peuvent être le commencement du Nil Blanc ; mais ne sont-ils pas plutôt dans le bassin du Zaïre? Le grand voyageur faisait connaître plusieurs pays et peuples nouveaux, entre autres les Manyouéma, à l'ouest du lac Tanganyika.

Un long silence se fit ensuite de nouveau sur lui. On était dans une vive inquiétude sur son sort. Une expédition composée du fils de l'explorateur et de deux officiers de la marine britannique fut organisée en 1871 pour aller à sa recherche : elle échoua dès l'abord; mais en même temps était tenté le plus extraordinaire et le plus audacieux projet d'un simple *reporter* de journal: M. H. Stanley, appartenant à la rédaction du *New-York Herald*, partit de Zanzibar, et, franchissant l'Ounyanyembé, surmontant les fièvres accablantes et les attaques des indigènes, rencontra enfin à Oujiji le docteur Livingstone, le 10 novembre 1871. Voici comment il raconte son arrivée auprès de lui :

« Voulant faire mon entrée avec tout l'éclat possible, je disposai ma petite troupe de manière à lui donner une apparence respectable. En tête flottait le drapeau américain ; ensuite venait l'escorte armée, qui reçut l'ordre de faire une décharge de mousqueterie ; venaient ensuite les bagages, les chevaux et les ânes ; enfin, je marchais moi-même à la tête de l'arrière-garde. Le bruit des armes à feu amena au-devant de la caravane tous les habitants, qui firent retentir l'air de leurs acclamations et de leurs instruments de musique.

« Quand le cortége entra dans la ville, je remarquai à ma droite un groupe d'Arabes au centre duquel se tenait un homme de race blanche, pâle, à barbe grise, et dont l'aspect contrastait avec les visages brûlés par le soleil des personnes qui l'entouraient. Il portait une jaquette de laine rouge et une casquette de marin, galonnée d'or ; je reconnus à l'instant le docteur Livingstone.

« Mon premier mouvement fut de me précipiter vers lui et de l'embrasser ; mais j'étais en présence des Arabes, qui, habitués à cacher leurs sentiments, devaient être disposés à m'estimer moi-même suivant que je saurais maitriser les miens. De plus, un chef arabe d'un ordre élevé se tenait à côté de moi et me confirma dans la résolution de ne manifester aucun signe de joie ou d'émotion. Je m'avançai donc lentement vers le grand voyageur, je le saluai et lui dis : « Le docteur Livingstone, je suppose? » A quoi celui-ci se borna à répondre : « Oui. » Ce ne fut que quelques heures plus tard que, seuls ensemble, assis sur un peau de chèvre, nous pûmes échanger nos félicitations et nous raconter nos aventures. »

M. Stanley resta quatre mois auprès de Livingstone et fit avec lui plusieurs explorations, dont la plus remarquable est celle de l'extrémité nord du lac Tanganyika, où vient se *jeter* rapidemment la rivière Rousizi, preuve que ce lac ne s'écoule pas dans le lac Albert, comme on l'a supposé et comme les indigènes l'ont plusieurs fois affirmé. Il quitta l'illustre voyageur le 4 mars 1872 et revint en Europe, où l'on douta d'abord de la réalité d'une si étrange expédition ; on a fini par reconnaitre la véracité du jeune Américain, et l'on a rendu hommage à son énergie, à son intelligent courage.

Livingstone ne voulait pas quitter l'Afrique, où il avait encore tant à faire, pensait-il, pour la conversion et la civilisation des indigènes, pour l'abolition du commerce des esclaves et pour la découverte des sources du Nil. Hélas! il ne devait pas survivre longtemps à la prodigieuse visite que nous venons de rapporter : il est mort, victime de la dyssenterie, en mai 1873, et ses cendres, recueillies par Cameron, qui était allé au-devant de lui jusque dans l'Ounyanyembé, et qui, depuis, s'est avancé jusqu'à Oujiji, ont été transportées en Angleterre, où elles reposent à Westminster.

Que Livingstone ait trouvé les vraies sources du Nil ou qu'il se trompe, il ne résulte pas moins de l'ensemble des découvertes faites depuis quinze ans que ces sources sont beaucoup plus méridionales qu'on ne le croyait dans la première moitié de ce siècle, et nous revenons aux indications du vieux Ptolémée et des cartographes du xv⁰ et du xvi⁰ siècle ; les anciens avaient donc sur l'Afrique des notions plus précises que nous n'en possédions certainement il y a trente ans. Au milieu de l'incohérence des formes et de la naïveté du dessin, il est facile de comprendre que Ptolémée avait eu entre les mains des renseignements qui l'autorisaient à placer les sources du Nil à une distance considérable au sud de l'équateur.

Les Portugais, de leur côté, maîtres des deux littoraux du triangle de l'Afrique sub-équatoriale, ont, à plusieurs reprises, accompli le voyage de l'Atlantique à l'océan Indien, à travers les régions qui passent encore aujourd'hui pour inconnues. Ces voyageurs ont laissé des documents qu'on avait tenus secrets, mais qu'on recueille et qu'on vérifie aujourd'hui, et qui sont précieux, quoique incomplets.

Le Nil Bleu et l'Abyssinie vont maintenant nous occuper ; le docteur Hartmann et le baron de Barnim visitaient la haute Nubie et le fleuve Bleu en 1859 et 1860. Le jeune baron mourut pendant le voyage ; le docteur a rapporté de bons matériaux, reproduits dans une très-belle publication.

M. de Courval parcourait le nord de l'Abyssinie vers le même temps, en se rendant de Massaoua au Nil. Le missionnaire Léon des Avanchers visitait le sud-ouest et adressait ses communications à M. Antoine d'Abbadie, le célèbre voyageur en Éthiopie, qui publie depuis plusieurs années la géodésie et les autres descriptions d'un pays si profondément étudié par lui il y a trente ans.

Une mission scientifique allemande envoyée, dès le principe, par le comité de Gotha de la *Karl Ritter Stiftung*, pour aller à la recherche du sort de Vogel, et composée de MM. de Heuglin, Steudner, H. Schubert, Munzinger, et Kinzelbach, a traversé une grande partie de l'Abyssinie pour se rendre de Massaoua au Soudan. On lui doit d'importants documents.

Guillaume Lejean (de 1861 à 1863), nommé vice-consul à Massaoua, rencontra le fleuve Bleu, parcourut l'Abyssinie au milieu des troubles de la guerre, et accompagna le négous Théodoros dans ses expéditions belliqueuses ; il fut ensuite brutalement mis aux fers par les ordres du capricieux empereur, relâché enfin, et put gagner son poste consulaire ; il a préparé une description et des cartes intéressantes, publiées après sa mort, des régions éthiopiennes qu'il a visitées.

Une célèbre expédition anglaise a détruit, en 1868, l'empire de Théodoros, pour punir ce prince de ses offenses envers une soixantaine d'Européens, la plupart Anglais. Cette expédition franchit l'espace entre la baie d'Adulis et Magdala, où le monarque abyssin se donna la mort pour ne pas tomber entre les mains des vainqueurs ; elle a recueilli de nombreux matériaux géographiques ; un grand ouvrage et de bonnes cartes en ont été le fruit ; le géographe Clements Markham accompagnait l'armée ; le voyageur Gerhard Rohlfs, que nous retrouverons sur d'autres théâtres, profita de cette occasion pour parcourir l'Abyssinie. M. Joseph Halévy, savant israëlite hongrois, a visité les cantons des Falacha, curieuse fraction de la race juive éparse dans ce pays.

M. Munzinger, nommé gouverneur de Saouakin par le khédive, a réuni dans ces derniers temps des notions très-instructives sur la partie orientale de la Nubie.

Si nous descendons le long de la côte orientale de l'Afrique, nous rencontrons le Somâl et le Zanguebar, où d'importantes excursions ont eu lieu depuis celles des missionnaires Krapf et Rebmann, du capitaine Guillain, etc., que nous avons mentionnées autrefois. Albert Roscher, parti de Zanzibar pour pénétrer dans l'intérieur, s'était avancé jusqu'au lac Nyassa, lorsque de perfides indigènes l'ont tué.

Un jeune baron allemand, Charles von der Decken, qui avait déjà tenté de pénétrer en Afrique en 1858, mais qu'une grande attaque de fièvre avait arrêté dès le début, s'embarqua de nouveau à Hambourg pour Zanzibar ; son but était de rejoindre son compatriote Roscher, qui s'était avancé dans la direction du lac Nyassa. L'assassinat de cet infortuné voyageur engagea Charles von der Decken à prendre un autre théâtre d'investigations ; il se rendit à Kiloa ; ne trouvant pas de porteurs qui voulussent l'accompagner, il revint à Zanzibar. Il pénétra un peu dans l'intérieur, mais ses hommes ne tardèrent pas à l'abandonner ou à se mutiner, et il fut encore obligé de revenir, après trois mois d'exploration.

On le retrouve à Zanzibar en 1861, projetant d'aller visiter la haute montagne de Kilima-ndjaro, pour compléter les indications trop vagues des missionnaires Krapf et Rebmann. Il prit pour compagnon un jeune et habile géologue anglais, Richard Thornton, qui avait déjà suivi Livingstone dans ses merveilleux voyages. Les deux explorateurs s'avancèrent jusqu'au Kilima-ndjaro, et firent un grand nombre d'observations d'altitude, de température, de latitude, de longitude, etc. ; ils purent donner une bonne description et une carte détaillée de cette région de l'Afrique.

En octobre 1862, le baron retourna vers la même montagne, avec le docteur allemand Karsten ; il s'y éleva à 4470 mètres, c'est-à-dire à 2000 mètres de plus que la première fois, et put fixer l'altitude du Kilima-ndjaro à 6116 mètres ; il y reconnut la ligne des neiges perpétuelles à 5200 mètres.

Il revint en Afrique en 1864. Son but, cette fois, était de s'avancer jusqu'au mont Kénia, le rival du Kilima-ndjaro, et de remonter le fleuve Djoub aussi loin que possible ; il avait fait construire pour cet objet deux navires à vapeur, le *Welf* et le *Passe-Partout ;* il entrait dans le fleuve le 30 juillet 1865. Malheureusement, le *Passe-Partout* sombra ; le *Welf,* trop long pour tourner facilement au milieu des bancs et des récifs qui obstruent le Djoub, et demandant une trop grande profondeur d'eau, rencontra les plus difficiles obstacles, et il échoua le 26 septembre à une trentaine de kilomètres au-dessus de Berdéra, sur la limite du pays des Somâli et de celui des Galla. Le baron retourna en canot à Berdéra, avec le docteur Link, pour chercher des secours, laissant aux autres voyageurs la garde du bâtiment et de son matériel déposé sur la rive.

Les Somâli vinrent attaquer le camp de ces voyageurs ; dans le combat qui s'engagea alors et où les nègres de l'expédition prirent la fuite, deux Européens furent tués ; les autres descendirent le cours du Djoub, parvinrent à Zanzibar, et, pourvus de nouveaux vivres, ils repartirent pour le nord, à la recherche du baron et de son compagnon ; ils rencontrèrent un des nègres qui faisaient partie de l'expédition et apprirent de lui que Ch. von der Decken et Link avaient été assassinés peu de temps après l'attaque du camp.

Brenner et Kinzelbach partirent pour recueillir des informations sur ce déplorable événement et continuer les découvertes de leurs compatriotes. Le dernier est mort, victime du climat ; le premier a rapporté de précieux documents.

Le Rév. Ch. New a effectué, après Ch. von der Decken, l'ascension du Kilima-ndjaro, en 1871. Plus récemment, le capitaine Miles et Munzinger ont fait une excursion dans le Somâl, particulièrement chez la tribu des Medjertaïn et dans la grande vallée de Ouadi-Djaïl.

Le père Horner, Alsacien, a séjourné plusieurs fois dans le Zanguebar, depuis 1866, et en a rapporté d'intéressantes descriptions, en faisant connaître les louables efforts des missionnaires catholiques pour diminuer les horreurs de la traite des esclaves, encore naguère très-active sur cette côte. Les Anglais, par l'intermédiaire de sir Bartle Frère, chargé d'une mission hydrographique sur la côte orientale de l'Afrique, viennent enfin d'obtenir du sultan de Zanzibar l'abolition de cet affreux commerce.

Les plus grandes découvertes dans le sud de l'Afrique ont eu lieu dans les bassins du Limpopo, du Vaal, de l'Orange supérieur, du Zambèze et dans celui du Cunène. Le Suédois Andersson, déjà connu par des voyages antérieurs dans l'Afrique australe, et Théodore Hahn ont parcouru les pays des Ovampo et des Damara.

Les voyages et les ouvrages d'Andersson ont eu principalement pour objet le cours de la rivière Tioghé, le lac Nyami, la contrée des Damara, qu'il commençait à visiter en 1851, en compagnie du célèbre Galton ; et, en outre, le pays des Ovampo et le fleuve Cunène ou Nourse, qui sépare les Ovampo des possessions portugaises de l'Afrique occidentale.

Il avait fixé sa résidence à Otjimbinque, capitale du pays des Damara, et s'y livrait aux échanges du bétail et de l'ivoire. Ses efforts furent d'abord couronnés d'un plein succès ; mais survint une guerre entre les Damara et les Namaqua, et Andersson vit bientôt ses envois vers la colonie du Cap arrêtés et pillés. Il dut finir par prendre part lui-même à cette guerre comme chef et guide militaire des Damara, et cela compromit plus gravement encore ses opérations commerciales. Dans une rencontre entre les deux parties belligérantes, il reçut une balle à la jambe, et il en resta estropié pour la vie. Il est mort en 1867, à moitié chemin environ de la route conduisant d'Odonga (capitale de la terre des Ovampo) à Otjimbinque, laissant une femme et quatre enfants dans une position voisine de la détresse. Ce que Livingstone a fait pour la côte de l'est, Charles Andersson l'a accompli pour celle de l'ouest, et son nom restera ineffaçablement gravé sur la carte de l'Afrique.

Le chasseur Baldwin et Ed. Mohr ont exécuté le long et difficile voyage de la côte de Natal au Zambèze, où ils ont admiré la magnifique cataracte de Victoria, découverte un peu auparavant par Livingstone. Baines a visité à peu près le même espace. Karl Mauch a étudié de vastes régions dans le Transvaal et entre le Transvaal et le Zambèze; il a découvert des mines d'or et visité les curieuses ruines de Zimbaoué.

En 1868, furent découvertes de riches mines de diamants sur la limite de la colonie du Cap et de la république du fleuve Orange, à 29° de latitude sud.

Boyle et Hugon ont fait, dans le bassin de l'Orange, des excursions scientifiques; Elton et Erskine ont exploré le cours du Limpopo, tributaire de l'océan Indien, au N.-E. de la baie Delagoa, dont plusieurs prétentions rivales se disputent les bords : la république du Transvaal voudrait s'étendre jusque-là pour avoir un débouché sur la côte; les Anglais, maîtres de Natal, et les Portugais, possesseurs de Mozambique, réclament aussi le droit d'avoir cette baie dans leurs domaines.

L'Allemand Fritsch a visité et décrit dans un grand ouvrage le pays des Hottentots.

N'oublions pas non plus le nom d'un vénérable missionnaire, R. Moffat, qui a beaucoup exploré le même pays et la Cafrerie.

Remontons la côte occidentale de l'Afrique. Nous trouvons le Hongrois Ladislas Magyar, qui, désireux de visiter en sûreté le pays, a épousé la fille du roi de Bihé, et qui, devenu, par ce moyen, général en chef des armées de son beau-père, a usé de son autorité pour faire de ses soldats autant d'auxiliaires dans ses expéditions scientifiques du bassin de la Coanza et d'autres parties de la Guinée inférieure. Un Allemand, le docteur Bastian, a séjourné, il y a quinze ans, à San-Salvador, capitale du Congo, et a recueilli de nombreux renseignements sur l'ouest de l'Afrique sub-équatoriale; il vient d'y retourner (1873), avec une expédition dirigée par M. Güsfeld et préparée à grands frais, pour s'enfoncer, dans l'intérieur. Une mission exploratrice anglaise, à la tête de laquelle sont les frères Grandy, a le même but.

Le père Duparquet, supérieur des missionnaires français de Landana, au Loango, a donné de bons renseignements sur ce pays.

Les Français ont fait, dans les parages équatoriaux de l'Afrique occidentale, des excursions importantes qui ont amené la connaissance plus complète du fleuve Gabon (où nous avons conservé un petit établissement), du Como, de l'Ogovaï inférieur et d'autres cours d'eau considérables. MM. Braouézec, Serval, Touchard, Griffon du Bellay, l'amiral Fleuriot de Langle, Roullet, Aymès, ont jeté du jour sur la géographie et l'ethnographie de cette région brûlante et malsaine; en 1873 et 1874, MM. de Compiègne et Marche ont visité l'Ogovaï, et l'ont remonté aussi haut que possible. D'où vient ce grand fleuve? aurait-il quelque communication avec les lacs du plateau intérieur équatorial? Curieux problème à résoudre. C'est entre son embouchure et ces lacs qu'est la portion la plus inconnue de l'Afrique : un vaste blanc s'y étend sur nos cartes.

Un Anglais, Winwood Reade, et un Américain d'origine française, Paul du Chaillu, ont aussi fait, vers la frontière des deux Guinées, des excursions qu'on doit mentionner. Le dernier y a entrepris deux grands voyages : l'un, de 1856 à 1859, où il n'a recueilli que des indications géographiques peu précises, mais où il a surtout étudié le redoutable singe gorille, peu connu avant lui; l'autre, en 1864 et dans les années suivantes, où il a remonté la rivière Fernand Vaz et fait de sérieuses observations. Déjà, il s'était enfoncé à une certaine distance dans l'intérieur; il avait vu la rivière Rembou et ses belles cataractes, visité le peuple très-doux des Ichogo, les peuples guerriers des Apono et des Achango, et il s'avançait à travers le pays des Achira (dont la capitale est Olenda), lorsqu'un événement déplorable l'arrêta. Le fusil d'un des hommes de son escorte partit par accident et tua deux indigènes; les Achira virent aussitôt des ennemis dans les voyageurs, les attaquèrent et les auraient massacrés s'ils ne se fussent enfuis à travers les forêts, en perdant leurs bagages; M. du Chaillu regagna la côte avec beaucoup de peine.

En s'avançant au nord du Gabon, nous contournons le golfe de Guinée, autour duquel se sont produits, depuis quinze ans, de grands voyages et aussi de graves événements auxquels la géographie s'intéresse. Richard Burton, l'ancien explorateur du lac Tanganyika, devenu consul britannique à Fernan-do-Po, a fait, en 1862, l'ascension de la haute montagne de Camarones, qui lui paraît être le Θεῶν ὄχημα du Périple de Hannon; il a visité, avec le capitaine Bedingfield, la rivière Ogun, qui passe à Abbéokuta, ville qui s'est élevée rapidement à un état florissant et qui est aujourd'hui la plus considérable de la Guinée; il a parcouru le Dahomey (à la côte des Esclaves), dont il a décrit les sanglantes fêtes (dites *Coutumes*). Nos compatriotes Répin, Guillevin, Aristide Vallon, l'abbé Laffitte, l'abbé Bouche, le commodore anglais Wilmot, ont aussi décrit cette partie de l'Afrique.

Le docteur Baikie, qui avait déjà remonté le Kouara (Niger) en 1854, le remonta de nouveau en 1859 et dans les années suivantes, et a rapporté de nombreux détails sur les pays de Nupé, de Yarriba et autres.

Le missionnaire catholique Borghero, qui a séjourné longtemps dans la Guinée supérieure, a adressé sur ce pays des notions curieuses, et en contradiction avec beaucoup d'opinions reçues , ainsi sur les montagnes de Kong, dont il nie l'existence. Ces prétendues montagnes ne seraient, suivant lui, et d'après divers renseignements qui paraissent concorder avec cette opinion, que des rangées de rochers de granit taillés à pic, très-peu élevés au-dessus des plaines voisines (100 à 200 mètres).

La guerre récente des Anglais contre l'empire d'Achanti (en 1873-1874) a fait mieux connaître la géographie de l'intérieur de la côte d'Or, particulièrement le cours du Prah, qui limite au sud cet empire. Sir Garnet Wolseley a vaincu les Achantis, et l'Angleterre s'est accrue dans ces parages de plusieurs territoires indigènes; elle avait acquis en 1871 les possessions hollandaises du littoral : Elmina, Secondi, Dixcove, Axim, etc.; tandis que la France, au milieu de la guerre funeste qui absorbait toutes ses forces, a abandonné ses établissements de la côte des Dents : Assinie, Grand-Bassam, Dabou, sans renoncer cependant à ses droits.

Charles Girard a exploré le cours du Nouveau-Calebar et d'un bras du Niger. Il ne faut pas le confondre avec Jules Gérard, le célèbre chasseur de lions, qui périt assassiné en 1864, lorsqu'il cherchait à faire des découvertes entre la côte de Sierra-Leone et la Sénégambie.

En Sénégambie, le premier nom qui se présente est celui du général Faidherbe, qui a été longtemps gouverneur de notre colonie du Sénégal et qui a donné sur la géographie et surtout sur l'ethnographie de l'Afrique occidentale les plus précieux renseignements.

Le lieutenant de spahis sénégalais Alioun-Sal, parti de Saint-Louis en 1860, avec une mission du savant gouverneur français, pour aller à Timbouctou, et de là en Algérie, n'a pu accomplir qu'une partie de sa tâche ; cependant, il a jeté quelque jour sur la Sénégambie orientale, le Soudan occidental et le Sahara méridional.

M. Brossard de Corbigny a fait une bonne carte de la Sénégambie et du Sahara occidental.

Le lieutenant de vaisseau Mage et le chirurgien de marine Quintin partirent de Saint-Louis, en 1863, pour aller préparer un traité de commerce avec El Hadj Omar, célèbre chef poul, devenu maître, sur les bords du Niger, du royaume de Ségou et de celui de Macina (capitale *Hamdou-Allah*), et dont le pouvoir était même parvenu à s'étendre jusqu'à la fameuse Timbouctou. Ils ont traversé de l'O. à l'E. toute la Sénégambie et, au milieu de pays dévastés par la guerre acharnée que se font les Poul et les Bamana (*Mandingues*), ils ont eu beaucoup de peine à se frayer une route jusqu'au Niger ; arrivés à Ségou, qui est plutôt une réunion de quatre grands villages qu'une ville proprement dite, ils furent reçus par Ahmedou el Mekki, fils d'El Hadj Omar, mais ils furent retenus par ce prince, qui les considérait comme des amis utiles, et qui les obligea à l'accompagner dans ses expéditions guerrières ; ils ont utilisé leur séjour forcé, en étudiant les populations, les productions, la topographie de ces belles régions, qui formèrent jadis le puissant royaume de Ghana, mais qui, malheureusement, n'offrent aujourd'hui, par suite de la guerre, que ruines et désolation. Les deux voyageurs ont pu enfin regagner le Sénégal, puis la France, en 1866. M. Mage s'est empressé de communiquer à la Société de géographie les résultats des observations faites par eux. Nous remarquons, parmi les importants détails qu'il a fournis, la distinction caractéristique des trois populations qui se partagent la Sénégambie orientale et le Soudan occidental : 1° les Poul, beau peuple musulman, au teint rougeâtre, d'une grande finesse de formes, d'une agilité prodigieuse, d'un caractère ordinairement doux, mais passionné, et d'une imagination exaltée ; 2° les Bamana ou Malinké (noms qu'on a corrompus en *Bambaras et Mandingues*), peuple nègre et païen, supérieur, au physique et au moral, à la plupart des autres nègres de l'Afrique, et qui se reconnaît immédiatement à sa physionomie intelligente, à son nez osseux et bien développé ; 3° les Soninké, autrefois très-puissants, aujourd'hui soumis aux Poul, mais toujours les plus commerçants et les plus riches de ces contrées ; ils ressemblent assez aux Bamana, mais ils ont, comme indice de race, trois petites fentes verticales au milieu du front et aux tempes, tandis que les Bamana se déchirent la face de trois grandes coupures, qui suivent la courbe de la joue, de la tempe au menton. On sait que les tatouages de ce genre sont les blasons des Africains.

Depuis les grands voyages de Barth, d'Overweg et de Vogel, dont nous avons rendu compte, le Soudan a vu plusieurs autres explorateurs allemands. C'est Beurmann qui, après avoir traversé le Fezzan et le Sahara, fut reçu amicalement par le sultan de Bornou, et se rendait de Kouka au Ouadày par le Kanem, lorsqu'il périt assassiné par ses guides, à l'instigation, croit-on, du souverain du Ouadày, le même qui avait fait mourir l'infortuné Vogel. — C'est Gerhard Rohlfs, qui, après avoir parcouru le Maroc, le Sahara, le Fezzan, en 1862, 1863, 1864, et donné des descriptions neuves et curieuses sur les oasis de Touàt, de Tidikelt et sur beaucoup d'autres points du désert, s'enfonça dans le Soudan, jusqu'à la Bénoué, descendit cette rivière, puis le Niger, et atteignit heureusement le port de Lagos, en Guinée. — C'est le docteur Nachtigal, qui, de l'Égypte, s'est rendu au Bergou, a pénétré dans le Ouadày, en 1872, et a pu recueillir sur ce pays, jusqu'à présent si mal connu, des notions précieuses. Il a fait connaître, entre autres, l'écoulement du lac Tsad vers le N.-E. par un fleuve temporaire nommé Bahr-el-Ghazal qui va se perdre dans les dépressions du Sahara et qu'il ne faut pas confondre avec le Bahr-el-Ghazal affluent du Nil Blanc. Nachtigal a, de là, gagné le Darfour. — Un Français, le docteur Cuny, voulant pénétrer dans le Soudan par le Darfour, est mort en 1859 ; le comte d'Escayrac, vers le même temps, visitait le Kordofan, que Guillaume Lejean parcourut plus tard.

Le rabbin Mardochée, juif marocain, a séjourné longtemps à Timbouctou pour des affaires de commerce, et il en a rapporté de précieux renseignements.

On doit les plus importants éclaircissements sur la géographie du Sahara-el-Falat, c'est-à-dire du Sahara proprement dit, à un jeune et savant Français,

Henri Duveyrier, qui, en 1860 et dans les années suivantes, a parcouru le pays des Touareg, fait connaître l'existence de hautes montagnes (les monts *Ahaggar*) dans ce désert, et la longue vallée d'Igharghar, changée en fleuve pendant une partie de l'année et qui descend de ces montagnes pour se rendre dans une dépression de l'Algérie méridionale. Il a dépeint complètement la curieuse nation Touareg, et, entre autres traits de mœurs, nous a appris la liberté, l'influence et l'autorité dont, par un contraste frappant avec les autres peuples musulmans, les femmes jouissent chez celui-ci.

MM. Mircher et de Polignac sont allés de l'Algérie à Ghadamès en 1862, et ont également augmenté nos connaissances sur les Touareg, avec les chefs desquels ils ont signé une convention commerciale, au nom du gouvernement français. Un arabe nationalisé français, Bouderba, a visité les mêmes régions. En 1874, M. Dournaux-Dupéré, envoyé par la Société de géographie, est parti de l'Algérie pour se rendre à Tombouctou et, de là, au Sénégal ; il a parcouru la curieuse vallée d'Igharghar, a gagné Ghadamès, et il s'enfonçait dans le Sahara lorsqu'il est mort assassiné.

Nous ne pouvons mentionner tous les voyageurs, tous les ouvrages, toutes les expéditions qui ont fait avancer la géographie des États Barbaresques, si facilement à la portée des Européens. Nous rappellerons les voyages et les notices de nos compatriotes, M. le consul Beaumier, M. Balansa, M. P. Lambert, sur des parties du Maroc qu'ils ont visitées ; — la guerre des Espagnols contre les Marocains, dans le territoire situé en face du détroit de Gibraltar, et la publication d'un atlas qui en a été la conséquence ; — les travaux géodésiques de MM. Versigny et Perrier en Algérie ; — les nivellements et autres observations de MM. Marès et Mac-Carthy dans la même contrée ; — des nivellements plus récents de MM. Roudaire, Villars, etc., qui ont constaté la curieuse dépression des lacs Melrir, Faraoun, Féjej, au-dessous de la Méditerranée.

M. L. Ville a fait des observations géologiques, et M. le docteur Cosson des observations botaniques, dans une grande partie de notre colonie. Le général de Colomb a dirigé des itinéraires dans le Sahara algérien. L'expédition du général de Wimpfen dans le bassin de l'Ouad Ghir, en 1869, pour punir des tribus hostiles, a beaucoup éclairé la géographie. Citons encore les travaux de MM. Hanoteau, Letourneux, Aucapitaine, sur la Kabylie et les Kabyles ; les études géographiques du capitaine Derrécagaix sur le midi de la province d'Oran ; la description des hauts plateaux et du Sahara de l'Algérie, par le général Dastugue ; l'expédition militaire du général Gallifet à l'oasis de Goléah en 1873 ; le levé des côtes de l'Algérie par le capitaine de vaisseau Mouchez.

M. Beulé a fouillé les ruines de Carthage ; M. Victor Guérin a fait des explorations archéologiques dans toute la Tunisie ; rappelons aussi les recherches de M. Daux sur les ruines d'Utique, de Carthage, d'Hadrumète, celles de MM. Smith et Porcher sur l'emplacement de Cyrène.

En 1868, mademoiselle Tinné, célèbre déjà par ses voyages dans le bassin du Nil, s'est avancée dans le Sahara algérien avec une nombreuse suite ; elle a voulu s'élancer de là dans le Grand Désert, mais des ouragans de simoum l'ont forcée de rétrograder ; l'intrépide amazone reprit ses projets l'année suivante ; elle pénétra dans le Fezzan, et quittait ce pays pour se rendre à Ghat et de là à Timbouctou, quand elle a été assassinée par ses guides et les Touareg.

Si nous passons en Égypte, nous y voyons le théâtre d'admirables progrès, dus principalement à l'activité européenne. Le canal de Suez a été enfin ouvert en novembre 1869, au milieu de fêtes brillantes et d'un grand concours de souverains, de personnages politiques et de savants ; c'est le lien de l'Occident et de l'Orient ; c'est le nœud vital de l'Ancien-Monde. Honneur à Ferdinand de Lesseps, qui a accompli cette œuvre gigantesque à travers tant de difficultés physiques et d'obstacles moraux !

Un canal d'eau douce, terminé longtemps avant l'autre, a conduit l'eau du Nil à l'isthme ; un chemin de fer a été créé d'Alexandrie au Caire et à Suez ; un embranchement en a été détaché dans la direction de Zagazig et d'Ismaïlia et, de là, encore à Suez. Tout s'est animé, par l'effet de ces communications, dans des espaces auparavant mornes et déserts : la ville de Port-Saïd s'est fondée à l'extrémité nord du canal ; au milieu de son parcours, Ismaïlia (auparavant le petit village de *Timsah*) s'est transformée. Suez, jadis misérable bourgade, est devenue une populeuse cité, quoiqu'elle ne soit rien encore comparativement à Alexandrie, qui, peuplée de 220 000 habitants, est le premier port de l'Afrique et la seconde ville de cette partie du monde ; le Caire est la première, avec ses 350 000 âmes.

MM. Mariette, de Rougé, Lepsius, W.-G. Stanley et beaucoup d'autres explorateurs français, allemands, anglais, ont fait des découvertes archéologiques dans cette vénérable terre des Pharaons, qui offre à l'histoire tant de problèmes curieux. Il s'est élevé un nouvel Institut d'Égypte, qui rappelle celui qu'avaient créé les Français de l'expédition de Bonaparte ; et des savants comme Mahmoud-Bey, Linant-Bey, Figari-Bey, s'y distinguent par de bons travaux sur l'Orient. Gerhard Rohlfs et Schweinfurth, en 1873 et 1874, ont exécuté des voyages à l'ouest de l'Égypte ; ils ont donné des renseignements neufs sur le prétendu Fleuve sans eau (*Bahr-Bela-ma*), la Petite-Oasis, l'Oasis Dakhel, la Grande-Oasis.

Parmi les îles d'Afrique, Madagascar était la seule qui fût mal connue. Le commandant (aujourd'hui contre-amiral) Dupré a fait une bonne étude sur une partie du pays ; l'Allemand Schœfli a donné aussi des observations sur cette contrée ; les Anglais W. Ellis et Sibree ont décrit l'île sous plusieurs points de vue ; mais la principale expédition scientifique, la description la plus complète, sont celles de M. Alfred Grandidier, qui a rectifié un bon nombre d'erreurs dans la géographie malgache, surtout relativement aux montagnes, et qui a embrassé, dans un vaste travail, tous les aspects, toutes les richesses de cette grande terre.

Nous devons mentionner le voyage de M. Fritsch aux Canaries et celui de MM. Bouvier et de Cessac aux îles du Cap-Vert.

ASIE

En passant par l'isthme de Suez de l'Afrique à l'Asie, nous rencontrons d'abord l'Arabie et la Syrie. Là, des régions sacrées dans l'histoire de trois cultes sont fréquentées par de nombreux voyageurs : le mont Sinaï et le mont Horeb s'offrent les premiers, avec leur antique souvenir et l'incertitude d'une identification précise. M. Beke va jusqu'à placer le Sinaï à l'est de la vallée d'Arabah, qui s'étend de la mer Morte au golfe oriental de la mer Rouge. Le Rév. Prout a fait l'ascension de l'Oum-Châmar, qui est le plus haut point de la péninsule Sinaïtique (2800 mètres).

Une commission à la tête de laquelle sont MM. Wilson, Palmer et Holland a commencé le levé et la description complète de cette presqu'île fameuse. M. F.-H. Gérome a dirigé une expédition artistique dans l'Arabie Pétrée (après avoir exploré l'Égypte). M. Forster a donné le *Sinaï photographed*. MM. Ch. Maughan, Guarmani et le marquis Arconati Visconti ont fait aussi des voyages dans l'Arabie Pétrée.

Gifford Palgrave a exécuté, en 1862 et 1863, une grande exploration dans l'Arabie, qu'il a traversée dans toute sa longueur du N.-O. au S.-E. Il a répandu un jour tout nouveau sur cette contrée : il nous apprend que la population de l'intérieur est sédentaire et agricole, et non nomade, comme on le croyait généralement, et que les Bédouins ne se rencontrent presque que dans les déserts des frontières. Il dépeint le royaume, pour ainsi dire inconnu jusqu'ici, du Djebel-Chommar, avec son importante ville de Haïl ; — le royaume et la secte remarquable des Ouahabites, dont la capitale n'est plus Derreyeh, détruite aujourd'hui, mais Riadh (c'est-à-dire le jardin), assez grande ville, dans une riante situation ; — le royaume d'Oman, dont Nezveh est la capitale, quoique Mascate en soit toujours la plus grande ville.

Le colonel Pelly est entré en Arabie par la côte orientale et a fixé la situation de beaucoup de points dans le pays des Ouahabites. Le docteur Buez a rendu compte d'une mission médicale au Hedjaz, qui a été profitable pour l'ethnographie de l'Arabie. M. Joseph Halévy a fait une exploration scientifique dans l'Yémen et rapporté des découvertes intéressantes pour l'archéologie et la géographie. M. de Maltzan a entrepris aussi, dans l'Yémen, d'importantes recherches, ainsi que MM. Miles et Munzinger. Le baron d'Avril a donné un bon volume sur l'Arabie occidentale.

Les Anglais, maîtres, en Arabie, de l'importante position d'Aden, de l'île Périm, dans le détroit de Bab-el-Mandeb, et de l'île Camaran, dans la mer Rouge,

2

ont posé, dès 1859, un fil télégraphique dans toute la longueur de cette mer, dont le capitaine Krupp, de la marine autrichienne, a fait la géographie physique.

Dans la Syrie (où la Palestine est aujourd'hui comprise), les explorations savantes se multiplient extraordinairement. M. Guillaume Rey a étudié le Haourân et le bassin de l'Oronte, et le pays entre ce fleuve et l'Euphrate, dont il a publié récemment la carte. Les Français, après avoir réprimé les Druses qui avaient ensanglanté le Liban en 1860, ont levé la topographie de cette chaîne de montagnes et en ont donné une belle carte. MM. Ernest Renan, de Vogüé, Waddington ont fait de savants voyages en Phénicie. M. de Saulcy a revu la Palestine. MM. Wetzstein, Beke, Titus Tobler, Rich. Burton, Tyrwhitt-Drake, Th. Rivington, le docteur H. Harman, les Rév. Giniburg et Tristram ont élucidé bien des points de la géographie de l'intérieur ; MM. Clermont-Ganneau et Ch. Bruston ont décrit la stèle de Dhibân, dite stèle de Mésa, roi de Moab. La baronne de Gerstdorf a fait une excursion d'Alep à Déir, sur l'Euphrate.

M. Victor Guérin a étudié, avec son soin et sa compétence bien connus, la géographie comparée de la Judée et a présenté le résultat de ses recherches dans un remarquable ouvrage ; il a notamment découvert le tombeau des Machabées. Mais les plus grands travaux dont la Palestine ait été le théâtre dans ces dernières années sont dus à l'exploration du duc de Luynes, et à ʼla mission anglaise que dirige M. Wilson. Le premier et ses collaborateurs, MM. Vignes, Lartet, Combes, ont particulièrement étudié le bassin de la mer Morte et la vallée d'Arabah, et, entre autres résultats de leurs observations, nous signalerons la détermination du niveau de la mer Morte (392 mètres au-dessous de la Méditerranée, c'est-à-dire un peu moins qu'on ne le croyait d'après les mesures précédentes). M. Wilson et ses compagnons ont fait les études les plus complètes sur Jérusalem et sur une foule d'autres points. Ils ont dressé des plans et des cartes d'une haute valeur.

Parmi le grand nombre de productions cartographiques que ces pays historiques ont inspirées, citons le *Coast survey* de la Palestine par Maunsell, les cartes et les plans de Van de Velde, la carte de la côte au nord d'Acre par MM. Derrien et Mieulet, et celle de la mission de Phénicie par M. Nau de Champlouis et d'autres officiers d'état-major. M. Paul Riant, qui s'est voué avec un soin plein d'érudition à la bibliographie de la Palestine, a organisé une Société pour la publication des textes relatifs à l'histoire et la géographie de l'Orient latin.

Dans l'Asie Mineure, M. Perrot, chargé d'une mission archéologique et accompagné de M. Guillaume et du docteur Delbet, a découvert en Galatie et en Bithynie des antiquités remarquables, particulièrement dans l'*Augustæum* d'Ancyre, où il a trouvé une très-grande partie du célèbre monument épigraphique connu sous le nom de *Testament d'Auguste*. Les descriptions dues à cette expédition ont produit un ouvrage monumental, publié par notre ministère de l'instruction publique.

M. Henri Schliemann a fait, avec un enthousiasme poétique, des fouilles curieuses pour déterminer l'emplacement de Troie ; mais ses recherches ingénieuses ne convainquent pas tout le monde et ne feront pas oublier l'admirable travail de Spratt sur la topographie de cette illustre cité.

Le docteur Scherzer, consul général d'Autriche à Smyrne, a donné des renseignements nouveaux sur la géographie de l'Asie Mineure occidentale.

M. Kotschy a visité la Cilicie, après avoir exploré l'île de Chypre.

Le docteur Blau et M. E. Taylor ont exploré l'Arménie et le Kurdistan.

Des fouilles opérées au milieu des ruines de Babylone par les soins du consul de France à Bagdad ont amené des découvertes intéressantes dans le tumulus de Nimroud. Cette partie la plus orientale de la Turquie d'Asie, qui brilla jadis de tant d'éclat sous les empires de Babylone, de Perse et des Khalifes, et qui était tombée ensuite dans un anéantissement presque complet, reprend aujourd'hui quelque activité commerciale : une compagnie anglaise a établi un service de bateaux à vapeur entre Bagdad et Bassora, et une ligne de paquebots unit cette dernière ville à Bombay. — L'Euphrate a éprouvé, dans son cours inférieur, d'assez grandes modifications, comme on peut le voir sur une carte récente du lieutenant-colonel Julius. — M. Rawlinson, qui a tant publié déjà sur l'Asie occidentale, qu'il a visitée en savant archéologue, est l'auteur d'un ouvrage pittoresque sous le titre de the *Five great Monarchies of the ancient world*.

L'île de Rhodes, troublée par un effroyable tremblement de terre en 1863, a été étudiée sous le rapport épigraphique par M. Carle Wescher.

La Transcaucasie, cette belle possession russe, entre la mer Caspienne et la mer Noire, a été décrite, non-seulement par beaucoup de Russes (le général Chodzko, qui en fait faire la triangulation ; M. Lapinski, M. Abich, M. Véréchaguine, etc.), mais par le Français Gilles, les Anglais Cameron, Cunynghame, Mounsey, l'Allemand Radde.

Le capitaine Ivanchinzov a dressé, d'après ses propres observations, une carte de la mer Caspienne.

Entrons dans la Perse, qui, depuis quelques années, est dans une voie évidente de progrès, et dont le souverain vient de visiter l'Europe, pour reporter, comme Pierre le Grand, la civilisation dans son empire. Cette contrée change à vue d'œil, et elle s'avance résolûment dans les routes que lui trace l'Occident. La jeunesse persane s'applique aux sciences; les élèves revenus d'Europe ont donné l'impulsion et l'émulation. La langue française est apprise par tous les écoliers de Téhéran, et l'on entend fréquemment les jeunes gens la parler entre eux dans les rues de la ville. Le gouvernement crée des chemins de fer, des lignes télégraphiques; il s'efforce de soumettre et de pacifier les hordes pillardes qui parcourent les steppes. Il accueille avec empressement les savants étrangers, qui font des observations nombreuses dans ce pays. M. N. de

Khanikoff a visité le Khoraçan; M. Thomson, lord Schomberg-Kerr, M. Minutoli, M. Brugsch, M. Nicolas, M. Watson, ont fait l'ascension du mont de Démavend, le plus haut de l'Iran (6400 m.); le capitaine Claude Clerk est allé de Mechehed à Hérat. M. Dorn a fait un voyage scientifique dans le Mazendéran, le Ghilan, etc. Le commandant Duhousset a étudié spécialement l'ethnographie, les races hippiques et les chasses.

Le Hongrois Arminius Vambéry, en allant à la recherche de la patrie primitive des Magyars, sortis évidemment de l'Asie, a fait, en 1863, un curieux voyage dans le nord de la Perse, la Khivie et la Boukharie; déguisé en derviche, il est parti de Téhéran et a visité le Khoraçan, Khiva, Bokhara et Samarkand. La relation de ses explorations et de ses aventures forme un très-attachant volume. Il s'est élevé quelques doutes sur la véracité complète de ce voyage : nous croyons que ces doutes sont mal fondés.

M. de Rochechouart et M. Blocqueville ont donné des notions intéressantes sur les tribus persanes et turcomanes qu'il ont observées.

Un officier français, M. Buhler, a contribué puissamment à l'embellissement, à l'assainissement et aux fortifications de Téhéran.

Sir Frederick Goldsmid a dirigé une mission chargée d'établir les limites de la Perse du côté du Béloutchistan et de l'Afghanistan, en 1871 et 1872, et il a donné des renseignements neufs sur le Séistan. M. Blanford, attaché à cette mission, a fait de précieuses études sur la géographie physique de plusieurs parties de la Perse. — Le docteur Bellew a été le chef d'une mission politique dans l'Afghanistan en 1857 ; il y a fait un nouveau voyage en 1872. Le Béloutchistan méridional a été exploré par M. Goldsmid pour l'établissement d'une ligne télégraphique, fraction de la grande voie de Constantinople à Bombay, et par l'ingénieur Burnes, dans le but de rechercher la possibilité de créer des puits artésiens sur cette côte aride ; l'eau a été trouvée en nappes abondantes sous un terrain d'une extrême sécheresse.

Le Turkestan, la Dzoungarie, la Sibérie, la Mandchourie ont été l'objet des plus actives investigations de la part des Russes, qui ont augmenté leur puissance d'une manière prodigieuse dans ces régions depuis un quart de siècle. Ils se sont avancés jusqu'au Djihoun et aux limites méridionales de la mer d'Aral ; ils ont englobé dans leur empire le lac Issyk-koul et une grande partie du cours de l'Ili ; ils ont enlevé à la Chine la Mandchourie septentrionale et maritime jusqu'au cours de l'Oussouri et au lac Hinka ; ils se sont fait céder par les Chinois et les Japonais la grande île de Sakhalien. Toutes ces acquisitions ont été préparées et éclairées par des observateurs nombreux, soutenus la plupart par le gouvernement russe et par la puissante Société géographique de Russie : M. de Séménov, M. Sévertzov, le baron d'Osten-Sacken, le général Poltaratsky ont parcouru les chaînes de l'Ala-taou, du Thien-chan, le cours du Tchoui et les vallées voisines. Valikhanov, prince kirghiz, a fait aussi d'importantes explorations dans les mêmes contrées. Le capitaine Goloubev a le plus contribué, avec M. Vénioukov, à la connaissance complète du lac Issyk-koul, c'est-à-dire du lac chaud (car il ne gèle jamais), appelé aussi lac Salé (*Touz-koul*); grâce à de nombreuses observations astronomiques, il a pu dresser une carte importante d'une grande partie de l'Asie centrale. M. Kulewein, qui accompagnait le général Ignatiev dans une mission à Khiva et à Bokhara, a donné des notions neuves sur l'Amou-daria et la Khivie. M. Struve a fait une série d'observations astronomiques, météorologiques et magnétiques sur la frontière russo-chinoise, du côté de la Mongolie; M. Boutakov a décrit le bassin du Sihoun ; MM. Rudlov, Jaunez-Sponville et Babkov ont rapporté des observations intéressantes sur les Kirghiz ; M. Véréchaguine a fait un voyage *d'agrément* d'Orenbourg à Samarkand.

Mais c'est surtout la guerre récente contre Khiva qui a fait éclore les plus complets travaux : tels que ceux de M. Fedchenko, qui a donné des aperçus tout nouveaux sur l'orographie de l'Asie centrale ; de M. Marthe, du major général Abramov, de MM. Chépélev, Stebnitzki, Vénioukov, Hugo Stumm, Sievers, etc.

MM. Maack et Maximovicz, le prince Krapotkin, M. Boudichtchev, l'Anglais Bridgett, ont fait des observations dans le bassin de l'Amour; M. Lapatine, dans celui de l'Iéniséi ; M. Gustave Raddé a parcouru le pays des Khalkha ; M. Schwarz a donné une grande carte de la Sibérie orientale ; M. Schmidt a exploré l'île de Sakhalien et le nord de la Sibérie.—Deux Français, MM. Louis d'Eichthal et le docteur Meynier, en 1862, sont allés visiter le district de Barnaoul, où ils ont examiné de curieux *tumuli* ou *kourgàn*, attribués à la sépulture d'anciens Tchoudi. M. Meynier, surpris par un froid de 45 à 50 degrés, a succombé. — Un autre Français, M. Alibert, a découvert et exploité, à Batougol, dans la Sibérie centrale, une des plus riches mines de graphite du monde. M. Constantin de Sabir, M. Ravenstein, ont publié des descriptions et des cartes du bassin de l'Amour.

Le capitaine Krusenstern était parti, en 1862, sur le navire *Iermak*, pour explorer l'océan Glacial sibérien et particulièrement l'embouchure de l'Iéniséi. Parvenu à quelques lieues de cette embouchure, il vit son bàtiment pris au milieu des glaces; lui et ses compagnons cherchèrent alors à gagner la terre en sautant de glaçon en glaçon. Après des peines infinies, après avoir lutté avec tout ce que la nature, dans ces solitudes, offre d'affreux, ils arrivèrent au rivage. Là, ils rencontrèrent une troupe de Samoïèdes, qui, d'abord, à la vue des étrangers, s'enfuirent épouvantés; mais, informés par l'interprète de la situation des voyageurs, ces indigènes les accueillirent avec hospitalité et leur fournirent les moyens de continuer leur route. Tous, en partie à pied, en partie avec des chiens, des rennes et des chevaux, sont arrivés à Arkhangel.

On suit avec intérêt les communications télégraphiques que le gouvernement russe propage sans relâche dans ses immenses possessions. Irkoutsk est unie avec Saint-Pétersbourg, d'une part, avec Nikolaevsk, à l'embouchure de l'Amour, de l'autre; on s'occupe de mettre Nikolaevsk en rapport avec les États-Unis par les îles Aléoutiennes.

Une branche se détache de la ligne Sibérienne au sud pour se porter sur le Japon et la Chine, où elle gagne Nagasaki et Chang-haï.

Le Japon, où cette ligne nous conduit, a été transformé par ses relations avec l'Europe depuis moins d'un quart de siècle. Il nous a ouvert un grand nombre de ses ports (Yokohama, Osaka, etc.), il s'est initié à nos industries, à nos sciences, en même temps que nous apprenions à mieux connaître les siennes; il nous a demandé des instructeurs pour ses armées, des ingénieurs pour un grand arsenal maritime et pour des chemins de fer. Quelques vieux préjugés contre les Européens, surtout de la part des daïmios (seigneurs), ont soulevé de temps en temps quelques orages, causé quelques catastrophes et attiré de sévères représailles des Français et des Anglais; des révolutions de gouvernement ont aussi secoué le pays; le taïcoun a été renversé, et le mikado, autrefois réduit à la souveraineté d'un roi fainéant, a repris l'autorité; mais, somme toute, le pays a marché dans la voie du progrès, et il prospère, avec l'appui de la race blanche, race avec laquelle plusieurs anthropologistes lui trouvent plus d'affinité que n'en a le reste de la race mongolique.

Un grand nombre de voyageurs ont parcouru ce curieux empire depuis que l'accès en est permis : nommons, entre autres, le marquis de Moges; — madame Albrecht, qui a eu l'audace de se rendre par terre du détroit de Tsoukar à Yédo; — sir Rutherford Alcock, qui a parcouru Nippon et fait l'ascension du Fousi-Yama; — M. Pemberton Hodgson, consul anglais, qui a séjourné à Hakodade; — M. de Fonblanque; — M. R. Lindau; — le docteur Arthur Adams, naturaliste; — M. J. Tromp; — M. Humbert, dont la relation, donnée dans le *Tour du Monde*, est une des plus intéressantes qui aient paru sur le Japon; — le baron de Richthofen, qui a étudié la géologie de l'île de Kiou-siou; — le comte de Montblanc; — M. A. Paris, qui accompagnait l'ambassade française à Myako; — M. Laurence Oliphant, qui a fait un voyage à l'île de Tsousima, située dans le détroit de Corée et remarquable par son excellent port. — Le commandant Forbes, M. Mermet de Cachon et le capitaine Blakiston ont visité l'île de Yéso. Nous apprenons par leurs relations à connaître mieux ces Aïnos, indigènes de l'île, qui rappellent la race caucasique, et, au lieu d'être les barbares et les sauvages qu'on a dépeints, sont doués d'intelligence et de bons sentiments. — Des expéditions scientifiques prussienne et austro-hongroise dans l'Asie orientale ont ajouté à nos connaissances sur le Japon; des relevés hydrographiques des côtes japonaises ont été faits par les marines de France, d'Angleterre et de Russie. MM. Steyer et Hermann ont publié un grand ouvrage sous le titre de *Nippon Fahrer* (le Voyageur au Japon).

Abordons maintenant la Chine. Là, aussi, l'influence européenne s'est implantée victorieuse à la suite de cette campagne de 1860, qui fera l'étonnement des nations à venir et qui a permis à une poignée de Français et d'Anglais de dicter la paix à un empire de 400 millions d'âmes, dans sa capitale peuplée de 2 millions d'habitants. Généreux après le succès, les vainqueurs ont puissamment aidé le gouvernement mandchou à éteindre la redoutable insurrection des Taëpings, qui a profondément ébranlé pendant plusieurs années l'Empire Céleste. Puis sont venues les révoltes des

Nien-feï et des Doungancs (musulmans), qui ne sont pas encore apaisées.

Un des premiers fruits de l'ouverture de ce pays aux Européens fut l'expédition anglaise du Yang-tse-kiang, dirigée par le lieutenant Sorel, le capitaine Blakiston et le docteur Barton. Elle avait pour but de pénétrer, en remontant ce grand fleuve, jusqu'au delà des frontières de la Chine propre, pour gagner ensuite le nord de l'Inde; mais elle n'a pu s'avancer que jusqu'à Ping-chan, dans le Ssé-tchouan; la guerre civile l'a forcée au retour; une de ses stations principales a été Han-keou, grande et populeuse ville, située dans la belle province de Hou-pé, et déclarée ouverte désormais au commerce des Anglais, des Français, etc. — L'exploration du Si-kiang (fleuve qui a son embouchure vers Canton) par le lieutenant Lindesay-Brine eut lieu peu de temps après.

Le comte d'Escayrac, qui accompagnait les armées dans la guerre de 1860, a préparé un ouvrage considérable pour y consigner le fruit de ses observations et de ses recherches; on peut remarquer, entre autres, son mémoire sur les déplacements du cours inférieur des fleuves Hoang-ho et Yang-tse-kiang, depuis l'antiquité. Les pères lazaristes et les sœurs de Saint-Vincent de Paul propagent avec ardeur les idées chrétiennes et françaises, en fondant des écoles et des établissements de charité à Ning-po, à Chang-haï et ailleurs. Deux de nos missionnaires, MM. Franclet et Boyer, se sont rendus de Nicou-tchang (près de laquelle le port de Ying-tse a été ouvert aux Européens), vers le golfe de Liao-toung, jusqu'à l'embouchure de l'Amour; ils ont descendu le Soungari et passé par la célèbre ville de Kirin, puis par celle de San-sing, la dernière place actuelle de la Mandchourie chinoise, enfin par la Mandchourie russe, qui commence à se peupler de toutes parts de postes militaires et de petites villes annonçant la civilisation européenne.

M. de Bourboulon, envoyé extraordinaire et ministre plénipotentiaire de France en Chine, a fait, avec madame de Bourboulon, un voyage de Pé-king à Saint-Pétersbourg, par les déserts de la Mongolie, d'une si difficile traversée.

Le lieutenant Oliver et le Rév. Martin ont entrepris des excursions à l'ouest de Canton; le docteur Legge a voyagé dans la partie orientale de la province de Kouang-toung. Quatre autres Anglais, MM. Dickson, Thomburn, Beach et Bonney, ont accompli en dix-sept jours le curieux voyage de Canton à Han-keou, presque entièrement par eau, car ils n'ont eu que quelques heures de traversée à pied pour franchir les montagnes qui séparent le bassin de la mer de Chine (mer Méridionale) de celui du Yang-tse-kiang, tributaire de la mer Bleue (mer Orientale); ils ont remonté le Pé-kiang (c'est-à-dire la rivière du Nord), qui se joint près de Canton au Si-kiang (rivière de l'Ouest); puis ils ont descendu le Heng-kiang ou Siang-kiang, jusqu'au lac Toung-thing; ils ont, de là, gagné le Yang-tse-kiang par l'écoulement de ce lac, et ont descendu le grand fleuve jusqu'à Han-keou. Presque en même temps, M. Baker remontait le Tcheng-thang, dans la province de Tché-kiang, et entrait dans la province de 'An-hoeï, afin de visiter les districts les plus renommés pour le thé, comme M. Robert Fortune l'avait fait il y a plusieurs années ; mais ce pays, autrefois si riche, ne lui a plus offert que l'image de la désolation, par suite de la guerre sauvage qui dévastait la Chine.

Le capitaine Harcourt et M. Morrison, consul britannique à Tché-fou, sont allés de ce port à Tien-tsin, et, de là, ont suivi, l'espace de 500 kilomètres, le grand canal Impérial, dont le vrai nom est Yun-ho (c'est-à-dire rivière de transport). Ils ont visité la tombe de Confucius, qui est encore sous la garde de sa famille, et ils ont séjourné dans la grande ville de Tsi-nan, capitale de la province de Chan-toung. Une tournée commerciale que MM. Richards et Slossin ont exécutée dans les provinces de Chan-si et de Tchi-li, en partant de Tien-tsin, a fourni des renseignements nouveaux. M. A. Michie s'est rendu de la même ville à Moukden, en Mandchourie. Un autre Anglais, M. Ch. Mitchell Grant, a, comme quelques autres, accompli le vaste trajet de Pé-king à Saint-Pétersbourg, en franchissant la Mongolie et la Sibérie.

M. de Richthofen, géologue d'une expédition scientifique prussienne, a fait des observations de toute sorte et d'une grande importance dans une partie considérable de la Chine, en commençant par l'île Formose. M. Eugène Simon a étudié l'agriculture en Chine. M. le comte de Beauvoir et le baron de Hübner, dans leurs voyages autour du monde, ont consacré une large part de leurs descriptions à la Chine et au Japon.

Le désir d'obtenir, pour l'occident de l'Europe, des œufs de vers à soie exempts de la déplorable maladie qui est depuis si longtemps le fléau de notre sériciculture, a fait entreprendre en Chine et au Japon des voyages qui ont été généralement couronnés de succès. Nous remarquons, entre autres, celui de M. Berlandier, qui a parcouru le nord de la Chine, la Mongolie et la Sibérie, pour revenir en France avec son précieux produit.

En 1866, l'attention s'est portée principalement sur la Corée, qu'une flotte française, commandée par l'amiral Roze, a attaquée par la côte occidentale, en s'emparant de l'île placée à l'embouchure de la rivière sur laquelle est bâtie la capitale, Kiœng ou Séoul, appelée aussi Han-yang ou King-ki-tao ; il s'agissait d'obtenir du souverain une réparation pour les persécutions exercées contre les missionnaires catholiques et leurs adeptes. Cette expédition nous a procuré des notions neuves sur cette région si peu connue, et a enrichi notre Bibliothèque nationale d'un grand nombre d'ouvrages coréens trouvés dans une forteresse tombée en notre pouvoir.

M. l'abbé Armand David a communiqué à la France, depuis plusieurs années, des observations scientifiques du plus haut intérêt, qu'il a jointes à ses travaux de missionnaire dans la Chine et la Mongolie ; il a fait connaître, entre autres, le royaume mongol d'Ourato. L'abbé Desgodins, établi à Yerkalo, sur les frontières du Tibet et de l'Indo-Chine, envoie souvent des communications également très-précieuses, et a particulièrement jeté du jour sur le cours de l'Iraouaddy.

M. Alexandre Williamson et l'archimandrite Palladius ont visité la Mandchourie. M. le docteur Martin, attaché à la légation de France à Pé-king, a donné des renseignements intéressants sur l'ethnographie et la statistique de la Chine.

M. Ney Elias est un riche Anglais, qui, voyageant par amour pour la science, a étudié le changement du cours inférieur du Hoang-ho et son embouchure assez récente dans le golfe de Tchi-li ; il a parcouru en 1872, du sud-est au nord-ouest, toute la Mongolie depuis les frontières de Chine jusqu'à celles de la Dzoun-garie. Un des principaux objets de ses recherches était l'emplacement de Karakoroum, la célèbre capitale de Djenghiz-khan ; il n'a pu le découvrir.

Le capitaine russe Przevalski a franchi aussi de vastes espaces en Mon-golie, en 1871, et a donné particulièrement des renseignements neufs sur le désert de Gobi et le plateau central.

Avançons-nous dans ce mystérieux Tibet que si peu de voyageurs euro-péens ont eu la chance de visiter : M. Durand, missionnaire français, a par-couru le Tibet oriental, vers la province de Yun-nan ; là habitent les Lou-tsé, tribu sauvage, à la figure blanche, qui s'éloigne des types chinois et tibétain et se rapproche beaucoup du type caucasique. Ce n'est pas, du reste, la seule trace de la race causasique qui se retrouve dans l'extrême Orient.

Quelques missionnaires français ont pu pénétrer en 1863 dans le Tibet central, ont été parfaitement accueillis à Lhassa, et l'un d'eux a été même chargé par le gouvernement tibétain d'une mission importante à Pé-king, où il a été bien reçu par le prince Kong.

Le Tibet a été l'objet d'un voyage des plus intéressants de la part de trois *pandits* ou docteurs indiens, qui ont pu parcourir le pays plus librement et plus facilement que ne l'eussent fait des Européens. Ils sont partis de Kat-mandou, capitale de Neypàl, et, munis d'instruments de précision, dont ils connaissaient parfaitement l'usage, ils ont exploré (l'un d'entre eux surtout), avec le plus grand fruit, le fleuve Yarou-Dzangbo, le lac Palté (*Yamdokcho*), les villes sacrées de Chigatzé, de Lhassa (siège de la cour du grand lama, ce chef du Tibet, qui ne se mêle pas des affaires de l'État, le pouvoir maté-riel étant exercé par le *gyàlbo*) ; ils ont parcouru le lac Mansarovar, célèbre par un pèlerinage, les monts Himalaya, etc. Le capitaine Montgomerie a résumé les observations de ces Indiens.

Le Petit Tibet, qui appartient au radjah de Cachemire, et le Turkestan oriental, qui ne dépend plus de la Chine depuis quelques années, mais forme des principautés distinctes, comme celles de Khotan et d'Yarkand, ont été visités par de savants voyageurs. Les trois Schlagintweit (Hermann, Adolphe et Robert), naturalistes bavarois, ont accompli dans ces pays, comme dans l'Inde et l'Himalaya, des missions éminemment utiles à la science, mais très-périlleuses : l'un d'eux, Adolphe, a été assassiné à Kachgar, en 1859. Ils ont fait, entre autres observations, une description toute nouvelle des monts Karakoroum (ou Karakoram), que Montgomerie et Thuillier ont ensuite étudiés plus complétement encore, et qui sont aujourd'hui reconnus comme la seconde chaîne du globe par leur altitude (8610 mètres). Ils viennent immé-diatement après l'Himalaya, dont le plus haut pic mesuré est le mont Everest ou Gaourisankar, d'une altitude de 8840 mètres, déterminée par M. Waugh.

Ce pic, qui a reçu le premier de ses noms en l'honneur de l'un des chefs de la topographie de l'Inde, a détrôné, comme point culminant du monde, le Kintchindjinga (8588 mètres), lequel, à son tour, avait enlevé cette palme de l'altitude au Dhavalaghiri (8187 mètres). Lord William Hay et le docteur Thomas Thomson ont consacré plusieurs années à explorer aussi l'Himalaya.

M. Hayward est mort assassiné dans la partie orientale de l'Hindou-khouch, après avoir visité Yarkand, en 1869.

Guillaume Lejean, que nous avons déjà rencontré en Afrique, a fait également un voyage en Asie. Après avoir étudié quelques points de la Turquie d'Asie, il a remonté l Indus, visité le Pendjâb et l'ancienne Cophène, le curieux peuple des Siapoche et le Cachemire.

M. G.-W. Leitner a étudié, sous le rapport ethnographique surtout, les extrémités boréales de l'Inde et le Petit Tibet.

M. Johnson est allé de Leh, capitale du Ladak, à la capitale du Khotan, en traversant les cols du Kouen-loun ; il est revenu dans le Cachemire par le Karakoroum.

M. Shaw, M. Forsyth et des H'ndous attachés aux travaux de la triangulation de l'Inde se sont rendus de Cachemire à Yarkand, à Kachgar, dans la vallée de Tchitral, etc. M. Scharnhorst a déterminé la situation d'un grand nombre de points de l'Asie centrale.

Il résulte des travaux les plus récents sur les parties occidentales du grand plateau central de l'Asie que le Bolor, qu'on a dépeint longtemps comme une haute chaîne, n'existe pas comme montagne ; que ce n'est qu'un plateau, extension de celui de Pamir. C'est sur le plateau central, dans la direction de Kachgar et d'Yarkand, qu'est destiné à passer le chemin de fer *grand central asiatique*, gigantesque projet dû à M. de Lesseps et qui a pour objet d'unir la Russie à l'Inde, d'Ékatérinbourg à la vallée de Cachemire, par Tachkend.

Les Anglais se livrent sans relâche à des travaux qui font mieux connaître toutes les parties de leur grand empire de l'Inde. Leur levé géodésique embrasse aujourd'hui plus des trois quarts du pays. Des chemins de fer unissent les grands centres de commerce, et comptent déjà plus de 6000 milles de développement.

De savants linguistes et anthropologistes éclairent l'ethnographie, si mystérieuse encore, d'une contrée qu'ont foulée tant de races diverses et où règnent tant d'antiques souvenirs. Le docteur Leitner a fait connaître des populations, presque i norées, des confins de l'Afghanistan. M. W. Hunter a donné un dictionnaire comparatif des langues non aryennes (au nombre de 144 !) de l'Inde et de la Haute-Asie. M. Jules Vinson a exposé, dans un aperçu succinct, les cultes du sud de l'Inde (région dravidienne). M. Textor de Ravisi a apporté du Dékhan méridional les plus intéressants renseignements et les photographies les plus curieuses concernant l'architecture, la religion et l'origine des populations les plus anciennes de cette partie de l'Asie. M. J. Rayney (de Khoolnah) et quelques autres savants du Bengale ont

éclairé la géographie historique du Sandarban (à tort orthographié ordinairement les *Sunderbunds*), et fait voir que cette contrée, aujourd'hui sauvage
et déserte, a été jadis animée par de grandes villes, et que les dévastations
des Mugs et des Portugais, jointes aux cyclones, ont amené l'état actuel de
ce triste pays.

M. Rousselet a voyagé dans une grande partie de l'Hindoustan et a donné
dans le *Tour du monde* une intéressante relation sous le titre de l'*Inde des
Radjahs ;* M. J. Calvert a étudié en géologue le Pendjâb oriental et une partie de l'Himalaya ; M. Woodthorpe a rendu compte d'une expédition militaire faite en 1871 chez les Souchaïs, peuplade située à l'extrémité nord-est de
l'Hindoustan ; M. William Marshall a étudié les Todas, une des tribus primitives de l'Inde, vers l'extrémité sud de la presqu'île ; le major général Cunningham s'est livré à l'archéologie indienne, dans de savantes campagnes
entreprises de 1862 à 1865 ; M. le professeur Garcin de Tassy fait, chaque
année, un rapport sur la langue et la littérature hindoustanies. — Le major
Evans Bell a publié l'*Empire de l'Inde*.

Que de noms nous pourrions encore citer parmi les explorateurs de l'Inde !
Ce sont les topographes Walker, Montgomerie, Markham, etc.; c'est
M. Forsyth, qui a décrit les *Highlands* de l'Inde centrale; c'est M. Oldham, qui
s'est voué aux provinces du nord-ouest; M. Esquer (Français), qui a étudié
les castes, etc.

Finissons notre revue de l'Asie par l'Indo-Chine.

L'Indo-Chine nous intéresse plus vivement que jamais depuis que la France
a étendu sa domination sur la belle région connue sous le nom de Basse-Co-
chinchine et composée, en grande partie, des fertiles deltas du Mé-kong et
du Dong-naï, grossi de la rivière de Saï-gon. La population, généralement
d'origine cambodgienne, accepte avec joie notre patronage, et cette colonie
paraît appelée à un brillant avenir. On en améliore le climat par des desséchements, on y trace des routes, on y rend plus favorables à la navigation les
nombreux canaux naturels qui entrecoupent le pays ; on bâtit des maisons à
l'européenne, des églises, une cathédrale même et un beau palais du gouverneur à Saï-gon ; on élève un phare au cap Saint-Jacques, qui commande l'embouchure principale du Dong-naï ; on reconnaît, au delà même de la Basse-
Cochinchine, le cours des grands fleuves dont nous avons les embouchures.
Nous avons pris possession du groupe d'îles Poulo-Condor, qui est comme un
avant-poste de la Cochinchine française, et qui a un bon port, point important
de relâche et de ravitaillement entre Singapour et Bangkok, d'un côté, et
Saï-gon et Canton, de l'autre.

Parmi les voyageurs qui, depuis une quinzaine d'années, ont le plus contribué
à faire connaître les parties les moins visitées de l'Indo-Chine, il faut citer
notre compatriote Mouhot, dont la relation a été publiée par la Société géographique de Londres et par la librairie Hachette ; il a remonté le Mé-kong, parcouru les forêts du Cambodge et des Lao, contemplé les majestueuses ruines

d'Angkor, et il est mort victime de ses fatigues et des fièvres des jungles en novembre 1861.

Ces ruines d'Angkor ont attiré l'attention d'autres voyageurs. MM. Forrest, Thomson et Kennedy, Anglais, M. Jules Renard, Français, ont rapporté des études sur ces restes remarquables d'une architecture empreinte d'un cachet tout spécial, et les expéditions de l'amiral Bonard, de Doudart de Lagrée et Garnier, de Delaporte ont ajouté beaucoup aussi à ces descriptions.

Dans les parties moyennes et occidentales de la péninsule, a voyagé M. de Ritchthofen ; M. Schomburgk a étudié le Siam ; M. Bocourt, naturaliste français, a rapporté du même pays une collection remarquable d'objets d'histoire naturelle et de photographies ; M. Ed. O'Reily a traversé les monts Poung-loung, entre la Birmanie et le Siam, pour examiner la meilleure route à établir entre ces deux contrées ; l'amiral Bonard a, dans un rapport plein d'intérêt, rendu compte d'une expédition qu'il a faite sur le Mé-kong, la rivière d'Oudong, le lac Talé-sap.

Un grand nombre d'ouvrages ont été composés sur notre Cochinchine, depuis son occupation ; nous citerons ceux de MM. le capitaine Grammont, le capitaine de vaisseau Aubaret, Pallu, les lieutenants Vial et Richard, d'Arfeuille, Rheinart, H. d'Aurillac, E. Renard, le capitaine Wyts, le capitaine Brossard de Corbigny, G. Francis. Est-il permis de rappeler que nous-même nous avons donné, avec M. de Rosny, un *Tableau de la Cochinchine?*

Le Dépôt de la marine a fait d'abord une carte de la Cochinchine en 4 feuilles, par MM. Héraud, Manen et Vidalin ; aujourd'hui, il en publie une beaucoup plus considérable, construite par M. le capitaine de frégate Bigrel, sous la direction du dernier gouverneur, l'amiral Dupré. L'exploration, sous le commandement de M. Senez, des côtes de Cochinchine et du Tong-king, a rectifié l'hydrographie de ces parages. Le Cambodge, qui reconnaît notre suzeraineté, a été représenté par une carte détaillée.

Les Anglais ont répandu surtout la lumière sur les parties occidentales de l'Indo-Chine par des travaux multipliés. Ce sont les voyages du major Sladan et de John Anderson, de la Birmanie anglaise au Yun-nan par Bhamo ; c'est celui de Talboys Wheeler à cette dernière ville ; c'est la course aventureuse et pittoresque de T.-T. Cooper de la Chine à l'Inde, etc.

M. Thomas Anquetil, Français, a décrit l'empire birman, qu'il a longtemps habité. Deux officiers français, MM. Fau et Moreau, ont été attachés à la mission de Birmanie pour la ratification d'un traité de commerce. Ils ont succombé aux fièvres paludéennes en 1874.

Les îles Andaman, jointes assez récemment au gouvernement de l'Inde, ont été aussi l'objet de descriptions intéressantes : entre autres, nous citerons celle de Sir Robert Tisler et du docteur Mouat ; ils nous apprennent que la population de l'archipel est une race très-petite, mais vigoureuse et trapue, d'un teint noir très-foncé, à la chevelure courte et très-laineuse (quand la terre rouge dont elle s'enduit la tête n'empêche pas les cheveux de croître) ; ces indigènes ont le nez médiocrement plat, les lèvres assez fines ; ils vont entièrement nus, à moins qu'on n'appelle vêtement une épaisse couche de boue dont ils se couvrent tous les soirs avant de ce coucher, afin de se protéger contres les piqûres des moustiques. Leurs armes consistent en arcs et en flèches d'une grande force. Leurs canots sont construits d'une manière ingénieuse. Ce sont d'habiles pêcheurs. Faux et perfides, ils n'offrent aux étrangers que des rapports difficiles et dangereux. Ils vivent par petits groupes de vingt à trente personnes. Leur langue diffère totalement de tous les idiomes connus.

Le docteur Bastian a séjourné dans l'Indo-Chine plusieurs années et a publié sur ce pays et sur tous les peuples de l'Asie orientale de précieux travaux.

Rappelons avec quelque détail l'exploration remarquable du cours du Mékong que les Français ont faite en 1866 et 1867. Cette expédition, préparée par les ordres de M. de Chasseloup-Laubat, alors ministre de la marine, se mit en route en juin 1866, sous la direction de M. de Lagrée, capitaine de frégate, accompagné de M. Garnier, chargé des travaux d'hydrographie et d'astronomie, de M. Thorel, chirurgien de marine, de M. de Carné, etc. La canonnière à vapeur qui portait les voyageurs quitta quelque temps le Mé-kong pour leur faire parcourir le lac Talé-Sap ou Bien-Ho, et leur permettre d'aller visiter les magnifiques ruines d'Angkor ; elle revint au grand fleuve, qu'elle remonta très-avant ; on examina les ruines de Bassak, belles aussi ; l'emplacement de Vien-chan, autrefois ville considérable ; on étudia les peuples des bords du fleuve et leur situation politique, qui, fort indécise, flotte entre la domination des Siamois et celle les Annamites et des Lao. On a pu tracer avec précision la carte du Mé-kong l'espace de 1500 milles marins. Des rapides, des courants impétueux nuisent sur plusieurs points à sa navigation. Il n'a pas assez d'eau ; d'autres fois, il déborde avec fureur, et c'est ainsi qu'en octobre 1867 il a enveloppé Chaou-doc d'une formidable inondation.

L'expédition ne s'est pas contentée d'explorer le fleuve ; elle a relevé assez loin des routes de terre, à l'est et à l'ouest du Mé-kong, et a étudié une foule de localités importantes baignées par ses affluents, entre autres Ubôn, ville très-commerçante, sur un affluent occidental.

Voilà les travaux de la première année ; l'année suivante, on se trouvait en Chine, dans le Yun-nan : là mourut Doudart de Lagrée ; la direction du voyage fut dès lors confiée à Francis Garnier. Après avoir étudié une partie du Yun-nan, et spécialement le territoire de Ta-ly, qui forme aujourd'hui le royaume des rebelles musulmans Panthoys, établi sur les frontières de l'Empire Céleste et de la Birmanie, la commission française a été obligée, par la guerre entre les insurgés et les autorités chinoises, de se replier sur le Yang-tse-kiang, dont elle a éclairé le cours l'espace de 300 milles au-dessus du point où s'était arrêtée la dernière expédition anglaise de ce fleuve ; puis on a descendu la partie déjà bien connue, et l'on arrivait à Chang-haï, le 12 juin 1868 ; ensuite on gagnait la Cochinchine française.

L'espace total parcouru en Chine et dans l'Indo-Chine a été de 10000 kilomètres, dont 6000 en barque et 4000 à pied. C'est une des plus remarquables expéditions de ce siècle, et c'est avec raison que la Société de géographie lui a décerné sa grande médaille d'or.

Plein d'ardeur pour les découvertes géographiques et pour l'accroissement de l'influence de la France, Garnier repart en 1872; il revoit le Yang-tse-kiang; il veut s'enfoncer dans le bassin occidental de ce fleuve, et pénétrer dans le Tibet; mais des affaires urgentes pour notre politique le font rappeler par le gouvernement de la Cochinchine; il est envoyé dans le Tong-king pour examiner, comme l'avait fait déjà un négociant français, M. Dupuis, les moyens de frayer une voie à notre commerce par le cours du Song-koï, dont la source est très-voisine du Yang-tse-kiang, et pour forcer les Annamites à exécuter des conditions promises; il rencontra de l'hostilité dans une partie de la population; il s'empara de vive force de Ha-noï ou Ké-cho, capitale du Tong-king; mais, s'engageant avec une bravoure trop ardente contre une masse d'ennemis très-supérieurs en nombre, il a été tué en décembre 1873; ce brillant commandant de marine n'avait pas 34 ans!

Une réparation éclatante aurait été exigée de la cour de Hué, si l'on eût été assuré qu'elle avait prêté la main à l'hostilité dirigée contre notre expédition. On s'est contenté d'obtenir un traité par lequel trois ports du Tong-king nous sont ouverts, la circulation dans l'intérieur de ce pays est déclarée libre, et l'exercice de la religion chrétienne garanti.

OCÉANIE

Quittons l'Asie pour entrer dans l'Océanie, qui en est, pour ainsi dire, l'extension sud-est; nous plaçons encore dans cette cinquième partie du monde l'archipel Malais, quoiqu'un savant voyageur, Alfred Wallace, dans un grand et sérieux ouvrage récent, ait entrepris de faire comprendre que, par la profondeur du sol de la mer, le lit des courants, l'ethnographie, les productions zoologiques et végétales, il faudrait rattacher à l'Asie Sumatra, Java, Bornéo, etc., et ne commencer l'Océanie qu'à l'est de Bali et des Philippines.

Après les grandes expéditions des Dumont-d'Urville, des James Ross, des Wilkes, des La Place, que nous avons mentionnées autrefois, nous avons à citer celle de la frégate autrichienne la *Novara*, qui parcourait l'Océanie en 1859; au moment où la guerre éclatait entre la France et l'Autriche, ce navire était accueilli cordialement par les autorités françaises de Tahiti, qui avaient reçu l'ordre de le traiter avec les plus grands égards.

L'Angleterre a envoyé le *Rattlesnake* et le *Basilisk ;* la France, la corvette la *Mégère*, dont le capitaine Aube a décrit les pérégrinations; la Russie, quatre navires, dont la corvette le *Vitiaz*, qui a fait surtout des explorations dans la Nouvelle-Guinée.

La plus grande contrée océanienne, l'Australie, cette île immense qui peut s'appeler un continent, et qui est devenue une colonie anglaise, offre le spectacle le plus intéressant par les richesses extraites du sein de la terre ou nées d'une culture intelligente, par l'accroissement prodigieux de la population européenne, les voies de communication établies de toutes parts, enfin la transformation rapide qu'entraîne une civilisation aussi active et aussi avancée que celle de la mère patrie.

Les explorations les plus remarquables qu'on ait faites en Australie depuis notre première histoire sont, à l'est, celles de Goyder, de Freeling, de Hack, de Swinden, de Miller, en 1857 ; de Warburton, de Harris, de Sturt en 1858; elles ont fait connaître plus exactement le territoire du lac Torrens, et ont dévoilé l'existence des monts Gawler, des monts Baxter, du lac Gairdner, (grand lac salé, au S.-O. du Torrens), celle d'autres lacs nommés Great-Salt-Lake, Hart, Younghusband, Pernatty, de la rivière Mac-Donnell, etc. En 1858 aussi, Auguste Gregory a parcouru de grands espaces dans les parties intérieures de la région de l'E. ; il a revu la Victoria de Mitchell, le Cooper de Sturt, en 1859 ; le Darling, une des deux grandes rivières qui forment le fleuve Murray, a été remonté par le steamer du capitaine Cadell.

Dans les parties occidentales et septentrionales de l'Australie, les expéditions les plus remarquables sont celles d'Auguste Gregory et ses frères, dans les années 1856, 1857 et suivantes ; on remonta le fleuve Victoria, on franchit une ligne de partage de 1600 pieds d'altitude, on parcourut le cours d'une grande rivière, le Sturt, qui coule au sud et tombe dans un lac, près d'un mont considérable qu'on a appelé Wilson ; puis on suivit, le long des contours septentrionaux et orientaux du continent, une route immense dans la direction de celle qu'avait parcourue l'infortuné Leichhardt.

Mais, malgré tant d'efforts, on n'avait pas encore fait la traversée du continent, ni du nord au sud, ni de l'est à l'ouest. Cet honneur était réservé à Robert O'Hara Burke. Le 20 août 1860, aux acclamations d'une foule nombreuse, partait du parc royal de Melbourne une petite et courageuse caravane, parfaitement équipée, munie de provisions abondantes, de bons instruments de précision ; elle avait vingt-cinq chameaux, amenés d'Arabie et destinés à seconder les chevaux qu'on emmenait aussi et qui n'auraient pu seuls affronter tant de fatigues. Elle comptait douze hommes bien déterminés. Après le chef, Burke, ancien officier, à l'apparence mâle et vigoureuse, au caractère résolu, on remarquait le commandant en second, William John Wils, distingué par ses connaissances en astronomie, en topographie, en physique ; Gray ; King, jeune militaire de l'armée de l'Inde ; Landells, le directeur spécial des chameaux ; enfin, plusieurs cipayes. Le départ est joyeux et plein d'espoir. On s'avance vers le Murray, on arrive à Menindie, au bord du Darling. De là, on se dirige vers le Cooper's Creek, grande rivière qui va se jeter dans le lac Eyre. Cette seconde partie du voyage ne fut pas aussi heureuse que la première : on eut beaucoup à souffrir du manque d'eau et des terrains rocailleux. Une mésintelligence s'éleva entre le chef de l'expédition et le directeur des chameaux. Celui-ci se sépara de ses compagnons, et revint à Menindie avec plusieurs de ses animaux. Enfin Burke s'affaiblit encore en laissant une partie de son monde à un dépôt qui fut établi sous la direction de Brahe aux bords du Cooper's Creek. On se trouvait là à la moitié de la distance qui sépare Melbourne du golfe de Carpentarie.

Burke et trois de ses compagnons, Wills, Gray et King, s'enfoncent seuls dans les profondeurs du continent, avec un cheval et six chameaux ; ils avaient des vivres pour trois mois : ce n'était pas assez tenir compte des obstacles possibles et des temps d'arrêt qui en seraient la conséquence, dans un parcours de 600 lieues, aller et retour. Brahe devait les attendre pendant ces trois mois.

Ils traversent d'abord une région fertile, où leurs montures trouvent une nourriture abondante : leur courage est excité par cet aspect ; mais ensuite se présente un désert pierreux, qu'ils parcourent avec une grande difficulté. Ils respirent enfin dans la vallée de l'Eyre's Creek, qu'avait déjà vue Sturt en 1845, et qu'ils longent assez longtemps. A partir de cette rivière, ils s'avancent dans des contrées où nul voyageur avant eux n'avait jamais pénétré. Ils marchent vers le nord aussi directement que possible, en suivant à peu près le 140° degré de longitude (à l'est de Greenwich), qui coupe le milieu du golfe de Carpentarie.

Ils franchirent le tropique du Capricorne le 7 janvier, c'est-à-dire au moment où le soleil dardait verticalement ses rayons sur leurs têtes. Ils souffraient beaucoup de la chaleur; dans les vastes plaines qui s'offraient devant eux, le phénomène du mirage trompait leur vue, comme il trompe les voyageurs en Afrique, et leur montrait l'image décevante de fraîches nappes d'eau, dont ils auraient eu grand besoin. Du reste, ils ne rencontrèrent pas de ces difficultés infranchissables qui désespèrent le voyageur : pas de grands fleuves, pas de grands lacs ou de grands marais qui leur barrent le passage; pas de montagnes aux rocs inabordables; pas de peuples farouches et hostiles; mais de rares et inoffensives petites peuplades, de modestes ruisseaux, coulant les uns à l'est, les autres à l'ouest, tantôt des plaines un peu sèches, mais qui ne méritent pas le nom de désert, tantôt des vallées assez fertiles, ou des collines pierreuses, ou de petites montagnes boisées; enfin, ils ne trouvèrent aucun caractère géographique très-saillant.

Néanmoins, en approchant de la mer, le pays devient plus accidenté et revêt des formes plus tranchées : les voyageurs rencontrent une chaîne de montagnes assez remarquable, qu'ils nomment Standis Range, et ils longent une assez grande rivière qu'ils appellent Cloncurry; c'est la même que le Flinders ou Yappar, dont on connaissait déjà l'embouchure dans le golfe de Carpentarie. Malheureusement, lorsqu'ils étaient sur le point d'arriver à l'Océan, des marécages impraticables paraissent leur opposer un obstacle sérieux; ils y perdent un de leurs chameaux; on est obligé de laisser les autres sous la garde de Gray et de King, à une dizaine de lieues du golfe. Burke et Wills s'avancent seuls vers la côte avec le cheval, qui faillit plusieurs fois rester dans la boue; enfin, au sortir d'une magnifique forêt, les deux voyageurs se voient près de la mer, le 11 février 1861; mais des marais formés à l'embouchure du Cloncurry, marais profonds où ils remarquent que le flux s'introduit par les bras nombreux du fleuve, ne leur permettent pas de toucher l'Océan lui-même, comme ils l'avaient désiré. Qu'importe? ils pouvaient dire qu'ils avaient traversé le continent dans toute sa largeur et que désormais la route était ouverte.

Ils prennent la route du retour; nous les retrouvons, vers le milieu d'avril, au Cooper's Creek, réduits à trois et accablés de lassitude et de besoin; Gray était mort d'épuisement et de fatigue un peu avant qu'on atteignît cette rivière; le cheval avait péri; il ne restait que deux chameaux, incapables de porter des fardeaux. Burke et ses deux derniers compagnons arrivent enfin, le 21 avril, au dépôt laissé sous la garde de Brahe; ils étaient sauvés, ils allaient revivre! Mais, cruelle déception! Brahe était parti, et, par une affreuse fatalité, c'était ce jour-là même, le 21 avril, qu'il avait abandonné ce poste, las d'attendre et n'espérant plus revoir ses compagnons; près de deux mois s'étaient écoulés au delà du terme fixé pour le retour de l'expédition du golfe : il supposait qu'elle avait péri. On conçoit aisément le désespoir et le désappointement de Burke, de Wills et de King à l'aspect de ce camp désert ; leur douleur redouble, quand, fouillant dans le sol, sous les pierres qui enveloppaient le dépôt, ils trouvent une note apprenant que sept heures seulement s'étaient écoulées depuis le départ de Brahe.

Que vont-ils faire? Suivront-ils Brahe dans sa marche vers Menindie? Ils n'osent le tenter. Leur épuisement, celui de leurs chameaux, ne leur permettront pas de l'atteindre, et, livrés à leurs seules ressources, ils ne pourront jamais franchir les 150 lieues qui les séparent du Darling. Ils tournent plutôt leurs regards du côté de l'Australie méridionale et d'Adélaïde, capitale de cette colonie ; ils savent que, près du mont Hopeless, qui est à 60 lieues de leur dépôt, sont les établissements austro-australiens les plus avancés vers le nord ; ils s'y rendront, en descendant les rives du Cooper's Creek, puis en passant entre les lacs Eyre et Blanch, par l'isthme que découvrit Gregory en 1858.

Mais les forces trahissent leurs espérances ; ils ont bientôt épuisé les vivres que Brahe avait laissés au dépôt, ou plutôt ils sont obligés de les abandonner en grande partie, parce qu'ils se sentent incapables de les porter ; ils veulent avancer toujours, mais un de leurs chameaux s'enfonce dans la fange d'un des bras du Cooper's Creek ; le pauvre animal y meurt, et ils le dépècent pour s'en nourrir. Leur autre chameau, à son tour, ne peut plus faire un pas : ils se voient obligés de l'abattre, et sa maigre chair est leur dernière ressource.

Désormais ils ne pensent plus au retour ; leur unique souci est de vivre au jour le jour ; ils trainent leurs corps amaigris le long des marais desséchés, pour y trouver cette plante aquatique nommée *nardou* qu'ils savaient être un des principaux aliments des indigènes ; ils en trouvent, en effet, et ils ont le bonheur de rencontrer les indigènes eux-mêmes, qui leur en procurent et qui leur donnent aussi du poisson ; mais l'épuisement des infortunés voyageurs était trop grand pour que ce secours leur rendît des forces suffisantes.

Deux d'entre eux ne purent supporter plus d'un mois une vie si misérable. Wills mourut le premier, Burke le suivit de près. King restait seul ; il se joignit à une tribu d'indigènes.

Il passa quatre mois dans cette étrange existence de sauvage. Enfin, un jour, un homme de la tribu vient lui dire avec joie qu'il a vu des blancs de l'autre côté de la rivière. C'était une expédition qui arrivait à la recherche de celle de Burke, et que conduisait Howitt, déjà connu comme voyageur capable. King était rendu à la civilisation, qu'il croyait perdue pour lui.

Mac-Kinlay, de son côté, était parti d'Adélaïde en 1861, pour aller à la recherche de Burke, sur le sort duquel on avait conçu de trop justes inquiétudes. Il arriva au golfe de Carpentarie, en 1862, sans beaucoup d'obstacles. C'est la *seconde traversée* de l'Australie.

Landsborough, mû également par le désir de découvrir les traces de Burke, était parti, en 1861, des bords du golfe de Carpentarie, et s'était avancé au loin dans l'intérieur, en suivant une direction sud-ouest. Il revint au golfe, et, cette fois, se dirigeant droit au sud, il arriva heureusement à Melbourne, en 1862, en passant par le fort Bourke, sur le Darling. La *troisième traversée* du continent se trouva ainsi effectuée.

Mac-Douall Stuart, qui avait fait en 1860 et 1861 deux célèbres tentatives pour couper l'Australie dans sa largeur, mais qui n'avait pu aller au delà du bassin de Newcastle-Water, vers 17° $^1/_2$ de latitude, repartit d'Adélaïde, au mois d'octobre 1861, et il a eu le bonheur d'accomplir la *quatrième traversée*, en parvenant à la côte nord, près de la rivière Adélaïde, au bord du golfe de Van Diemen, le 25 juillet 1862. Il rentra dans la capitale de l'Australie en décembre de la même année. Les principales difficultés qu'il a éprouvées provenaient des hautes herbes et des broussailles au milieu desquelles il fallait se frayer un chemin ; mais, en somme, la contrée franchie par Stuart paraît offrir de grandes ressources en pâturages, en bois, en cultures diverses, et ce grand et beau voyage ouvrait devant les colonies australiennes un brillant avenir.

Les explorations les plus importantes qui ont été faites ensuite sont celles de Maxwell Lefray, de Hargraves et de Dempster, dans les parties occidentales, en 1863 ; de Mac-Farlane, en 1864.

En 1866, fut tentée une grande expédition connue sous le nom d'*expédition des dames*, parce qu'elle a été entreprise par une souscription des dames de la province de Victoria, sous l'impulsion du docteur Mueller, pour rechercher les traces de Leichhardt ; dirigée d'abord par Murray, elle le fut ensuite par Mac-Intyre, qui est mort de la fièvre, dans l'été de 1866. Slowman prit à sa place le commandement de la petite troupe, qui s'est avancée dans l'ouest de la Nouvelle-Galles méridionale, mais n'a pas découvert le lieu qui a vu périr le grand voyageur de 1848. Slowman a perdu aussi la vie dans cette infructueuse tentative.

Les frères Jardine et le géomètre Richardson ont accompli, en 1865, une remarquable exploration dans la presqu'île d'York, formant l'extrémité nord-est de l'Australie, et comprise dans la nouvelle province de Queensland ; ils sont allés, par terre, du port Denison jusqu'au cap York. Un autre voyageur, J.-G. Macdonald, s'est rendu, à la fin de 1864, du port Denison à la rivière Albert et au golfe de Carpentarie. Landsborough, connu déjà par une traversée de l'Australie, a fait, en 1865, la course par terre de Rockhampton au port Denison. Elphinstone Dalrymple est allé de la baie de Rockingham à la vallée des Lagunes.

Vers le même temps, à l'opposé du continent, dans l'ouest, MM. Hunt, Roe, Monger, Cooke, Warburton, Ball, Larnach, tentaient des excursions dans l'intérieur et ajoutaient de nouvelles connaissances à la géographie australienne. Sur la côte nord, Mac-Kinlay, un des quatre voyageurs qui avaient traversé le continent dans sa largeur, devenu commissaire résident des établissements à l'embouchure de l'Adélaïde, a fait, en 1866, une exploration jusqu'à la rivière Roper, puis jusqu'au fleuve Victoria du nord. M. Litchfield a parcouru d'assez grands espaces à l'ouest de la rivière Adélaïde ; M. James Martin a exploré le nord-ouest de l'Australie, vers l'embouchure de la rivière

Glenelg ; M. J.-P. Stow a reconnu et étudié, dans un petit bâtiment, les côtes nord et ouest, depuis la baie Adam jusqu'à la baie Champion ; sur la côte sud, M. Delisser a examiné une partie du pays au nord-ouest du large mais peu profond golfe qu'on nomme Great Australian Bight.

Les voyages les plus récents qui ont fait avancer la géographie austra-lienne sont ceux de l'infatigable Warburton, soit dans l'intérieur de l'Australie du sud, où il a constaté que le lac Eyre reçoit la grande rivière Cooper (cours inférieur de la rivière Barcou ou Victoria), soit dans l'Australie de l'ouest ; — ceux de Forrest, qui, recherchant, mais en vain, les traces de Leichhardt, dans l'intérieur des parties occidentales, a du moins rendu ser-vice à la géographie, en découvrant des pays nouveaux, jusqu'à 123° de longitude est de Greenwich ; — ceux du capitaine Cadell, qui a fait l'étude d'une assez grande étendue de la côte septentrionale, et reconnu que l'em-bouchure de la rivière Liverpool, près de la baie Buckingham, est le meil-leur emplacement pour le chef-lieu d'un établissement colonial dans l'Aus-tralie du nord.

En 1871, M. Gilmore, parti de Brisbane, s'avança à l'ouest plus loin que Wantatta et trouva des débris qui lui parurent appartenir à l'expédition de Leichhardt et en déterminer le terme. Plus récemment encore, Andrew Hume, envoyé par le gouvernement de Sydney, a rapporté qu'il avait rencontré Classen, le second de Leichhardt, au milieu des indigènes, et une partie du journal du célèbre voyageur. En 1872, Ernest Giles s'enfonça très-avant dans l'intérieur de l'Australie du sud et découvrit un vaste marais auquel on a donné le nom de lac Amadeus.

Mais la plus remarquable entreprise de ces derniers temps, c'est la pose de la ligne télégraphique, en 1873, à travers tout le continent, de Port-Dar-win à Port-Augusta, de la côte nord à la côte sud ; ce prodigieux travail, ac-compli promptement au milieu des plus graves difficultés d'un sol hérissé de broussailles, permet, à la suite des câbles transmarins, de communiquer en quelques minutes de Melbourne à Londres. Quand le merveilleux fil fut placé, et qu'on célébra, dans un banquet, en Angleterre, l'achèvement d'une si grandiose communication, les convives envoyèrent leurs toasts à leurs amis de la Victoria, et purent recevoir leur réponse avant la fin du repas. Cette ligne sert de base à la plupart des expéditions qu'on tente maintenant pour l'exploration de l'intérieur de l'Australie : ainsi, celles de Warburton, de Gosse, de Giles, en 1873 et 1874.

Les ouvrages et les cartes qui décrivent ces régions, si neuves encore, sont déjà très-multipliés : citons, au nombre des meilleurs documents, l'atlas de Prœschel, la carte de Petermann, la carte géologique de la Victoria.

La Tasmanie commence à être bien connue. Signalons le voyage géologique qu'y a fait M. Gould, en 1863, dans le territoire du havre Macquarie.

La Nouvelle-Guinée, qui est une des grandes terres du globe les moins connues, a cependant vu sa géographie s'éclairer sur plusieurs points par des explorateurs courageux. MM. Zollinger, Limburg-Brouwer, Salomon

Müller, y ont fait, en 1859, quelques observations ; le docteur Meyer, naturaliste, a entrepris, en 1871, un voyage dans la partie étroite du nord-ouest, vers le golfe de Geelvink. Nicolas Maklaï-Mikloukho, naturaliste russe, a commencé, dans le même temps, des explorations qui ont duré 15 mois, et dont le résultat n'est pas encore bien connu. Des Italiens, MM. Cerruti, Beccari et d'Albertis, ont visité l'extrémité nord-ouest de la grande île. Un Anglais, le capitaine Moresby, commandant le *Basilisk*, a exploré les côtes sud et sud-est ; il a transmis d'intéressants renseignements sur l'hydrographie et l'ethnographie ; plusieurs populations lui ont paru plus hospitalières qu'on ne le croyait. « Les officiers du navire, dit-il, allaient et venaient dans le pays à travers les villages, aussi librement qu'ils l'auraient fait en Angleterre. Si un marin s'égarait dans un fourré, on le ramenait obligeamment vers le village, et les naturels mettaient leurs provisions à la disposition de l'étranger avant de le reconduire jusqu'au vaisseau. »

Alfred Wallace a exposé ses appréciations sur les indigènes de la partie nord-ouest de la Nouvelle-Guinée, et il fait l'éloge de leur gaieté, de leur vivacité et de leur intelligence. Il a donné, sur l'ethnographie, les productions et toute la géographie physique de la Malaisie, les plus intéressants détails.

Avec son voyage, nous citerons, pour ce bel archipel, les explorations de Claude de Crespigny dans le nord de Bornéo ; celles de M. Junghuhn dans l'île de Java, dont il a décrit le sol volcanique dans de magnifiques cartes ; le voyage de M. Barrington d'Almeida et celui de M. de Mollines dans la même île ; les voyages scientifiques de M. Semper et de M. Jager aux îles Philippines, et leurs remarques importantes sur les aborigènes Negritos de Luçon et les autres populations de cet archipel ; l'excursion du docteur Bernstein aux Moluques, pour l'histoire naturelle ; une partie du voyage autour du monde de M. de Beauvoir, qui a jeté un coup d'œil rapide mais sagace sur Java et quelques autres points, comme il l'a fait pour l'Australie. Les Seize mille lieues à travers l'Asie et l'Océanie de M. le comte de Russell-Killough n'ont pas été sans fruit pour la géographie de toutes ces contrées.

La guerre récente, et qui durait encore en 1874, des Hollandais contre le royaume d'Atchin, situé à l'extrémité nord-ouest de Sumatra, a fait mieux connaître cette région.

Le meilleur atlas des Indes Néerlandaises (nom qu'on donne ordinairement aux possessions hollandaises de la Malaisie) est celui de Melvill de Carnbee, continué par Versteeg.

Avançons-nous dans la Micronésie, la Mélanésie orientale et la Polynésie : nous y signalerons la découverte de l'île de Week, en 1864, par 24° 4' de latitude nord et 51° 42' de longitude est, au nord-est de l'île de Guam ; la relation du commander Albert Markham concernant les Nouvelles-Hébrides et les îles Santa-Cruz ; celle de MM. Jules Remy et Jules Brenchley touchant diverses îles de l'océan Pacifique, particulièrement les îles Hawaï. M. Titus

Coan a décrit les phénomènes volcaniques de cet archipel, qui a eu des éruptions redoutables dans ces dernières années.

M. C. de Varigny a séjourné aux mêmes îles Havaï, de 1855 à 1869. M. Turner a rendu compte de ses dix-neuf années de séjour dans la Polynésie. Berthold Seeman et le colonel Smythe, chargés d'une mission du gouvernement anglais, ont étudié les îles Viti, et ont montré combien cet archipel est plein de ressources, quoiqu'il n'y ait plus le bois de sandal qui l'a autrefois rendu célèbre ; un Suédois, M. Axel Eyerstœm, a aussi visité et décrit les Viti ; M. de La Richerie a donné des renseignements intéressants sur les îles de la Société et tout le Protectorat français de l'Océanie, à la tête duquel il s'est trouvé. M. Jules Garnier a fait, en minéralogiste et en géologue, l'étude du pourtour de l'île de Tahiti. Mais ses travaux les plus complets et les plus importants ont eu pour théâtre la Nouvelle-Calédonie, où il a constaté l'existence de mines d'or, de fer et de houille, et qu'il dépeint, ainsi que d'autres voyageurs, comme un pays sain, tempéré, fertile et riche d'avenir. Il a donné des détails sur les montagnes qui couvrent l'intérieur, et particulièrement sur le pic de Humboldt, qui est le point culminant de l'île.

Le capitaine Guillain, nommé gouverneur de la Nouvelle-Calédonie en 1862, a fait des excursions pour connaître la colonie confiée à ses soins, et ordonné des reconnaissances dans l'intérieur par MM. Chambeyron, Marchant, Hardy, et sur la côte par M. Bouquet de La Grye.

Cette colonie a été l'objet de beaucoup d'autres descriptions, entre lesquelles nous distinguons les notices de MM. de Rochas, Jouan, Balansa, E. Bourgey, Patouillet, Bougarel, H. Sebert (pour les bois spécialement), Heurteau (pour les mines), sans parler d'une foule d'élucubrations qu'ont fait naître l'envoi et le séjour des condamnés de l'insurrection de la Commune.

La Nouvelle-Zélande est une colonie anglaise bien autrement florissante que la nôtre et qui compte aujourd'hui 300 000 colons, des cultures superbes, des troupeaux nombreux, des villes déjà considérables. Elle a été le théâtre d'un bon nombre d'explorations savantes. M. de Hochstetter a fait des excursions très-fructueuses dans une grande partie de cet archipel, particulièrement dans l'île du Nord (Té-Ika-a-Maoui) ; il a fait connaître, entre autres faits géographiques, le curieux lac Roto-Mahama ou lac des Eaux-Chaudes. Ce lac est formé d'un grand nombre de sources qui jaillissent du fond de son bassin et de tous les points du rivage ; il a une température de 98° cent. M. Julius Haast a exploré les hautes montagnes de la grande île du Sud (Té-Vahi-Pounamou) ; il s'est élevé à des défilés de 2 300 mètres d'altitude ; il a reconnu l'existence d'un immense glacier qui alimente le lac Tapuko par une rivière à laquelle il a donné le nom de Godley, d'après celui d'un des principaux colons de l'île. Il a eu la courtoisie de distribuer plusieurs noms français à des chaînes découvertes par lui ; ainsi, on remarquera désormais, dans les Alpes néo-zélandaises, les monts Napoléon III, Dumont d'Urville, Elie de Beaumont, Brongniart, d'Archiac.

Le docteur F. de Hochstetter a rédigé ses observations en un volume, et il a publié, avec le docteur Petermann, un bel atlas géologique et topographique de la colonie. On remarque dans cet atlas le volcan actif de Tongarira, au centre de la terre du Nord, celui de l'îlot d'Ouhakari (l'île Blanche), dans la baie de l'Abondance, sur la côte nord-est ; un grand nombre de volcans éteints dans la même terre, des sources chaudes en quantité, des lacs nombreux aussi, dont le plus grand est le Taupo. Tout montre que cette île est travaillée par des feux intérieurs, et son soulèvement paraît ne pas s'être arrêté encore. Dans la grande île du Sud, cet atlas nous signale des mines d'or très-multipliées dans la province d'Otago, d'autres dans celle de Nelson ; mais il ne nous offre pas encore les mines fort riches de la province de Marlborough, qu'on a découvertes plus récemment. Il indique plusieurs gisements de charbon de terre, une bande de néphrite le long de la côte occidentale, les altitudes des principaux points des Alpes du Sud : par exemple, celle du mont Cook (4 023 m.), le point culminant de la chaine ; celles des monts Franklin et Earnslaw (3 047 m.).

MM. James Hector et James Mac-Herrow ont fait des recherches dans la province d'Otago, en 1863. Enfin, Howitt, ce courageux et habile voyageur, déjà connu par de grandes excursions en Australie, est mort en 1864, en se livrant à des explorations dans la Nouvelle-Zélande.

Sous l'inspiration de tous ces hardis explorateurs, il s'est fondé, dans ce pays reculé, une société savante, nommée *Philosophical Institute of Canterbury.*

L'archipel Auckland, qui est comme une dépendance de la Nouvelle-Zélande, a attiré vivement l'attention dans ces derniers temps, par le séjour qu'y ont fait, pendant dix-neuf mois, le capitaine américain Musgrave, le Français Raynal et trois autres voyageurs, jetés par un naufrage sur une de ces îles désertes, en 1864 ; ils eurent à endurer de cruelles privations et ne soutinrent leur existence que par les plus ingénieux efforts ; ils parvinrent à construire un bateau et gagnèrent la Nouvelle-Zélande en 1865. La relation des aventures de ces nouveaux Robinsons forme un volume des plus attachants, rédigé par M. Raynal.

Nous mentionnerons, en finissant, un curieux phénomène de géographie physique dont la vaste mer qui baigne l'Océanie a été le théâtre, du 13 au 15 août 1868. Aussitôt après que toute la côte occidentale de l'Amérique du sud eut été agitée par un effroyable tremblement de terre, une immense vague séismique parcourut l'océan Pacifique, sous la forme d'une ondulation ou ride extraordinaire, d'une longueur de plus de 8 000 mètres et d'une hauteur de 25 mètres ; elle s'est propagée de l'est à l'ouest jusque sur les côtes de l'Australie, et a parcouru par bonds précipités le tiers du globe. Elle avait une rapidité vertigineuse ; sa vitesse était de 183 mètres par seconde, soit 658 kilomètres par heure.

AMÉRIQUE

Parcourons maintenant le Nouveau-Monde, et voyons les immenses progrès de découvertes que la géographie y a accomplis depuis 1857. Laissons de côté cependant l'Amérique arctique, pour y revenir dans un article spécial consacré aux régions polaires ; là, nous retrouverons le Groenland, le Spitzberg, et les îles nombreuses qui avoisinent le nord du Nouveau continent ; ne commençons notre récit qu'au continent lui-même, en y entrant par l'extrémité nord-ouest, dans le pays d'Alaska, que les Russes ont cédé aux États-Unis en 1867. Les Américains et les Anglais se sont hâtés de l'explorer. M. Fréd. Whymper, attaché à l'expédition de la compagnie américaine formée pour l'établissement d'une ligne télégraphique entre l'Ancien et le Nouveau-Monde par le détroit de Beering, a fait un curieux voyage dans le bassin du Youkon ou Kvikhpakh ; il a remonté au loin ce fleuve, beaucoup plus grand qu'on ne le supposait, et il est allé jusqu'à 66° de latitude. Il a éprouvé le contraste d'un hiver de 32° de froid et d'un été excessivement chaud. M. Dall a dirigé un voyage d'exploration dans ces mêmes contrées en 1866 et 1867. Le capitaine Raymond a rendu compte d'une grande expédition américaine (particulièrement dans le bassin du Youkon) en 1869. Un jeune Français, M. Pinart, a fait des recherches non moins importantes : il a étudié, en 1871, la presqu'île qui donne son nom au territoire tout entier et les îles Aléoutiennes qui en sont la suite.

Dans l'Amérique du nord anglaise, une découverte inattendue, celle des gîtes aurifères du fleuve Fraser, a donné lieu à d'intéressants voyages dans des pays auparavant inexplorés : on a cherché les meilleurs passages à travers les monts Rocheux pour se rendre du bassin du Saskatchawan à l'océan Pacifique ; le docteur Hector et le capitaine Palliser en signalèrent, les premiers, deux favorables. MM. Hind, Gladman, Napier, Dawson, Mayne, Palmer, Begbie, marchèrent sur leurs traces, de même que, plus tard, MM. Milton et Cheadle, qui trouvèrent l'important défilé de Yellow-Head ou Leuther-Pass, et M. Waddington, qui en a rencontré un encore plus facile.

Ces voyages faisaient aussi de mieux en mieux connaître le grand territoire qui sépare le Canada des monts Rocheux : M. Kennecott, envoyé par l'Institution smithsonienne, s'est voué activement à cette étude. Au milieu de ces déserts, vers la rivière Rouge, s'est formée une colonie européenne composée de Bois-Brûlés (mélange d'Européens, surtout de vieux trappeurs français et d'indigènes), colonie qui a pris le nom de province de

Manitoba. Le capitaine Torrens, en remontant le Nuss-River, dans le voisinage des frontières des anciennes possessions russes, a trouvé de nouveaux
gisements aurifères. Toute cette région, riche en or, qui se trouve à l'ouest des
monts Rocheux a pris le nom de Colombie britannique ; elle s'est rapidement avancée vers un état florissant, non-seulement par ses mines, mais
par les richesses qu'elle promet à l'agriculture. L'île de Vancouver, située
vis-à-vis, n'attire pas moins les colons, et des voyageurs nombreux en ont
fait connaître les ressources : citons Richard Mayne, Alex. Rattray, Leunard,
Hazlitt, Macdonald, Robert Brown. A travers les découvertes de ces voyageurs,
remarquons celle d'une des cataractes les plus belles du monde, dans la rivière Snake, affluent de l'Orégon ; c'est la rivale du Niagara tant vanté.

Nous retrouvons M. Hind dans l'intérieur du Labrador, remontant la
rivière Moisie, avec MM. Grudet, Caylet et Montgomery. MM. Lambert de
Boislieu et Henri Yule ont visité le même pays.

Dans le nord de l'Amérique anglaise, les missionnaires, surtout catholiques
(le P. Petitot entre autres), ont aussi jeté des lumières nouvelles sur des régions
d'une exploration difficile et sur des populations auparavant peu connues : les
Loucheux ou Kutchin, les Chipewyans, les Couteaux-Jaunes, les Indiens Dog-
Rib, appelés dédaigneusement Esclaves par les Crecs, leurs voisins.

La partie principale de l'Amérique anglaise a éprouvé, en 1867, un grand
changement politique : le Canada, le Nouveau-Brunswick et la Nouvelle-
Écosse (avec l'île de Cap-Breton) se sont réunis en une confédération, sous
le nom de *Dominion of Canada*. Depuis, cette union s'est augmentée du
Manitoba, de la Colombie britannique et de Vancouver.

Nous ne pouvons mentionner tous les travaux nombreux, toutes les cartes
très-détaillées qui ont eu pour objet le Canada : rappelons seulement les
descriptions géologiques de M. Logan et la carte de M. Thomas Devine.

En 1866, fut posé le câble électrique transatlantique entre l'Irlande et
Terre-Neuve. La France aussi eut son câble spécial peu de temps après : en
1869, notre colonie de Saint-Pierre a été reliée à Brest. Aujourd'hui s'agite
la grande question d'une communication par chemin de fer entre le Canada
et le Pacifique ; des travaux préparatoires ont lieu, et nous ne doutons pas que
la persévérance britannique ne vienne à bout de ce gigantesque projet.

Il s'est passé en 1872 un important fait d'arbitrage au sujet de l'archipel
San-Juan, situé à côté du détroit de Juan de Fuca : la Grande-Bretagne et les
États-Unis en réclamaient également la possession ; une sentence arbitrale de
l'empereur d'Allemagne l'a attribué à l'Union américaine.

Abordons les États-Unis, théâtre d'une activité dévorante et de tant de travaux
géographiques. C'est vers l'ouest de cette grande république qu'on a porté surtout les investigations les plus nombreuses, investigations qui n'ont pas cessé
au milieu de la lutte fratricide de 1860 à 1863. On voulait connaître à fond des
régions qui étaient restées jusque-là peu explorées. En 1862, M. Whitney a

visité et mesuré, en Californie, le mont Shasta (dans la chaîne des Cascades), qu'il a trouvé à 4 400 mètres et qui a passé un moment pour le plus haut point des États-Unis; mais MM. Rainier et Baker ont attribué au mont Rainier quelques mètres de plus; enfin M. Belshaw a découvert que le mont Whitney est encore plus élevé et à 4 541 mètres.

Vers le même temps, le lieutenant Reynolds faisait l'ascension de l'Union Peak, dans les monts Rocheux, masse de 4 200 mètres d'altitude et ainsi nommée de ce que les eaux qui en descendent coulent au sud vers le Colorado, au nord vers le Missouri, à l'ouest vers l'Orégon : c'est l'union des trois versants. MM. Jules Remy, R. Burton et d'autres ont fait des voyages au pays des Mormons; MM. Silv. Mowry, Sevin, Ives, ont exploré les frontières des États-Unis et du Mexique; le capitaine Murcy a éclairé l'intérieur du Texas; M. Gladstone a séjourné en *squatter* dans le Kansas, avant que ce fût un État organisé. M. Hayden a étudié la géologie du haut Missouri (dans les territoires de Wyoming, de Montana, de Nébraska), et il a fait connaître les *geisirs* et d'autres phénomènes curieux du sol dans un grand espace que le gouvernement de l'Union a déclaré *Parc national*, interdisant là toute entreprise d'exploitation privée. D'autres geisirs ont été découverts dans la Californie. — MM. Hayne, King, Warden, Freyhold, Hamel, Milnor Roberts, Wheeler, Newberry, ont levé les cartes de diverses régions du *Far-West*. Des mesures hypsométriques ont été prises dans le grand bassin enfermé entre les monts Rocheux et la Sierra Nevada, et il en est résulté la connaissance d'un fait très-curieux, c'est qu'une partie de ce bassin est *au-dessous* du niveau de l'Océan. Le capitaine Humphreys a fait la géographie physique du Mississipi.

On suit avec intérêt les efforts tentés par les Américains pour communiquer de la vallée du Mississipi à l'océan Pacifique. Au service des malles qui franchissaient en 24 jours l'espace entre Saint-Louis et San-Francisco, on substitua, en 1859, un service de dépêches dit *Pony express*, qui, au moyen d'ardents petits chevaux, permettait de parcourir cette distance en huit ou dix jours; quant aux voyageurs et aux marchandises, ils se transportaient en fourgons formant des caravanes de 20 à 26 wagons (traînés chacun par 12 bœufs), assez bien armées pour se défendre contre les Indiens de ces déserts; plus de 200 caravanes, exigeant de 60 à 70 000 bœufs, composaient le mouvement annuel des transports du Mississipi au Pacifique. Enfin, la télégraphie électrique (dès 1861) et le grand chemin de fer transcontinental (dès 1869) remplacèrent ces communications imparfaites.

Ce chemin de fer, dit du Pacifique (*Union Pacific Rail Road*), va d'Omaha, sur le Missouri, à San-Francisco. Le colonel Heine et M. L. Simonin ont donné des détails intéressants, soit par des mémoires, soit dans des conférences très-suivies, sur cette magnifique voie qu'ils ont parcourue; ils ont décrit un grand nombre de jolies petites villes nées comme par enchantement dans des lieux naguère déserts : Cheyenne, Denver, North-Platte, etc., et ils ont procuré en même temps des notions nouvelles sur les Indiens de ces régions, qui, peu à peu, sont refoulés et cèdent leur territoire à l'Union, non sans montrer çà et là une résistance acharnée à la race blanche et sans l'attaquer avec une fureur qu'on a eu de la peine à dompter.

Parmi les derniers voyageurs qui, avec ceux que nous venons de citer, ont le plus contribué à faire mieux connaître les régions occidentales des États-Unis, il faut distinguer le docteur Verry et M. Engelhardt, qui ont étudié les monts Rocheux ; M. Robert Brown, qui a examiné, surtout comme botaniste, la chaîne des Cascades ; le colonel Ruell, qui a exploré la Nevada et décrit, dans les conférences de l'exposition universelle, les richesses minérales qu'elle possède ; le baron de Hübner, qui a donné des aperçus spirituels et neufs sur les Mormons et la Californie ; M. R. Lindau, etc.

Le Mexique et l'Amérique centrale ont attiré l'attention d'un grand nombre d'explorateurs désireux d'étudier les antiquités si curieuses qu'on y trouve, leur nature si riche et si belle, et les moyens de communication intérieure que promet leur resserrement entre deux mers.

L'abbé Brasseur de Bourbourg a refait un voyage dans ces contrées, qu'il avait déjà habitées, et il a donné de nouvelles descriptions, et aussi de nouvelles suppositions historiques dont la hardiesse ne paraît pas toujours pouvoir être acceptée. M. Désiré Charnay a rapporté, d'Oaxaca, de l'Yucatan et de Chiapas, les photographies d'admirables et mystérieux monuments de l'antique civilisation mexicaine. Le capitaine Lindesay Brine a décrit aussi les ruines de ces pays. M. H. de Saussure a surtout étudié le Mexique sous le rapport de la géographie physique. Le docteur Poyet a parcouru les provinces orientales. Garcia y Cubas, dans son bel atlas, et la Société mexicaine de géographie, dans ses mémoires, ont donné les descriptions les plus complètes que l'on puisse consulter sur le Mexique.

L'expédition française du Mexique, qui, commencée en 1861, a été marquée par plusieurs actions d'éclat (prise de Puebla, de Mexico, etc.), a placé sur le trône Maximilien d'Autriche et a été tristement suivie, en 1867, de la mort de ce prince ; elle avait ouvert à la science un champ nouveau : on voyait en perspective un grand ouvrage, égal en importance à celui que fit éclore l'expédition d'Égypte ; des matériaux furent préparés ; mais peu de documents ont été publiés. Remarquons cependant le rapport de M. Laur, ingénieur des mines, au général Bazaine, sur les richesses minérales du Mexique ; M. Guillemin-Tarayre a fait des études importantes sur la géographie physique de ce pays et a particulièrement indiqué la remarquable disposition orographique de la double chaîne de montagnes, suivant, l'une, la côte orientale, l'autre, la côte occidentale. L'amiral Jurien de la Gravière a donné une notice sur la géographie des côtes mexicaines ; M. César Daly en a fourni une sur les anciens monuments.

M. Seebach faisait en même temps un voyage géologique dans l'Amérique centrale. L'abbé Domenech a donné un intéressant itinéraire de Mexico à Durango. Une expédition pour l'exploration de l'isthme de Tehuantepec, sous la conduite du capitaine américain Schufeldt, a examiné la possibilité d'un canal entre le Coatzacoalcos, sur le versant du golfe du Mexique, et le port de Salina-Cruz, sur le Pacifique.

MM. Belly, Thomé de Gamond, Bedford Pine, ont étudié la géographie du Nicaragua, en vue surtout de la communication interocéanique qui pourrait être entreprise dans cette partie étroite du continent. M. Max de Sonnenstern a fait une carte de l'Amérique centrale. Un ingénieur français, M. Paul Lévy, a visité l'intérieur du Costa-Rica et du Nicaragua et en a donné la description dans un bon livre et une belle carte ; le docteur Habel, Allemand d'origine, et devenu citoyen américain de New-York, a rectifié la géographie de bien des points et particulièrement de plusieurs bassins de rivières de la partie orientale du Honduras, encore si peu connue ; il a réuni un nombre considérable de documents sur la géologie, les productions des trois règnes, les populations, les antiquités.

Le docteur Frantzius a fait un voyage aux volcans de Costa-Rica ; M. Alfred de Valois a visité l'Yucatan anglais.

Franchissons maintenant, pour entrer dans l'Amérique du sud, l'isthme de Panama et sa continuation, l'isthme de Darien, dont le percement a occupé si vivement les esprits. On est surpris qu'un espace si étroit ne soit pas plus complétement connu et qu'il y ait tant de contradictions entre les documents qui le concernent. Rendons d'abord hommage aux travaux de Maurice Wagner et du colonel Codazzi, qui ont dressé des cartes de l'isthme, mais sans compléter cette œuvre.

M. Bourdiol a fait une relation des nivellements commencés par lui entre le golfe de San-Miguel et le port Escoces (ou la baie Calédonienne), et l'on pourrait conclure de ses explications que c'est là une des directions les plus praticables pour un canal. Un autre projet, soutenu par M. de Gogorza, ferait partir le canal d'un point plus méridional pris sur le golfe d'Uraba, lui ferait traverser des marais, puis un passage assez bas de la Cordillère et le conduirait à la Tuira, tributaire du même golfe de San-Miguel. Les projets de M. Lucien de Puydt établiraient la communication un peu plus au nord, par la vallée de la Tanela, en prenant pour point de départ le port Escondido et en aboutissant toujours à la Tuira. M. Jules Flachat et l'ingénieur américain Selfridge ont porté aussi leurs investigations sur l'isthme de Darien, pour étudier la possibilité d'une jonction interocéanique. De toutes ces recherches, il résulte pour nous qu'un canal pourra se faire sans nul doute un jour ou l'autre, car, sur certains points, la Cordillère paraît avoir des dépressions d'une faible altitude.

Si l'on pénètre davantage dans la Nouvelle-Grenade, qui a pris, en 1863, le titre d'États-Unis de Colombie (neuf États confédérés), on trouve d'autres projets plus ou moins réalisables. L'ingénieur américain Kelley prendrait le Truando, affluent de l'Atrato, couperait les Andes par un tunnel et aboutirait au Grand Océan par la baie de Humboldt ; M. Selfridge voudrait faire passer la communication par le Napipi, affluent de l'Atrato, et le faire aboutir à la baie de Cupica.

M. Bollàert a entrepris des voyages, surtout archéologiques, dans l'intérieur de ce pays. M. Élisée Reclus a étudié la Sierra Nevada, dans le nord-est de la confédération. M. Ponce et ses collaborateurs ont publié, en partie d'après Codazzi, une grande carte de la Colombie, qui a une brillante apparence, mais un fond un peu imparfait. M. Samper, savant colombien, a bien décrit sa patrie.

Dans la république de l'Équateur, pour laquelle la description et la carte de Villavicencio sont d'abord à consulter, l'ingénieur James Wilson a franchi, à travers de grandes difficultés, l'espace entre la côte nord-ouest de cet État et Quito, afin d'examiner les moyens d'exécuter une grande route entre le rivage de la province d'Esmeraldas et la capitale.

MM. Jules Remy et Brenchley ont fait l'ascension du Pichincha, qui s'élève sous l'équateur même. MM. Reiss et Stübel ont déterminé les altitudes de plusieurs sommets des Andes, au voisinage de Quito.

Dans le Vénézuéla, devenu, à l'exemple de la Nouvelle-Grenade, une confédération d'États (au nombre de 13), le docteur Plassard, Français, a découvert des mines d'or, et il a apporté à l'Exposition universelle de 1867 des échantillons remarquables des gîtes aurifères de la Guyane vénézuélienne ; il a donné des descriptions intéressantes des Guaraunos, ce peuple singulier qui habite sur les arbres du delta de l'Orénoque ; il a aussi apporté des notions nouvelles sur les géophages des parages supérieurs de ce fleuve. Berthold Seeman a découvert dans la même république de riches mines de houille. Le conseiller Lisboa et M. Ferd. Appun ont fait aussi des voyages dans le Vénézuéla. Rojas a donné la géographie de cette contrée.

Les gouverneurs de la Guyane française et de la Guyane hollandaise se sont entendus, en 1861, pour diriger, de concert, une commission internationale d'exploration du Maroni, fleuve qui sépare les deux colonies ; cet e entreprise a jeté beaucoup de lumière sur la géographie de l'intérieur des Guyanes. M. C.-B. Brown, géologue anglais, a découvert dans la Guyane britannique la magnifique cataracte de Kaieteur, et parcouru les bassins de l'Essequebo et du Corentyn. M. Brinton a étudié la nation douce et hospitalière des Aravaks, descendants, probablement, des indigènes des Antilles.

Le Brésil a été le théâtre de nombreuses explorations : l'une des plus importantes est celle de M. Gonçalves-Dias entre l'Amazone et le cap Saint-Roch ; une autre est celle de M. Liais, savant français, dont les recherches se sont particulièrement étendues au Minas-Geraes. Un naturaliste anglais, M. W. Bates, a donné de nouveaux renseignements sur le cours de l'Amazone depuis Ega jusqu'à son embouchure, et sur le bassin du Tapajos, un des principaux affluents de ce fleuve. M. le capitaine de vaisseau Mouchez a enrichi les publications du Dépôt de la marine française de cartes hydrographiques de la côte du Brésil, les plus exactes qu'on possède jusqu'ici. La marine brésilienne a fait aussi les cartes de plusieurs parties de cette côte.

M. Biard, le célèbre peintre, a visité pendant deux ans cet empire et l'a décrit de sa plume et de son crayon ; M. d'Assier a parcouru une grande partie du même pays et a laissé un récit agréable de son voyage. M. Agassiz a fait des observations nombreuses, surtout géologiques, dans le Brésil, mais surtout dans le bassin de l'Amazone, et madame Agassiz, qui l'accompagnait, a présenté une relation pittoresque de ce grand voyage. M. da Silva Coutinho a visité le même fleuve. M. Couto Magalhães a exécuté une exploration scientifique dans la Matto-Grosso et le voisinage. Le capitaine de frégate José da Costa Azevedo a fait un atlas de l'Amazone. L'ingénieur Ernest Vallée a reconnu le Tocantins et son affluent l'Araguay. L'ingénieur G. Dœlt a étudié le cours du Ceara-Mirim ; l'ingénieur Burlamaque, le cours du Parahyba du nord ; M. Halfeld, celui du São-Francisco, dont il a donné un bel atlas ; M. Keller a exploré le Parahyba du sud, le Parana et la Madeira. MM. Stevana et Vignolles ont examiné, dans le but d'une canalisation, les cours d'eau de la province de Sergipe ; M. Demoly a visité, pour le même motif, les rivières des provinces de Rio-Grande do Sul et de Sainte-Catherine ; le docteur Kupfer a exploré le Matto-Grosso. Enfin, parmi ceux qui ont étudié et décrit le Brésil, nous citerons l'empereur du Brésil lui-même, dom Pedro II, qui a su allier l'amour de la science et un savoir profond aux soins du gouvernement d'une si vaste monarchie. Nous mentionnerons encore la description de ce pays par MM. Manoel de Macedo, Baril de la Hure et le docteur Moure ; la relation de M. Gerstæcker, qui a décrit les colonies allemandes ; les descriptions et les cartes de M. Schutz, qui ont surtout pour but les mêmes colonies ; un important supplément des *Mittheilungen* de Petermann, consacré tout entier à la province de Minas-Geraes, par M. Tschudi. M. Krauss a dressé les cartes de plusieurs provinces maritimes. La *Revista trimensal* de l'Institut de Rio-de-Janeiro nous éclaire sur une foule de détails géographiques et historiques.

MM. d'Avezac, de Varnhagen, da Silva et Ferdinand Denis ont savamment écrit sur la géographie historique du Brésil. M. d'Ameida a dressé un bon atlas de cet empire.

MM. Ernest et Alfred Grandidier ont fait un beau voyage à travers le Pérou, le Chili, la Plata et le Brésil, et se sont surtout livrés à des recherches minéralogiques et géologiques. L'abbé Durand a étudié le bassin du São-Francisco ; M. Chandless a fait une exploration du Purus, du Rio Madre de Dios, etc.

MM. Squier, Angrand et d'autres ont donné les plus curieux détails sur les ruines de Tiaguanaco (au plateau du lac Titicaca), de Cuzco, du Grand Chimu, etc., et sur l'antique civilisation péruvienne. MM. Paz Soldan ont traité à fond la géographie du Pérou dans une grande géographie accompagnée d'un atlas. M. Raimondi, savant péruvien, a fait d'utiles observations sur divers points de sa patrie ; il a décrit les Indiens Campos ou Antis. Il a aussi donné une description détaillée de la vaste province de Loreto, située dans la partie la plus septentrionale de la république, et dont les limites vers l'Équateur sont fort indécises. Cette incertitude de frontières, ces prétentions de possessions sur plusieurs milliers de lieues carrées réclamés sans fin par les gouvernements rivaux, donnent naissance aux plus déplorables luttes entre des États qui devraient réserver toutes leurs forces pour les améliorations intérieures, dont ils ont grand besoin.

Des expéditions ont été envoyées par le gouvernement du Pérou pour remonter d'Iquitos, sur l'Amazone, le cours de l'Ucayali et du Pachetea, son affluent. La première fut malheureuse, par suite des attaques des Indiens ; la seconde a réussi, sous la direction de MM. Wallace et Main, et a constaté la praticabilité des cours d'eau qu'on vient de nommer jusqu'au pied des Andes, l'espace de 5 800 kilomètres. M. Clements Markham, envoyé par la Société royale de Londres pour rechercher l'arbre à quinquina et en transporter la culture dans l'Himalaya, a fait, à travers le Pérou, un voyage très-profitable, particulièrement pour ce qui concerne le cours du Purus et la province de Carabaya. Citons aussi le voyage de M. Th. Hutchinson dans ce pays.

Des reconnaissances ont été entreprises par le colonel La Torre sur la grande rivière Madre de Dios, qu'on a regardée longtemps comme identique avec le Purus et qui n'est, en réalité, qu'un affluent du Beni.

M. Paul Marcoy (de Saint-Cricq) a écrit un attachant volume sur ses excursions dans les Andes péruviennes. M. Tschudi a continué ses études sur ces montagnes et les pays voisins ; il a fourni des détails sur les antiquités du Pérou. M. Orton, attaché à une expédition scientifique envoyée par l'Institution Smithsonienne des États-Unis, a décrit les Cordillères et l'Amazone. M. Manuel Rouaud a fait d'importantes déterminations des positions géographiques de ce pays ; M. David Forbes, des observations géologiques et ethnographiques sur la Bolivie, dont la meilleure carte est celle d'Ondarza.

Le Chili est, de tous les pays de l'Amérique du sud, celui où les travaux géographiques et topographiques sont le plus en progrès. La carte topographique et géologique à l'échelle du 250 000e a été levée sous la direction de M. Pissis. Le docteur Philippi a étudié les glaciers des Andes. Le lieutenant Gillies a fait une description du Chili, où l'on trouve des renseignements neufs, même après avoir consulté les beaux travaux sur le même pays par M. Perez-Rosalès et M. Claude Gay.

Le plus important voyage qui ait été fait dans la Confédération Argentine est celui du docteur Martin de Moussy ; la belle publication (atlas et texte) qui en a été le résultat, offre sur ce grand pays la plus complète description. Burmeister, Poncel, A. Kohl, Révy, en ont aussi donné de précieuses notions.

Un Français, M. Guinnard, qui s'était égaré dans les Pampas argentines et qui avait été emmené prisonnier par les Poyuches, peuple patagon, a fait la curieuse relation de sa captivité de trois ans ; il a donné, sur les mœurs de cette population, sur l'aspect et les productions du pays qu'elle habite, des détails très-intéressants : ses aventures, ses souffrances, sa fuite à travers les Pampas, son arrivée enfin à un port du Chili après des fatigues inouïes, forment une saisissante narration.

Il se forma, en 1861, un petit royaume araucanien à la tête duquel se trouvait un ancien avoué de Périgueux, M. de Tounens, devenu Antoine-

Orélie Ier ; mais le gouvernement chilien a vu dans cette royauté un empié-
tement à l'autorité qu'il revendique sur les peuplades répandues au sud de
la république, et il a renversé cette monarchie éphémère, en faisant subir
à notre compatriote des traitements regrettables. Cette royauté a eu, de plus,
le désagréable effet d'égayer à ses dépens le public railleur de l'Europe.

Une expédition scientifique espagnole est partie de l'île Sainte-Catherine
sous la conduite du capitaine Paz y Membiela, et s'est avancée dans l'intérieur par Porto-Alegre et Buenos-Ayres, puis par Mendoza, d'où elle a gagné
Valparaiso. M. Cox, d'un autre côté, est parti du Chili pour se rendre à Car-
men, sur l'Atlantique ; il a pris la voie du lac Nahuelhuapi. M. Frick, dans
cette même partie des Andes, a constaté l'existence d'un passage où coule
le Rio de Valdivia, qui sort du lac de Neltume et coupe la Cordillère, en formant le lac Rinihue, pour se rendre dans le Grand Océan.

La grande rivière du Parana a été explorée dans son cours supérieur par
M. Domingo Patino, qui, entre autres particularités, a fait mieux connaître la
belle cataracte de Guayra. M. Lucien Wyse a exécuté le trajet de Valparaiso à
Buenos-Ayres, à travers les Andes et les Pampas, et il a nous appris, parmi
plusieurs faits intéressants, la disparition du lac du Grand Bebedero (dans la
province argentine de San-Luis), qui s'est desséché peu à peu.

L'ingénieur anglais Crawford a étudié une partie des Pampas et du bassin
du Rio Colorado, en vue surtout d'un chemin de fer projeté entre Buenos-
Ayres et Santiago du Chili et destiné à franchir les Andes au col de Planchon.

Le Paraguay, que la guerre récente soutenue contre le Brésil et la Confédération Argentine a réduit au plus déplorable état, a été visité et décrit
par Mastermann, Richard Burton (pendant son consulat au Brésil), Ch.-A.
Washington, Lucien Brayer, A. du Graty. M. Demersay a terminé son bel
ouvrage sur cette contrée. Le capitaine de vaisseau Mouchez a levé la carte
du fleuve Paraguay. Le général Reyes a fait celle de la république de l'Uru-
guay, que M. Vaillant a décrite dans une bonne statistique.

La Patagonie a été explorée en partie par les marins anglais C. Musters et
Rob. Cunningham.

L'infatigable Agassiz a voulu porter ses recherches savantes jusqu'aux
extrémités de l'Amérique ; il a parcouru, en 1872, le détroit de Magellan, y
a observé des glaciers descendant jusqu'au bord de la mer, et d'autres curieux phénomènes de géographie physique. Ce célèbre naturaliste suisse,
parti de la côte orientale des États-Unis, est revenu à Boston par la Californie et par le grand chemin de fer transcontinental ; hélas ! il devait terminer
sa noble carrière peu après son retour dans cette Nouvelle-Angleterre qu'il
avait adoptée comme sa seconde patrie et qu'il a illustrée de ses grands travaux d'histoire naturelle et de ses magnifiques collections.

Un Français, M. Pertuiset, vient de parcourir (1873, 1874) la Terre de Feu,
sous le patronage du gouvernement chilien, pour examiner la possibilité d'y
établir quelque colonisation. Il dépeint de couleurs assez séduisantes cette
région que nous croyions désolée et que sa latitude ne recommande pas

comme une terre promise. Le nouvel explorateur ne se fait-il pas illusion ? N'y a-t-il pas là quelque décevant mirage ?

Dans l'archipel des Antilles, — celui-ci réellement beau et riche, — il n'y a pas de découvertes possibles à enregistrer ; il est depuis longtemps entièrement connu. Nous signalerons cependant les travaux hydrographiques des marines française, anglaise et américaine, qui donnent de jour en jour plus de précision aux sondages, à la détermination des écueils et des rivages ; et nous rappellerons l'hydrologie du golfe du Mexique, des Lucayes et de quelques autres points par notre compatriote Thomassy, qui a fait aussi de bons travaux sur la géologie de la Louisiane ; rappelons enfin les voyages d'Antony Trollope et de Richard Bana à Cuba et dans quelques autres Antilles.

EUROPE.

Si les progrès de la géographie n'offrent pas en Europe l'intérêt d'explorations nouvelles que présentent les autres parties du monde, ils nous montrent du moins une activité remarquable dans les travaux de topographie de tous les pays, d'importantes recherches archéologiques, des éclaircissements de géographie historique, des études de mœurs, des classifications ethnographiques, des appréciations statistiques, la connaissance, chaque jour plus complète, de la nature du sol. Il faut aussi tenir compte des modifications que les phénomènes physiques font subir à ce sol lui-même et que les grands mouvements politiques apportent aux limites des États.

Principaux travaux géographiques sur l'Europe.

Parmi les travaux importants de géographie astronomique et géodésique qui ont assis sur des bases plus parfaites la carte de l'**Europe en général**, nous citerons ceux du capitaine Perrier, qui complète la géodésie de la France et s'occupe particulièrement de rectifier la grande méridienne qui coupe notre pays dans sa longueur ; ceux du général prussien Baeyer, qui a proposé aux savants de s'associer pour mesurer un grand arc du méridien à travers l'Europe moyenne, de Palerme à Christiania ; ceux aussi de l'astronome russe Struve, pour la mesure d'un arc du méridien à travers la Finlande, la Russie occidentale et la Turquie. On a étendu depuis Valentia, à l'extrémité S.-O. de l'Irlande, jusqu'au mont Oremmel, en Belgique, un réseau de triangles établi sur les bases les plus rigoureuses, avec la mesure d'un arc de parallèle par la latitude de 52°. MM. de Sydow, Maunoir, V.-A. Malte-Brun, ont exposé le progrès de la cartographie topographique de l'Europe.

MM. Ad. Joanne, Bædeker, Murray, ont fait ou fait faire de bons guides du voyageur pour presque toute cette partie du monde.

La géographie anthropologique et géologique s'est intéressée à la découverte d'une mâchoire humaine près d'Abbeville dans le diluvium, et à celle de cités lacustres en Suisse et ailleurs ; — la géographie archéologique, aux fouilles importantes qui se sont faites dans les ruines d'antiques cités, et particulièrement dans celles de Pompei, par M. Fiorelli ; — la géographie industrielle et commerciale, aux expositions universelles de Londres, de Paris, de Vienne, où les produits cartographiques ont tenu un rang honorable.

La géographie météorologique a reçu une grande impulsion des communications télégraphiques dont l'Observatoire de Paris est le centre, et les cartes de l'état atmosphérique de l'Europe données jour par jour par cet établissement rendent de grands services aux entreprises maritimes et à l'agriculture. M. Ch. Sainte-Claire Deville publie un important Atlas météorologique. La géographie physique peut signaler la carte lithologique des mers d'Europe par M. Delesse, et la géographie politique, le bel ouvrage sur la statistique générale de l'Europe par M. Maurice Block. L'atlas ethnographique de l'Europe, par Al. Bonneau et Laurent de l'Ardèche, est une intéressante publication.

La carte des Alpes par Mayr est un très-beau travail, qui a embrassé non-seulement ces montagnes, mais toute la Suisse et une grande partie de la France, de l'Italie, de l'Allemagne et de l'Autriche.

La carte géologique de l'Europe centrale, par Bach, et la carte hypsométrique, malheureusement non terminée, de la même région, par Papen et Ravenstien, doivent encore être citées. Parmi les cartes générales murales de l'Europe, une des plus remarquables est celle du frère Alexis. L'examen de la situation des capitales de l'Europe, par M. J.-G. Kohl, est un modèle de philosophie géographique.

La **France** a terminé le levé, mais non la publication de sa grande et belle carte topographique, à 1/80 000, dite de l'État-major : il ne reste plus que quelques feuilles à paraître. Beaucoup de départements extraits de cette carte ont été publiés séparément par les soins des administrations départementales, et plusieurs ont reçu les indications géologiques. Les feuilles de la carte topographique sont, depuis peu, tirées au moyen d'un report qui permet de les livrer à un prix très-modéré. Une réduction au 320 000ᵉ de cette carte est donnée par le Dépôt de la guerre, qui a publié aussi une carte remarquable du mont Blanc par le commandant Mieulet, et une carte du nivellement de la France, figuré par des courbes d'altitude, à l'échelle du 800 000ᵉ, en 6 feuilles.

Le Dépôt des fortifications publie une précieuse carte à 1/500 000.

Parmi les plus intéressants travaux de géographie historique sur la France, on distingue ceux de M. Deloche, qui a éclairé très-vivement la géographie des Lémovices et de quelques autres peuples du centre de la Gaule ; de M. Ménard sur les anciens Pictons ; les nombreuses discussions sur la situation si controversée d'Alesia ; l'ouvrage de M. Alfred Jacobs sur les anciens noms de rivières ; la géographie de la Gaule d'après la carte de Peutinger, par M. Ernest Desjardins ; les commentaires sur la géographie ancienne de la Gaule, par Léon Fallue.

La géographie historique et particulièrement archéologique de notre pays reçoit une vive impulsion des prix que lui décerne l'Institut, des congrès scientifiques de province et des réunions solennelles de la Sorbonne, qui relient en un puissant faisceau les efforts des sociétés savantes des départements.

Signalons les cartes de la Gaule par une commission spéciale instituée au ministère de l'instruction publique ; les cartes accompagnant l'Histoire de César, par l'empereur Napoléon III (entre autres, la carte de la Gaule, sous le proconsulat de César) ; un Dictionnaire archéologique de la Gaule, composé par la commission que nous venons de citer.

M. Hauréau a publié la suite de la *Gallia christiana ;* — M. Ernest Herzog, la *Galliæ Narbonensis historia, descriptio,* etc., ouvrage couronné par l'Académie des Inscriptions ; — M. Beauvois, l'*Histoire légendaire des Francs et des Burgondes ;* — l'abbé Cochet, des recherches nombreuses sur l'archéologie de ' Seine-Inférieure. On a créé d'importants musées archéologiques à Saint-G   ,ain, à Alise, à Pierrefonds, à Compiègne.

Un   nd nombre de questions de géographie historique sont creusées et écl   ir la section d'histoire et de philologie du Comité des travaux historiques et   sociétés savantes. C'est à son impulsion qu'on doit la publication récente du cartulaire de Saint-Victor de Marseille, si riche en importants renseignements sur la topographie de la Provence ; du cartulaire de Savigny, de celui de Beaulieu, qui ont rendu les mêmes services pour le Lyonnais et le Périgord ; de celui de Redon, qui nous éclaire sur l'ancienne géographie de la Bretagne ; du cartulaire de Saint-Hugues de Grenoble, qui nous fait mieux connaître l'ancien Dauphiné.

Des dictionnaires topographiques et archéologiques ont été publiés par les soins d'un comité spécial du ministère de l'instruction publique. Ainsi, ont paru les dictionnaires des départements d'Eure-et-Loir, de l'Aisne, du Haut-Rhin, du Gard, de l'Hérault, de la Nièvre, de la Meuse, de la Meurthe, de l'Oise, du Doubs, des Basses-Pyrénées, du Pas-de-Calais, de l'Yonne, de l'Aube, du Morbihan, de la Seine-Inférieure.

M. Houzé et M. L. Quicherat ont fait d'intéressantes recherches sur la signification et l'étymologie des noms de lieux français.

M. Léonce Anquez, dans son histoire des assemblées politiques des réformés de France, a donné une carte et des explications qui nous montrent les départements militaires protestants créés par l'Assemblée de La Rochelle, en 1621, et les places de sûreté que les réformés obtinrent en France de 1598 à 1622.

La statistique de la France a été traitée avec un savant développement par M. Block.

Le ministère du commerce public à peu près chaque année un important volume sur la statistique du pays, particulièrement par les soins d'un des plus savants chefs de ce ministère, M. Deloche.

Le nivellement général du pays a été fait sous la direction de M. Bourdaloue ; les opérations ont été conduites avec tant de soin et soumises à un contrôle si sévère, que les altitudes déterminées dans toute l'étendue du territoire français sont rigoureusement exactes à moins de trois centimètres. Un bel atlas résume ce grand travail. M. Bourdaloue a consacré un atlas spécial au département du Cher.

Pour la géographie physique, on peut signaler la belle Introduction générale à l'histoire de France, par M. V. Duruy ; la description géologique du Dauphiné par M. Lory ; la carte agronomique de l'Isère, par M. Scipion Gras ; les études hydrologiques sur la Seine, par M. Belgrand.

Parmi les plus utiles progrès matériels qui se rapportent à l'agriculture et au commerce, il faut distinguer le dessèchement de la Dombes, les travaux entrepris pour l'ouverture du canal Saint-Louis, entre le Grand Rhône et le golfe de Foz ; le percement des Alpes, entre le mont Cenis et le mont Tabor, pour le passage du chemin de fer de France en Italie.

M. Bardin a fait d'admirables bas-reliefs de plusieurs régions montagneuses, et il a obtenu pour ses travaux une médaille d'or de la Société de géographie ; M. Malègue a construit sur une grande échelle le relief du département de la Haute-Loire ; M. Ernest Desjardins a publié un aperçu historique sur les embouchures du Rhône, avec des cartes qui les donnent à toutes les époques ; M. Ch. Martins, un essai géologique et historique sur Aigues-Mortes ; M. Viollet-Leduc, une carte topographique du mont Blanc.

MM. Élie de Beaumont et de Chancourtois ont commencé une carte géologique de France, à l'échelle de la carte topographique de l'État-major ; M. Delesse a dressé des cartes géologiques, agronomiques, lithologiques et hydrologiques du plus grand intérêt (Paris, département de la Seine, nature des fonds de la mer des côtes de France, carte agricole de la France, Seine-et-Marne).

M. Taine a donné un charmant volume sur les Pyrénées ; M. le docteur Ernest Lambron a fait de ces montagnes une description qu'il a accompagnée d'une carte de M. Toussaint-Lezat ; M. E. Wallon a présenté la même chaîne dans une suite de cartes panoramiques de l'effet le plus pittoresque.

Parmi d'autres travaux, citons : l'atlas physique de la France, projeté par l'Observatoire de Paris ; le rapport excellent (fait à l'Assemblée nationale) de M. Krantz, sur l'état de la navigation des rivières de la France ; l'étude historique et statistique sur les voies de communication, par M. Félix Lucas ; les reconnaissances sur les côtes de France, par M. Adrien Germain, Manen, Bouquet de La Grye.

Nous devons encore signaler les recherches sur l'anthropologie de la France en général, et de la Basse-Bretagne en particulier, par Paul Broca, recherches d'où il résulte, entre autres considérations, qu'il y a en Bretagne deux races juxtaposées : l'une grande, blonde, dolichocéphale, aux yeux bleus, au visage allongé : c'est la race kymrique ; l'autre, de petite taille, avec des cheveux bruns, des yeux plus foncés, un visage plus arrondi : c'est la race des Gaulois armoricains, la race celtique. Le docteur Halleguen a aussi étudié à fond l'ethnographie de la Bretagne.

M. Roget de Belloguet a développé, dans un grand ouvrage, des idées neuves sur l'ethnogénie gauloise, c'est-à-dire sur l'origine et la parenté des Cimmériens, des Cimbres, des Ombres, des Ligures et des anciens Celtes.

M. Alexandre Bertrand croit que la confusion qui ne cesse de régner sur les origines celtiques vient de ce qu'on prend pour une question de races ce qui n'est souvent qu'une question de *dates :* des invasions successives de populations ont produit les modifications qu'on observe.

Parmi les atlas, nous citerons les atlas historiques du Rhône et de l'Ain, par Debombourg (avec texte) ; l'atlas communal du département de la Seine, par Th. Lefèvre ; l'atlas géologique du département du Puy-de-Dôme, par H. Lecoq, en 24 feuilles ; l'atlas de la France, en 95 cartes, par Ad. Joanne. Citons encore le Dictionnaire des communes de France, par M. Joanne, avec une introduction de M. E. Reclus ; celui de M. Peigné ; le Dictionnaire historique de la France, par Ludovic Lalanne ; les divers réseaux des chemins de fer de France, par Chaix et par Potiquet.

M. Alphand a donné dans un splendide ouvrage la description des promenades de Paris. Le préfet Haussmann avait fait commencer une grande histoire de Paris, à laquelle MM. Berty, Tisserand, Belgrand, A. Franklin, etc., ont apporté leur collaboration éclairée, mais que la guerre et l'incendie de l'Hôtel-de-Ville ont tristement interrompue. Le beau plan de Paris au 5 000ᵉ a pu, du moins, être achevé.

Comme cartes murales de la France, qu'on nous permette de citer la nô re, à côté de la belle carte de M. Erhard et de celles de M. Levasseur, de M. Meissas (édition nouvelle), etc.

La plupart des pays d'**Allemagne** ont leurs cartes topographiques ; parmi les plus importantes, sont celles du Hanovre, œuvre du savant Papen, dont la science déplore la perte ; celle de la Bavière, en 112 feuilles ; celles des grands-duchés de Bade et de Hesse, du Würtemberg, de la Hesse Électorale ; celle du royaume de Saxe au 100 000ᵉ, qui est en cours de publication. La Prusse avance beaucoup la carte de son État-major à l'échelle ordinaire du 100 000ᵉ, mais agrandie sous le nom de *messtischblätter*, au 25 000ᵉ.

On donne une nouvelle édition de la grande carte d'Allemagne de Reymann, au 200 000ᵉ.

L'Amirauté prussienne publie l'atlas maritime des bouches de l'Iahde, du Weser et de l'Elbe, et le ministère du commerce du même royaume a fait paraître une grande carte des communications.

M. Müllenhoff a entrepris un long ouvrage sur la géographie ancienne de l'Allemagne en général. M. Jules Zeller, savant professeur français, a commencé une grande histoire de l'empire Germanique.

On conçoit sans peine le grand nombre de publications qu'a fait éclore, parmi nos vainqueurs, l'annexion de l'Alsace-Lorraine : cartes, plans, descriptions topographiques, études ethnographiques de nos pauvres provinces conquises, ont inondé la librairie allemande.

La carte géognostique des provinces du Rhin et de Westphalie, par M. de Decken, est un grand et beau travail.

La Société géologique du Rhin Moyen a publié une carte géologique du grand-duché de Hesse, à 1/50 000.

Beaucoup de feuilles de la partie orientale de la Prusse à 1/100 000 ont reçu des indications géologiques.

Citons encore l'Allemagne, depuis cent ans, par M. Berghaus; la géographie de l'empire d'Allemagne par Neumann; les ouvrages de Gistel sur la Bavière; de Guthe sur le Hanovre; les états statistiques de M Dieterici sur la Prusse.

M. H. Rudolph a donné son Dictionnaire géographique de tous les pays allemands; une société de savants bavarois a publié la *Bavaria*; M. Bœckh a fait une carte ethnographique et linguistique (*sprachkarte*) de l'Allemagne; M. Sussmilch-Hornig, l'atlas géographique de la Saxe et de la Thuringe; M. Liebenow, les cartes d'une grande partie du territoire allemand; le Bureau royal de statistique et de topographie du Würtemberg, la carte géognostique de ce pays; M. Gümbel, la carte géognostique de la Bavière.

Le major Fils a exécuté des nivellements barométriques dans toute la Thuringe.

La Race prussienne, par M. de Quatrefages, ouvrage plein de verve et de savoir, tend à prouver que les Prussiens (proprement dits), ceux particulièrement du bassin de la Vistule et d'une partie du bassin de l'Oder, sont d'origine slave ou finnoise et non germanique.

Les Promenades alémanniques du docteur Bacmeister sont un travail principalement philologique et étymologique sur l'Allemagne méridionale.

La *Pommerania*, navire de la marine prussienne, a fait, en 1871, un voyage d'études sur la Baltique.

L'**Autriche** possède les cartes de presque toutes ses provinces (à diverses échelles) par les soins de son Institut militaire géographique. Signalons aussi la carte topographique de la Galicie, par M. Kummerer de Kummersberg; les cartes géologiques de l'empire d'Autriche, par M. Fœtterle et M. de Hauer; la grande carte ethnographique de l'empire, par le baron de Czœrnig, avec une importante description sur le même sujet; la carte générale de la monarchie, en 20 feuilles, par le lieutenant-colonel Scheda; les articles et les cartes statistiques sur la population de l'Autriche-Hongrie, par le docteur Ficker; les ouvrages statistiques sur le même empire, par M. Adophe Schmidt et M. F. Schmitt; la carte du cours et de la navigation du Danube à 1/28 000; la carte de la Bohême, par Koritska.

La topographie de la Basse-Autriche, par MM. J. Bauer, Becker, Brachelli, etc., a été publiée par la Société pour la géographie de la Basse-Autriche. — L'Amirauté autrichienne a donné de belles cartes hydrographiques de l'Adriatique.

Le major Sonklar a fourni de bonnes descriptions et des cartes intéressantes des Alpes, de l'OEtzthal et autres parties du Tyrol.

Passons à l'**Italie**. L'État-major sarde a exécuté la carte de l'ancien territoire continental du royaume de Sardaigne au 50 000e.

L'ancien Bureau topographique napolitain avait commencé à 1/80 000 la carte du royaume de Naples; mais ce travail n'avait qu'un petit nombre de feuilles; le gouvernement italien actuel a décidé l'exécution d'une carte topographique de l'ex-royaume des Deux-Siciles, à 1/50 000; plusieurs feuilles ont paru. Le prince Anatole de Demidoff a publié un album pittoresque et archéologique de la Toscane et de l'île d'Elbe ; MM. Sainte-Claire-Deville et de Tchihatcheff ont fait des travaux sur les phénomènes éruptifs de l'Italie méridionale et particulièrement sur l'éruption du Vésuve en décembre 1861. Le Dépôt de la guerre de France a donné l'Atlas de l'expédition d'Italie en 1859. On doit à M. Noël des Vergers la description archéologique de la Toscane.

On fait tous les jours les fouilles archéologiques les plus intéressantes, particulièrement dans la Campagne romaine ; M. E. Desjardins en a fait connaître les résultats. On doit aussi à M. Rob. Burn une description développée de l'archéologie romaine. M. Fr. Wey a donné sur la vieille métropole du monde un magnifique volume. M. de Mercey a publié un voyage artistique dans la Toscane et le midi de l'Italie. M. Albert de La Marmora a composé une très-remarquable description de l'île de Sardaigne ; M. Amari, une carte de la Sicile, où les noms arabes sont à côté des noms italiens. M. Vallardi a publié une nouvelle édition du grand atlas de Zuccagni Orlandini, et un dictionnaire qui décrit l'Italie sous tous les points de vue : géographie, histoire, littérature, histoire naturelle.

L'Italie méridionale a été décrite par Jos. de Luca.

L'**Espagne**, au milieu de ses agitations incessantes, est restée un peu en arrière du grand mouvement topographique des États européens. L'État-major espagnol, il est vrai, a commencé, en 1856, sa triangulation pour l'exécution d'une grande carte qui doit s'étendre à toute la Péninsule. Un savant géodésien, Don Carlos Ibañez, a publié la base de la triangulation géodésique ; mais aucune feuille n'est encore prête. Don Francisco Coello a dressé de bonnes cartes des provinces; cette estimable œuvre de topographie, malheureusement un peu confusément gravée, fera attendre avec patience le grand travail dont nous venons de parler et dont la guerre fratricide qui désole ce beau pays retarde pour longtemps encore la publication. Le Dépôt de la guerre de Madrid a fait paraître un bon atlas itinéraire de l'Espagne.

M. le docteur Hübner a exécuté un voyage épigraphique en Espagne. Les lecteurs du *Tour du Monde* ont suivi avec intérêt MM. Doré et Davillier dans un voyage qu'il ont fait dans la Péninsule. Les Baléares ont été l'objet d'une magnifique publication de la part d'un riche savant qui a dédié son ouvrage à l'empereur François-Joseph et qui voulait garder l'anonyme, mais on sait que c'est le prince Louis Salvator, fils de l'ancien duc de Toscane.

Le **Portugal** n'a encore que quelques feuilles de sa carte topographique levée sous la direction du général Folque. M. Bettencourt a fait un dictionnaire chorographique de ce royaume.

Les **Pays-Bas** ont achevé leur admirable monument topographique en 62 feuilles, au 50 000ᵉ, qu'on a rendu plus populaire en le réduisant au 200 000ᵉ. La carte des inondations (*Waterstaatskaarte*) de ce royaume est un autre beau travail qui a été exécuté sur celui que nous venons de citer.

M. Staring a continué la carte géologique de la Néderlande.

On s'occupe de percer, par un canal, l'isthme de Hollande, c'est-à-dire l'isthme renfermé entre l'Y et la mer du Nord : M. Boogaard en a décrit le tracé dans le Bulletin de la Société de Géographie en 1868. — M. Havard a publié récemment son spirituel et instructif ouvrage des Villes mortes du Zuider-Zee.

La **Belgique,** qui avait déjà la grande carte de Van der Maelen, en 250 feuilles, œuvre énorme, qu'a pu faire un simple particulier, publie maintenant par les soins de son État-major une carte topographique à différentes échelles ; la plus populaire est au 40 000ᵉ ; le Dépôt de la guerre de Bruxelles a publié une carte en 4 feuilles. M. Jourdain a donné un bon Dictionnaire géographique de la Belgique. M. Heuschling a présenté la statistique de ce pays.

La belle carte de la **Suisse,** au 100 000ᵉ, sous la direction du général Dufour, a été terminée. On la grave maintenant au 25 000ᵉ (excepté pour les régions les plus montagneuses, où elle est au 50 000ᵉ). On l'a réduite en 4 feuilles, qui conservent l'élégance et la clarté de la carte originaire. La géologie de la Suisse est entreprise par la Commission géologique de la Société suisse des sciences naturelles.

Les mémoires de MM. Plantamour, Studer, Wagner, Escher, Desor, Martius, de la Société d'histoire naturelle des Grisons, de la Société helvétique des sciences naturelles, de la Société d'histoire naturelle de Zürich, ont fait faire de nouveaux progrès à la géographie de cette pittoresque région.

M. Wirth a fait une description générale de la Suisse. Le nivellement de la Confédération a été publié par la Commission géodésique fédérale, sous la direction de MM. Hirsch et Plantamour. M. Ziegler a donné une bonne carte hygrométrique de la Suisse.

Nous citerons encore la magnifique carte de la Haute et de la Basse-Engadine, par Ziegler ; la carte-relief de la Suisse, par Delkeskamp.

Les Alpes, ce champ inépuisable de descriptions, ont inspiré, entre autres ouvrages, les importants travaux sur les glaciers par M. J. Tyndall et par M. W. Hüber ; — le Monde des Alpes, par Tschudi ; — les Courses des Alpes, par Ed. Whymper ; — les Études des hautes Alpes, par Fr. Tuckett.

M. A. Favre est l'auteur d'une importante carte géologique du mont Blanc et des parties de la Suisse, du Piémont et de la Savoie qui avoisinent ce roi des Alpes.

L'*Alpine Club* de Londres, société qui a pour but d'étudier les Alpes et de guider les touristes dans ces montagnes, publie l'*Alpine Journal,* et a fait paraître, entre autres descriptions, les *Peaks, Passes and Glaciers of the Alps ;* des sociétés autrichienne et suisse sont formées dans le même but. Le Club Alpin italien, à Turin, répand des connaissances semblables, et il vient de se constituer à Paris un Club Alpin français, dont M. Abel Lemercier a été le principal instigateur. C'est ainsi que s'est fondée, en 1865, la Société Ramond pour l'exploration des Pyrénées.

Les **Îles Britanniques** sont représentées dans le plus grand détail par l'*Ordnance Map,* publiée à différentes échelles, dont la plus répandue est au 63 360ᵉ (un pouce par mille). La partie de l'Angleterre et du pays de

Galles est achevée; l'Écosse et l'Irlande sont fort avancées. Le colonel sir Henry James, directeur de l'*Ordnance Survey*, a publié le nivellement de la Grande-Bretagne.

Les savants anglais travaillent, d'ailleurs, sans relâche à la connaissance complète de leur pays; la géographie est en honneur parmi eux : la géographie statistique, commerciale, industrielle et géologique voit surtout éclore par leurs soins de nombreux ouvrages, essentiellement pratiques; mais ils ne négligent pas non plus la géographie ancienne; ils ont découvert, entre autres antiquités, des parties très-curieuses de l'ancienne Uriconium (aujourd'hui Wroxeter, dans le Shropshire). La grande carte géologique des Iles Britanniques, commencée par les soins du regretté Rod. Murchison, se continue activement. De curieuses cartes hydrographiques de l'Angleterre et de l'Irlande, sous le titre de *Catchment Basins*, ont été publiées par l'*Ordnance Survey*. M. Fullarton a donné l'*Imperial Gazetteer* (dictionnaire) de l'Angleterre et du pays de Galles.

La **Suède** a avancé la carte de son corps topographique, au 100 000e. La Norvége en publie une par *amt* (bailliages) au 200 000e.

Hahr a donné, en 8 feuilles, la Suède propre et la Gothie, avec un supplément pour le Nordland. Erdmann a commencé une grande et belle carte géologique de la Suède, qui se continue après la mort de ce savant géologue.

Munch, Roosen et le docteur Broch ont fait des travaux estimables pour éclairer la géographie de la **Norvége**; plusieurs cantons norvégiens demandent à être étudiés par de bons explorateurs, pour que nous ayons une idée claire et complète de cette région éminemment pittoresque, dont un réseau inextricable de fiords, de lacs, de torrents, de cataractes, de vallées étroites, de montagnes abruptes, rend la connaissance géographique assez difficile. Le voyage de M. Paul Riant dans ce pays, et particulièrement sur le Thelemark et le voisinage; les excursions de M. Siljestrœm dans le Sognfield, le Justedal, etc.; les savantes descriptions de M. Vibe; les aperçus géologiques de M. Rœmer; le voyage de M. A. Ziegler, ont jeté un nouveau jour sur la Norvége.

M. J. A. Friis a fait une carte ethnographique du Finmark, qui a été publiée par l'université de Christiania.

La carte topographique du **Danemark**, au 80 000e, par l'État-major de ce royaume, est en voie de publication; M. Mansa a fait une importante carte du Jutland, et M. Geerz, celle des duchés de Slesvig, de Holstein et du Lauenbourg, en trois feuilles différemment coloriées, donnant des détails physiques, administratifs et routiers. Nous signalerons encore les voyages de M. Horace Marryat et de Mme Marie Bojesen dans le Jutland, et la description statistique et topographique du Danemark, par M. Trap.

Le conflit dano-allemand de 1864 a attiré l'attention sur plusieurs points du Slesvig-Holstein; on a suivi avec intérêt la description de deux grands murs, le Kurgrav et le Dannevirke, que les rois danois avaient élevés au moyen âge pour se garantir des invasions du sud.

M. E. Beauvois, un des savants français qui connaissent le mieux la Scandinavie, a donné, dans la *Revue Contemporaine*, des notions neuves sur les antiquités primitives du Danemark, c'est-à-dire sur l'âge de pierre. Il a fait aussi un travail intéressant sur la nationalité du Slesvig, à ses yeux beaucoup plus danoise qu'allemande.

Dans la **Russie d'Europe**, la Société géographique de Saint-Pétersbourg s'occupe avec activité de tout ce qui peut amener la connaissance complète du pays; elle a donné des cartes détaillées de plusieurs parties; elle a fait une carte topographique de tout le territoire russe européen et du Caucase, à l'échelle de $\frac{1}{1,680,000}$; le docteur Hoffmann a publié ses observations d'altitude sur une grande partie des monts Ourals; les altitudes de la Finlande ont été l'objet de travaux de MM. Gylden et Struve; M. Gylden a publié une grande carte de la Finlande au 400 000ᵉ.

Des reconnaissances topographiques par MM. Popiel, Ivanov et Nasarov ont fait voir que le Manytch, qu'on croyait tributaire seulement du Don, a un autre écoulement vers la mer Caspienne, à laquelle il arrive par une trainée de lacs près de l'embouchure de la Kouma. On espérait trouver entre ces deux bassins une communication navigable, ou, du moins, le moyen de vivifier cet espace par des irrigations et d'y appeler les populations; mais la relation d'une commission dont faisait partie M. Barbot de Marny est peu favorable à ces projets.

Une exploration scientifique de la mer d'Azov, par ordre du gouvernement russe, a été entreprise par MM. Danilevski, de Baer, Helmersen, Séménov et Ivachintzov, dans le but surtout d'étudier l'ensablement croissant de ce grand golfe; il a été reconnu que ce sont surtout les alluvions du Kouban qui causent cet ensablement.

Les *Mémoires du Dépôt topographique militaire de Russie*, sous la direction du lieutenant général de Blaramberg, exposent les mesures trigonométriques et astronomiques prises par les officiers russes pour la carte de l'empire, et qui ont été conduites surtout par M. Struve et par les généraux Schubert, Tenner, Chodzko. Le Dépôt topographique continue activement deux cartes générales de l'empire, l'une à $\frac{1}{126000}$ et l'autre à $\frac{1}{420000}$. Signalons encore l'atlas, en 10 cartes, de la population des provinces occidentales de la Russie, d'après les religions, par MM. Batiouchkov et Rittich; la carte géologique de la Russie et des chaines de l'Oural et du Caucase, par M. Helmersen; la carte géologique du versant occidental de l'Oural, par M. de Mœller; l'atlas des gouvernements de la Russie par M. le colonel Iline, et l'atlas statistique de l'empire Russe par le même géographe. Le docteur H. Kiepert a fait une bonne carte de la Russie d'Europe, en 6 feuilles.

M. T. de Pauly a donné une description ethnographique de la Russie, accompagnée de nombreux types, ainsi que d'une carte et d'un tableau statistique. M. Schnitzler a publié son important *Empire des Tzars*. Ont paru aussi le Dictionnaire géographique de la Russie, par Séménov, sous les auspices de la Société géographique; la carte de la production agricole, manufacturière et du mouvement commercial, par le même géographe ; la suite des *Beitræge* sur l'empire Russe, par Baer et Helmersen ; les Archives russes d'Erman.

On a beaucoup discuté, on a beaucoup écrit sur l'origine des Russes ; M. Duchinski, dans son livre des *Peuples Aryâs et Tourans*, M. Viquesnel, dans son appendice au Voyage en Turquie, s'efforcent de prouver que les Grands-Russes ou Moscovites doivent être rangés parmi les nations touraniennes et finnoises, et non parmi les Slaves.

M. Casimir Delamarre, M. Ch. de Steinbach, soutenant la même thèse, pensent que les Grands-Russes sont des Finnois, mélangés de Turcs, qui ont seulement adopté la langue slavonne. Cela est vrai, mais, sous l'influence des siècles, de la religion et des gouvernants, les Grands-Russes, les Petits-Russes, les Russes-Blancs, etc., ne forment plus qu'une seule nation, à laquelle la langue qu'ils parlent finit par imposer un même caractère.

Il est certain, du reste, que les Petits-Russes, les Polonais et les Ruthènes sont de la famille aryenne, c'est-à-dire de la famille à laquelle appartiennent les peuples européens les plus civilisés. La philologie comparée tend à montrer, en effet, la confraternité d'origine de presque toutes les nations de l'Europe moyenne et occidentale et leurs rapports avec la Perse et l'Inde. Le slavon, le grec, le latin, les langues tudesques, offrent de frappantes analogies avec le sanscrit. M. Alfred Maury a expliqué cette parenté dans une belle leçon des soirées scientifiques de la Sorbonne, et l'on peut voir le développement de cette idée dans les *Origines Indo-Européennes*, par M. A. Pictet. M. Ujfalvy a fait un savant travail sur les migrations des nations orientales de l'Europe. D'intéressantes discussions ont eu lieu au sujet des nationalités de la Russie à la Société anthropologique et à la Société géographique de Paris.

M. R. d'Erkert, qui avait précédemment donné une carte ethnographique de l'empire Russe, a fait paraître, en 1863, l'*Atlas ethnographique* des provinces habitées en totalité ou en partie par des Polonais.

Un Hongrois, M. Hunfalvy, a fait un voyage scientifique dans les provinces baltiques de la Russie.

M. Giles, M. Véréchaguine, M. de Lycklama, ont exécuté des voyages dans la région caucasienne, moitié asiatique, moitié européenne et enveloppée encore d'obscurités sur plusieurs parties.

La *Russie libre*, par Will. Dixon, est un tableau animé de la Russie telle que l'a faite l'abolition du servage. Enfin M. Leroy-Beaulieu a présenté, dans la *Revue des deux Mondes*, des considérations justes et approfondies sur la Russie et les Russes.

La **Turquie** est le pays d'Europe dont la topographie est le moins connue. Guillaume Lejean a éclairé plusieurs points de la géographie de la Bulgarie, de l'Albanie, du Monténégro et de la Romélie. Hecquard a donné sur la Haute-Albanie des renseignements tout à fait neufs; le docteur Poyet a décrit le territoire d'Islimnia et d'autres parties encore peu connues du voisinage du Balkan. Des commissions topographiques et sanitaires françaises, envoyées dans la Dobroudja, à la suite de l'expédition militaire de 1854-1855, et dont faisaient partie MM. Lalanne, Michel et Allard, ont rectifié bien des idées erronées sur cette presqu'île remarquable. Beaucoup de renseignements nouveaux ont été donnés sur la Moldavie et la Valachie ; les Autrichiens ont levé la carte de la Valachie ; les Serbes, celle de leur principauté.

M. de Sévastianov, savant russe, a fait d'importantes découvertes bibliographiques au mont Athos, particulièrement celle d'un Ptolémée du xᵉ ou xiᵉ siècle, que la photographie a reproduit.

M. Basile Nicolaïdy, Grec plein d'enthousiasme pour son pays, a exécuté un voyage en Macédoine et en Thessalie, et en a publié la relation en français sous le titre de : *Les Turcs et la Turquie contemporaine*.

Parmi les descriptions qui nous éclairent sur diverses parties de la Turquie, on peut citer encore celle de M. Wingfield ; la géographie ancienne de la Macédoine, par Desdevises du Dezert, avec carte ; l'empire Turc dans ses rapports avec le christianisme et la civilisation, par Madden ; les résultats d'une expédition archéologique en Thessalie, en Épire et en Macédoine, par M. Heuzey ; les explorations de M. Albert Dumont, qui, indépendamment de ses importantes découvertes archéologiques, particulièrement aux ruines de Trajanopolis, en Thrace, se recommande par d'intéressantes remarques sur les populations. M. Gustave Boissière a étudié, près du delta du Danube, les ruines de Trœsmis. La mission archéologique de M. Miller au mont Athos et à l'île de Thasos a produit une ample moisson de renseignements.

Deux savants allemands, le docteur Barth et M. de Hahn, ont parcouru la Turquie, au grand profit de la science : le premier est allé de Roustchouk à Philippopoli, et, de là, au mont Olympe de Thessalie, à Salonique, etc. Le second a particulièrement visité le bassin du Drin et une partie de celui du Vardar. Des derniers voyages en Turquie est résultée, entre autres découvertes géographiques, la connaissance du grand lac Presba, situé sur un plateau du Pinde et dont l'existence était auparavant à peine soupçonnée.

Le plan de Constantinople, par M. Stolpe, est un des meilleurs travaux cartographiques récents sur la Turquie. M. de Tchihatcheff a fait un beau livre sur cette capitale et le Bosphore. M. Kanitz a voyagé en Bulgarie. — Mᵐᵉ Ad. Walker a donné la relation d'un voyage en Macédoine et aux lacs d'Albanie ; — M. Tozer, le résultat des excursions qu'il a faites en savant et en lettré dans les *Highlands* de la Turquie méridionale (le Pinde, l'Olympe, l'Ossa, le Pélion, etc.) ; — M. E. Cadiou, un ouvrage sur les principautés roumaines et le commerce du bas Danube. — Mᵐᵉˢ Dora d'Istria et Hommaire de Hell ont livré leurs impressions de voyage dans un style pittoresque. — M. V. Duruy a publié les siennes, qui ne sont pas moins intéressantes. — M. Ubicini a écrit avec compétence sur la statistique de toutes ces régions orientales. — Le Guide en Orient du docteur Isambert est un ouvrage remarquable, qui unit le savoir le plus sûr à l'utilité et à la clarté des explications.

L'Autrichien Roskiewicz a fait une carte de la Bosnie, de l'Herzégovine et du pachalic de Novibazar. Le delta du Danube a été étudié avec soin par des ingénieurs. M. Hartley, organe de la Commission du Danube, a donné l'Atlas de la Soulina, avec texte. M. Ernest Desjardins, dans son excellent travail sur le delta de ce fleuve, ne s'est pas toujours trouvé d'accord avec la Commission; il préférerait, pour la navigation, la large branche de Kilia, améliorée, à l'étroite et précaire branche de Soulina, la seule fréquentée aujourd'hui.

M. Scheda a fait une carte de la Turquie d'Europe et de la Grèce en 13 feuilles; le docteur Kiepert, auteur lui-même de plusieurs bonnes cartes de la péninsule Turco-Hellénique, dont une en français, a critiqué assez vivement l'œuvre du géographe autrichien, qui, cependant, l'a défendue avec énergie. M. Handtke a donné aussi une carte de Turquie. Notre Lejean avait préparé par de fréquents voyages, poursuivis avec une rare énergie et bien peu de ressources, la carte topographique de ce grand pays, et déjà un assez bon nombre de feuilles étaient prêtes, quand la mort l'a surpris.

M. Ferdinand de Hochstetter, géologue autrichien, marchant sur les traces de MM. Boué et Viquesnel, a parcouru la Macédoine, la Thrace, la Bulgarie, et en a publié une carte géologique.

MM. Sterneck, de l'Institut géographique de Vienne, ont fait des observations en Bosnie et en Herzégovine. MM. Mostras et Brosset, deux savants russes, ont publié en français un dictionnaire géographique de l'empire Ottoman. M. Henri Thiers a fait la description et l'histoire de la Serbie.

L'École française d'Athènes est le principal foyer d'où rayonnent les connaissances géographiques sur la **Grèce** ; ses élèves sont souvent des savants remarquables, comme M. Beulé, qui nous a éclairés sur ce pays classique par ses cours et ses ouvrages. M. Gaudry et M. Fr. Lenormant, chargés de missions scientifiques, ont enrichi nos musées : le premier, de restes paléontologiques trouvés à Pikermi ; le second, de nombreux objets archéologiques.

Le docteur J. Schmidt, directeur de l'Observatoire d'Athènes, a publié d'importantes observations sur la géographie physique de cette contrée. M. L. Ross est encore un des savants qui ont, dans ces derniers temps, le mieux décrit la Grèce. M. Schliemann consacre depuis plusieurs années son zèle éclairé et sa fortune à la géographie archéologique d'une région qu'il aime comme sa patrie, et il a formé à Athènes un musée remarquable, fruit de ses recherches.

M. Raulin a donné une belle carte géologique de l'île de Crète, avec une description détaillée. M. George Perrot et M. Bourquelot ont décrit l'île de Crète aussi, mais sous des rapports plus généraux.

L'Amirauté anglaise a publié, en 3 feuilles, une des meilleures cartes de cette île.

Quelques événements ou modifications dans la géographie physique de l'Europe.

Nous ferons plus loin l'exposé des grandes modifications politiques que l'Europe a éprouvées depuis quinze ans; mais nous parlerons ici des changements physiques qui se sont produits sur plusieurs points.

A côté de l'île de Santorin, dans l'Archipel, plusieurs îlots volcaniques se sont formés depuis janvier 1866. D'abord s'est soulevé l'îlot du Roi George; bientôt après, Aphroessa, puis Réka; tout cela s'est mêlé aux îles Kaïméni, précédemment sorties de la mer, et a produit un amas qu'il n'est pas encore facile de décrire avec précision, d'autant plus que l'éruption volcanique modifie tous les jours le sol et la forme de ce curieux petit archipel. MM. Fouqué, Virlet d'Aoust, Fr. Lenormant, Reiss, ont étudié ce remarquable phénomène, et en ont rendu compte à l'Académie des sciences, à l'Association scientifique de France, etc.

Plusieurs secousses assez fortes, dues aux feux souterrains, se font également sentir, depuis le mois d'avril 1866, dans toute la région voisine des Alpes tyroliennes, du lac Majeur au lac de Garde. Paris même (ordinairement si paisible sous ce rapport) et toute une partie de la France centrale et septentrionale ont éprouvé, le 14 septembre 1866, un tremblement de terre, peu grave d'ailleurs, qui a été renfermé à peu près dans un polygone limité au N. vers Rouen, à l'E. vers Montbard, au S. vers Bordeaux, à l'O. par l'Océan. Le département d'Indre-et-Loire a été comme le centre du phénomène; c'est là que le mouvement d'oscillation a eu le plus d'intensité.

Des tremblements de terre se sont fait sentir aussi, en 1866, dans la Sicile (à la base de l'Etna, qui a eu une grande éruption en 1865), à Spolète (Italie), à Avlone (Albanie), dans presque toute la Norvége; — en janvier 1867, à Céphalonie et dans les royaumes de Murcie et de Valence.

Parmi d'autres curieux accidents de géographie physique, nous devons mentionner la disparition dont est menacée l'île de Helgoland, que l'Angleterre possède en face de l'embouchure de l'Elbe, à quelque distance de la côte de Hanovre; la mer ronge cette petite île, de grands blocs de rochers et de dunes sont tombés dans les flots, en 1866, causant la mort de plusieurs habitants; et, chose curieuse, cette œuvre de destruction est activée par les lapins, car ces animaux se sont tellement multipliés dans l'île, que leurs terriers ont miné partout le sol. Notons en même temps, le desséchement du lac de Neusiedl, en Hongrie, par les efforts combinés de l'homme et de la nature, le desséchement du lac Fucino en Italie, qui s'est opéré sous l'impulsion du prince de Torlonia par un immense canal souterrain qu'on a creusé jusqu'au Liri, et les desséchements projetés ou commencés du lac Copaïs, en Grèce, du lac de Grand-Lieu, en France.

Un tremblement de terre s'est fait sentir dans la péninsule Scandinave, en 1867 ; un autre, dans l'ouest de l'Angleterre, en 1868 ; le Vésuve a eu de grandes éruptions en 1867 et 1868 ; toute la région voisine des Alpes tyroliennes, du lac Majeur au lac de Garde, a été agitée par des secousses qui se sont renouvelées périodiquement. — La température extraordinaire de l'été de 1868 a produit, en Russie, dans certains terrains tourbeux, un échauffement tel que des forêts entières ont été incendiées. Aux mois de septembre et d'octobre de la même année, des pluies torrentielles ont inondé la Suisse et l'Italie, et causé de grands désastres. Un immense éboulement de montagnes s'est formé à Oberbilten, dans le canton de Glaris.

Il est arrivé, en Danemark, en 1869, un accident extraordinaire : une falaise célèbre, connue sous le nom de *Siége de la Reine*, située dans l'île de Mœn, s'est abîmée tout à coup et tout entière dans la Baltique.

En 1873, un tremblement de terre a troublé la Vénétie et la Lombardie.

Le mois d'avril 1874 a été marqué en Italie et en Turquie par des froids très-vifs, et la neige et la gelée se sont montrées avec intensité sur des points où elles étaient presque inconnues.

Une assez forte éruption de l'Etna a eu lieu en 1874. — Malte a éprouvé un violent tremblement de terre dans la même année.

Principaux changements de la géographie politique en Europe depuis 1856.

Comme nous l'avons dit ailleurs [1], le Congrès de Paris, ouvert le 25 février 1856, après la guerre de Crimée (1854-1855), et où se trouvaient représentées la France, l'Angleterre, l'Autriche, la Turquie, la Sardaigne, la Russie et la Prusse, avait réglé les conditions de la paix, de la manière suivante :

1° La restitution à la Turquie des parties du territoire ottoman dont les troupes russes se trouvaient en possession.

2° La restitution à la Russie, de Sébastopol, de Balaklava, de Kamiech, d'Eupatoria, de Kertch, d'Iénikalé, de Kinbourn et des autres points occupés par les troupes alliées.

3° La fermeture des détroits du Bosphore et des Dardanelles, maintenue par le Sultan pour les bâtiments de guerre en temps de paix.

4° La neutralisation de la mer Noire, ouverte à la marine marchande de toutes les nations, mais formellement et à perpétuité interdite aux navires de guerre, soit des puissances riveraines, soit de toute autre puissance, sauf l'autorisation donnée à chacune des puissances contractantes de faire stationner en tout temps deux bâtiments légers aux embouchures du Danube, pour en assurer la libre navigation, et sauf aussi la convention entre la Russie et la Porte

---

[1] Dans notre *Résumé de Géographie générale* pour la classe de philosophie. Voir cet ouvrage pour l'histoire plus complète des changements politiques de l'Europe depuis 1848.

d'entretenir six forts bâtiments à vapeur et quatre bâtiments légers pour le service de leurs côtes.

5° La navigation du Danube déclarée libre et exempte du péage établi uniquement sur le fait de cette navigation ; création d'une commission formée des représentants de toutes les puissances contractantes, et chargée de réaliser les dispositions relatives à la libre navigation du Danube, de faire exécuter les travaux nécessaires pour dégager les embouchures, etc.

6° La cession, par la Russie, d'une partie de la Bessarabie, de manière que le territoire russe ne touche plus le Danube.

7° Les principautés de Valachie et de Moldavie continueraient à jouir, sous la suzeraineté de la Porte et sous la garantie des puissances contractantes, des privilèges et des immunités dont elles étaient en possession ; aucune protection exclusive ne serait exercée sur elles par une des puissances garantes.

8° Si le repos intérieur des principautés de Valachie et de Moldavie se trouvait menacé ou compromis, la Porte ottomane s'entendrait avec les autres puissances contractantes sur les mesures à prendre pour maintenir et rétablir l'ordre légal. Nulle intervention armée ne pourrait avoir lieu sans un accord préalable entre ces puissances.

9° La principauté de Serbie continuerait à relever du Sultan, mais ses droits et ses immunités, comme ceux de la Moldavie et de la Valachie, seraient placés désormais sous la garantie collective des puissances. Le droit de garnison de la Porte ottomane y serait maintenu.

10° Les îles d'Aland ne seraient pas fortifiées, et il n'y serait maintenu ou créé aucun établissement militaire ou naval.

Le Congrès couronnait son œuvre par la déclaration du maintien de l'abolition de la course ; du principe que le pavillon neutre couvre la marchandise ennemie, excepté la contrebande de guerre ; que la marchandise neutre, à l'exception de cette contrebande, n'est pas saisissable sous pavillon ennemi ; que les blocus, pour être obligatoires, doivent être effectifs, c'est-à-dire maintenus par une force suffisante pour interdire réellement l'accès du littoral de l'ennemi.

Une autre modification encore plus profonde dans la géographie politique de l'Europe allait avoir lieu en 1859 et 1860.

L'Italie centrale était sous la domination de l'Autriche : les duchés de Parme et de Modène, le grand-duché de Toscane, la Romagne, dépendance naturelle du Pape, pouvaient être considérés comme des provinces de cet empire, à côté duquel le Piémont élevait le drapeau de l'indépendance italienne, sous l'énergique direction de Victor-Emmanuel II et de son habile ministre Cavour. La guerre éclata entre ces deux puissances en avril 1859. Les Autrichiens entrent dans le Piémont. La France prend immédiatement parti pour le roi de Sardaigne. Dès la fin d'avril, nos armées arrivent en Italie par le mont Cenis, par Gênes, par Livourne, et une escadre française va bientôt croiser sur les

5

côtes de la Vénétie. Les souverains de la Toscane, de Parme, de Modène, abandonnent leurs États ; le gouverneur pontifical de la Romagne se retire ; et tous ces pays, que les troupes autrichiennes ont aussi évacués pour se concentrer dans la lutte qui se prépare, sont soumis désormais à la direction du gouvernement de Turin et augmentent ses forces militaires. La guerre fut conduite avec promptitude et décision : le 12 mai, l'empereur des Français débarquait à Gênes pour se mettre à la tête des troupes ; le 14, il portait son quartier à Alexandrie. La première bataille livrée fut celle de Montebello (le 21 mai), où le général Forey, à la tête de 4 000 hommes, défit 15 000 Autrichiens ; les Franco-Sardes furent vainqueurs à Palestro, sur la Sésia, le 30 mai. Les troupes alliées passèrent le Tessin, du 2 au 5 juin, à Turbigo, à Buffalora, et gagnèrent immédiatement après la grande bataille de Magenta, dont le principal héros fut le général de Mac-Mahon ; pendant ce temps-là, Garibaldi soulevait tout le pays entre le lac Majeur et le lac de Côme. Les Franco-Sardes entraient à Milan le 7 juin.

Quelques jours après, le maréchal Baraguey-d'Hilliers remporta une victoire à Marignan, lieu déjà illustré par un brillant fait d'armes de François Ier. Le 23 juin, eut lieu la glorieuse bataille de Solferino, gagnée par les Français contre une armée plus nombreuse (250 000 hommes) ; les Sardes se distinguèrent sur un point particulier du champ de bataille, San-Martino, dont ils donnent quelquefois le nom, mais avec une grande injustice, à toute cette mémorable journée. Ce fut la fin de la guerre. Napoléon III ne crut pas devoir poursuivre ses opérations à travers la Vénétie ; il aurait fallu faire le siège des places fortes du fameux quadrilatère (Peschiera, Vérone, Mantoue, Legnago), appuyé sur le Mincio et l'Adige, et changer peut-être les chances de la campagne ; malgré le regret immense de laisser cette belle province italienne à l'Autriche, on signa, le 11 juillet, le traité préliminaire de Villafranca (petite ville entre l'Adige et le Mincio), ratifié peu après par le traité définitif de Zürich, le 10 novembre 1859. Par ce traité, la Lombardie était cédée à la France, qui la rétrocédait au roi de Sardaigne ; on exceptait de cette cession, les forteresses de Peschiera et de Mantoue, et *la nouvelle frontière, entre les États Sardes et l'Autriche, partait de la limite méridionale du Tyrol, sur le lac de Garde, suivait le milieu du lac jusqu'à la hauteur de Bardolino et de Manerba, d'où elle rejoignait le point d'intersection de la zone de défense de la place de Peschiera avec le lac de Garde ; puis la frontière suivait le thalweg du Mincio jusqu'à Scorzarolo, ensuite le thalweg du Pô jusqu'à Luzzara, d'où il n'était rien changé aux précédentes limites des possessions autrichiennes* (tracées d'abord à travers les terres jusqu'à Figarolo, ensuite prenant le Pô jusqu'à l'embouchure du Pô di Goro).

Par un traité conclu à Turin le 24 mars 1860, le roi de Sardaigne, voulant reconnaître les services éminents rendus par la France dans la guerre de 1859, et accédant au désir manifesté par Napoléon III, céda à l'empire Français la Savoie et la partie du comté de Nice formée de l'arrondissement de Nice (*circondario di Nizza*). On en fit trois départements français : ceux de la Savoie, de la Haute-Savoie et des Alpes-Maritimes (en annexant à ce dernier l'arrondissement de Grasse, distrait du département du Var). Nos limites devenaient ainsi beaucoup plus naturelles du côté de l'Italie. *Elles allaient désormais suivre une courte portion des Alpes Pennines, du mont Dolent au mont Blanc ; toutes les Alpes Grées, du mont Blanc au mont Cenis ; toutes les Alpes Cottiennes, du mont Cenis au mont Viso ; la partie des Alpes Maritimes comprise entre le mont Viso et le col Long ; ensuite la limite est formée par une petite partie du cours de la Tinée, une ligne de l'O.-N.-O. à l'E.-S.-E.,* suivant çà et là divers rameaux méridionaux des *Alpes Maritimes, jusqu'à la Roia, qu'elle coupe pour prendre la rivière de Groa, tourne au S. O., coupe de nouveau la Roia, près de Penna, enfin court du N. au S., en passant par le mont Grazian, le mont Granmonde, et aboutit à la Méditerranée, à un kilomètre et demi à l'E. de Menton, et à 5 kilomètres à l'O. de l'embouchure de la Roia.* Depuis le col Long jusqu'à la mer, la frontière est peu naturelle, et laisse les Alpes Maritimes entièrement à l'Italie.

Par l'annexion de la Savoie, la France s'est trouvée toucher la Suisse sur un bien plus long espace qu'auparavant, et, *entre le mont Dolent et le Rhône, les Alpes Vallaisano-Chablaises* (qu'on peut dès lors appeler Franco-Suisses), *le lac de Genève et la Laire séparent les deux États.*

La Suisse, par une note de son ministre plénipotentiaire à Paris, protesta contre l'annexion du Chablais, du Faucigny et du Genevois à la France, comme étant des provinces *neutralisées* en vertu des traités de 1564, de 1815 et de 1816, et comme *devant jouir de la neutralité de la Suisse de la même manière que si elles appartenaient à celle-ci.* Cette protestation n'eut pas de suites.

La Toscane, les duchés de Parme et de Modène, la Romagne, furent annexés à la Sardaigne, après que les populations eurent été consultées, en mars 1860 ; le nouvel État prit désormais le nom de royaume d'Italie.

En mai 1860, Garibaldi va soulever la Sicile, qui accepte avec joie son annexion au royaume d'Italie ; peu de temps après, il excita un mouvement du même genre dans le royaume de Naples ; les troupes piémontaises l'y secondèrent, mais le dernier roi des Deux-Siciles, François II, ne céda qu'après une courageuse résistance (batailles d'Isernia, du Garigliano, siége de Capoue, siége de Gaëte, qui dura trois mois).

Dans les provinces pontificales de l'Ombrie et des Marches, des soulèvements populaires et l'invasion des Piémontais amenèrent aussi l'annexion, mais non sans une opposition héroïque du général Lamoricière, commandant de l'armée du Pape (bataille de Castelfidardo, siége d'Ancône).

Dès la fin de 1861, toute l'Italie était réunie sous un même sceptre, sauf la fraction de la Lombardo-Vénétie laissée à l'Autriche par le traité de Zürich, et le territoire réservé au Pape, de 12 000 kilomètres carrés et de 700 000 habitants, comprenant le Patrimoine de Saint-Pierre et la Campagne de Rome, entre les Apennins et la mer Tyrrhénienne. Ce royaume d'Italie, si promptement formé, comprenait environ 259 000 kilomètres carrés, et 22 millions d'habitants, ainsi répartis : Piémont, territoire de Gènes, île de Sardaigne et Lombardie, 7 100 000 ; Émilie (Parme, Modène et la Romagne), 2 127 000 ; Marches, 903 000 ; Ombrie, 500 000 ; Toscane, 1 800 000 ; Naples, 7 660 000 ; Sicile, 2 223 000.

Notre possession de l'Algérie s'était accrue, en 1857, de la Grande-Kabylie, conquise après une vigoureuse résistance. Par un décret du 24 novembre 1860, cette possession redevenait un gouvernement général, après avoir eu son ministère spécial (ministère de l'Algérie et des colonies) ; la même année fut marquée par un voyage de Napoléon III à Alger. Les Européens (sans l'armée) étaient alors au nombre de 208 000 ; on n'en comptait que 180 000 en 1857.

L'Autriche, diminuée de la Lombardie par la guerre de 1859, ne comptait plus que 648 000 kilomètres carrés et 37 millions d'habitants. Conservant encore quelques lambeaux du territoire lombard (Mantoue et Peschiera), elle ne voulait pas renoncer à un titre qui lui était cher, et continua à appeler ce qui lui restait en Italie *royaume Lombard-Vénitien*.

Cet empire était forcé de modifier son vieux système de régime arbitraire, et de devenir définitivement un État constitutionnel (patentes impériales du 20 octobre 1860 et du 26 février 1861) ; un conseil de l'empire (*Reichsrath*), divisé en deux chambres, était formé ; la Hongrie acquérait son autonomie, Pest avait repris son titre de capitale à la place de Bude, qui était auparavant le siège de l'administration autrichienne. La Voïvodie de Serbie et le Banat de Temès, dont l'ensemble forme ce qu'on appelle la Voïvodina, et qui avaient constitué, en 1849, une division séparée, furent réincorporés à la Hongrie, par un rescrit du 27 décembre 1860.

La Russie, qui continuait ses conquêtes dans l'Asie septentrionale, était assiégée, en Europe, de sérieuses difficultés. Dans le Caucase, plusieurs tribus s'étaient révoltées ; mais on finit par les réduire, et le célèbre Chamyl fut fait prisonnier ; beaucoup de Circassiens émigrèrent en Turquie, pour ne plus vivre sous le joug de leurs vainqueurs ; il y eut aussi, en 1860, une grande émigration des Tatares de Crimée et du Kouban, Turcs d'origine et musulmans, qui allèrent chercher un asile en Bulgarie.

C'est en Pologne que la Russie éprouvait les plus graves obstacles à son administration. Des manifestations patriotiques des Polonais, réprimées avec une extrême rigueur, les 25 et 27 février 1861, amenèrent des luttes sanglantes et un soulèvement général, qui gagna la Lithuanie et d'autres parties des gouvernements depuis longtemps réunis. Ce drame, où les Polonais montrèrent un courage héroïque, et' où fut gardé avec constance, pendant trois ans, le secret du séjour et de la composition du gouvernement qu'ils s'étaient donné, dura jusqu'en 1864, et se termina par l'anéantissement complet d'une intéressante nationalité. Le royaume nominal n'eut même plus l'ombre d'une province distincte, et l'on en fit dix gouvernements tout à fait russifiés (Varsovie, Lublin, etc.), ce qui porte aujourd'hui, avec les gouvernements de Samara et d'Oufa, créés dans ces dernières années, le nombre des gouvernements russes à 60.

A côté de ce cruel malheur d'une nation perdue, vient se placer le tableau plus consolant de l'affranchissement des serfs de toute la Russie, ordonné par Alexandre II, et régularisé par un oukase du 19 février 1861.

La Suisse et la France firent, en 1862, une légère rectification de frontières dans la vallée des Dappes, située dans le canton de Vaud, au pied de la montagne de la Dôle, dans le Jura, et au sujet de laquelle s'était produite, dans la Confédération, une certaine excitation. La France demandait, dans cette vallée dont la possession était en litige, quelques petits territoires pour établir des communications directes et commodes entre plusieurs portions du sol français. Après des pourparlers animés, la Suisse a abandonné à la France le mont des Tuffes et ses versants, jusques et y compris la route des Rousses à la Faucille, et une bande de terrain de 130 mètres de large à l'est de cette route; la France a cédé en échange à la Confédération un territoire d'une contenance équivalente, s'étendant depuis le point de bifurcation des routes de Saint-Cergues et de la Faucille, le long des pentes du Noirmont, jusqu'à la limite de la vallée de Joux.

Les duchés allemands de Holstein et de Lauenbourg continuaient à manifester leur antipathie pour le Danemark, qui les possédait, et la Confédération Germanique (la Prusse surtout) demandait avec instance qu'ils fussent séparés de la monarchie danoise. Elle voulait de plus que le Slesvig, dont une partie de la population est allemande, mais qui compte un assez grand nombre d'habitants danois et frisons, fût aussi réuni à l'Allemagne. Sur le refus du roi Christian IX et du parlement (Rigsraad) du Danemark et du Slesvig réunis, de consentir à cette dislocation du royaume, la guerre fut déclarée; les troupes de la Confédération entrèrent dans le Holstein en décembre 1863; bientôt la Prusse et l'Autriche se chargèrent seules de cette expédition. Les Prussiens passèrent, le 6 février 1864, l'étroit bras de mer de la Slie, en tournant ainsi le rempart fameux du Dannevirke, sur lequel comptaient les Danois.

Les forces danoises, très-peu nombreuses, sont obligées de battre en retraite, mais non sans faire des prodiges de valeur, particulièrement à Oversee, où 1,200 combattants se dévouèrent pour sauver le reste de l'armée. La petite place forte de Düppel (en danois Dybbœl), sur la côte orientale du Jutland, soutint vaillamment un long siège; la forteresse de Fredericia se maintint aussi plusieurs mois; les navires danois avaient, de leur côté, fait éprouver des pertes sérieuses aux bâtiments ennemis; enfin le Danemark, isolé dans cette lutte inégale et qui ne fut soutenu ni par la Suède, ni par l'Angleterre, ni par la France, sur le secours desquelles il aurait dû compter, fut contraint de céder et consentit au traité d'octobre 1864, par lequel le Slesvig, suivant le sort du Holstein et du Lauenbourg, cessait de lui appartenir et devenait province austro-prussienne. La jolie île d'Alsen (en danois Als) fut comprise dans cette annexion, et la limite N. de la domination allemande dans la péninsule Cimbrique fut établie en partie par le cours de la Konge-Aa. Cependant les Slesvigeois du nord, qui sont d'origine danoise, ont manifesté contre cette domination une répugnance marquée, et ils ont maintes fois protesté par des vœux, que la Prusse, sur les instances de la France, parut un instant devoir écouter par le traité de Prague, en 1866.

La domination commune des Autrichiens et des Prussiens, établie dans les anciens duchés danois par le traité de Vienne (30 octobre 1864), ne pouvait durer longtemps. Des tiraillements journaliers avaient lieu entre les administrations civiles et militaires des deux puissances ; et la Prusse, qui n'avait jamais considéré comme sérieuse la promesse d'autonomie, accentuait tous les jours son action personnelle et multipliait ses moyens d'influence, malgré les plaintes de l'Autriche et les réclamations de la Confédération Germanique. Elle commença par dénier catégoriquement à la Confédération, qui l'embarrassait plus qu'elle ne lui portait ombrage, tout droit d'ingérence dans la question des duchés. Quant à l'Autriche, qu'elle avait plus besoin de ménager, elle lui proposa de substituer au gouvernement en commun un partage géographique : c'est ce qui eut lieu par la convention de Gastein (14 août 1865). Le Holstein fut attribué à l'Autriche, et le Slesvig à la Prusse. Mais, tandis que le gouvernement autrichien, continuant à se régler sur le traité de Vienne, se regardait ou affectait de se regarder comme un administrateur provisoire, le gouvernement prussien agissait en maître. Le 13 mars 1866, il défendait comme crime politique toute démonstration en faveur d'un gouvernement autonome.

C'était une atteinte injurieuse aux droits de l'Autriche ; et celle-ci y répondit par un acte tout à fait contraire, en convoquant les états particuliers du Holstein, pour les consulter sur le vœu du pays. Mais, la veille de l'ouverture des États (7 juin), l'armée prussienne pénétrait dans le Holstein pour empêcher cette manifestation nationale : la guerre était dès lors déclarée.

L'Autriche avait pour elle la plupart des États de la Confédération. Tous même étaient profondément froissés du ton de hauteur de la Prusse, qui n'avait pas tenu compte de leurs observations et qui se préparait à leur imposer une nouvelle constitution fédérale. Mais ce concours, chez beaucoup d'États, n'était que moral ; et, en général, il manquait d'unité. La Prusse n'avait guère qu'une alliée, mais c'était une grande puissance, l'Italie, ravie de trouver dans ce conflit une occasion favorable pour occuper la Vénétie. Et, circonstance fâcheuse pour l'Autriche, l'alliance italo-prussienne empêchait l'unité d'action de ses forces, car elle l'obligeait à les scinder en deux parties presque égales au nord et au sud.

D'autre part, détail géographique important, la Prusse avait quatre grandes lignes de chemins de fer qui lui permettaient de porter instantanément ses troupes sur les frontières de son ennemie ; et l'Autriche ne possédait du côté de la Prusse qu'une seule ligne ferrée, à voie unique.

Aussi les opérations de la Prusse eurent-elles lieu avec une rapidité prodigieuse, qui déconcerta ses adversaires. Les puissances secondaires alliées de l'Autriche, n'ayant pas de volonté commune, ni de plan d'ensemble arrêté, durent renoncer même à la défense de leur propre territoire. Les Hessois de l'Électorat se retirèrent sur Francfort, et Cassel fut occupée le 19 juin. L'armée hanovrienne, entravée plutôt qu'encouragée par la présence de son roi infirme, George V, et de tous ses bagages, essaya de se replier sur la Bavière. Elle défit cependant en chemin, à Langensalza (rég nce d'Erfurt), le 27 juin, un détachement prussien considérable, mais n'en capitula pas moins la nuit suivante. Quatorze jours suffirent à la Prusse pour occuper le Hanovre. L'occupation de la Saxe demanda encore moins de temps : elle se fit en quatre jours. A la vérité, c'est de ce côté que s'était portée la grande masse des forces prussiennes. L'armée saxonne se replia sur la Bohème, où se concentraient les forces autrichiennes sous le feld-maréchal Benedek.

A l'ouest seulement, les troupes bavaroises et le 8e corps fédéral, composé surtout du contingent des petits États (Hesse, Nassau, Bade, Francfort et Würtemberg) et commandé par le prince Alexandre de Hesse, opposèrent une résistance assez vigoureuse à l'armée prussienne du Main, commandée par le général Falkenstein, puis par Manteuffel. Mais ils ne surent ni agir avec ensemble, ni se concentrer ; et leur jonction n'eut lieu que le 23 juillet, après avoir été diminués et démoralisés par un grand nombre de combats partiels, presque toujours désavantageux. Ils se battaient toutefois encore le 29 juillet, lorsque l'armistice était déjà conclu entre l'armée autrichienne et la grande armée prussienne de la Bohème.

Celle-ci, formée de trois corps principaux, celui du centre (Frédéric-Charles), celui de Silésie (prince royal) et celui de l'Elbe (général Herwarth), avait pénétré en Bohème par deux passages du Riesen-Gebirge. Le prince Frédéric-Charles, talonnant l'armée saxonne, s'avançait par Zittau et le bassin de l'Iser ; forçait le passage de cette rivière par les combats de Schrow et de Turnau ; mettait en déroute à Munchengrätz (27 juin) le 1er corps autrichien (Clam-Gallas) et les Saxons ; occupait enfin Gitschin, chef-lieu de cercle, désigné à l'avance par le roi de Prusse comme le point de jonction de ses forces, et où il arriva lui-même le 2 juillet. D'un autre côté, le prince royal de Prusse, Frédéric-Guillaume, était entré par la frontière silésienne (Landshut) et avait battu différents corps autrichiens à Nachod, Skalitz et Trautenau, dans le cercle de Kœniggrätz. C'est près de la ville de ce nom et du village de Sadowa (cercle de Gitschin) que les deux armées réunies rencontrèrent le maréchal Benedek, arrivé trop tard pour empêcher leur concentration. La sanglante bataille qui se livra le 3 juillet ne décida pas seulement du sort de la guerre et celui de l'Allemagne ; mais, par l'emploi que les Prussiens y firent d'armes à tir rapide (les fameux *fusils à aiguille*), elle inaugura une nouvelle période dans l'histoire de l'art militaire.

Un succès sanglant et peu décisif, la victoire de Custoza, près de Vérone, remportée quelques jours auparavant en Italie par l'archiduc Albert, ne pouvait compenser pour l'Autriche le désastre de Sadowa. Mais il permettait au moins à cette puissance de renoncer sans déshonneur à la conservation de la dernière de ses provinces italiennes, provinces dont l'occupation anormale avait été depuis un demi-siècle l'occasion de tant de sang répandu. Aussi, le 5 juillet, l'empereur d'Autriche déclara céder la Vénétie à l'empereur des Français et accepter sa médiation pour la conclusion de la paix.

Par un sentiment d'amour-propre exagéré, l'Italie, plus susceptible qu'en 1859, crut indigne d'elle de recevoir la Vénétie par l'intermédiaire des mains qui lui avaient donné le Milanais. Il lui fallut la défaite navale de Lissa, île de l'Adriatique (20 juillet), pour qu'elle renonçât à son *fara da se*, qui ne lui a jamais valu que des désastres, et qu'elle consentît à ce nouvel acheminement vers son unité.

Deux jours après la bataille de Lissa, un armistice de cinq jours arrêtait la marche en avant de l'armée prussienne, marche bien ralentie du reste depuis Sadowa. Le 26 juillet, on entamait les préliminaires de paix à Nikolsbourg, village de Moravie (cercle de Brünn) ; et, le 23 août, la paix de Prague était signée.

Par ce nouveau traité, l'Autriche conservait intactes ses possessions héréditaires d'Allemagne, et ne supportait qu'une contribution de guerre insignifiante, si on la compare aux exigences de la Prusse dans une autre circonstance. Elle renonçait, en faveur de sa rivale, à tout droit d'ingérence dans les affaires du Slesvig-Holstein, sauf une réclamation timidement formulée et qui ne fut pas écoutée, en faveur de quelques districts du Nord-Slesvig, habités par une population de race danoise. Elle stipulait, il est vrai, l'intégrité territoriale de la Saxe, mais elle abandonnait au bon plaisir de la Prusse, sans même que leur nom fût prononcé, ses autres alliés du nord de l'Allemagne : le Hanovre, la Hesse Électorale, la Hesse-Hombourg, Nassau et Francfort-sur-le-Main. Ces États se trouvèrent de fait annexés à la Prusse par voie de conquête, et leur annexion fut sanctionnée par le Parlement allemand le 16 août 1867. De ce fait, la Prusse, qui avait, au commencement de 1866, 280 000 kilomètres carrés, en compta 375 000 ; et sa population s'éleva de 19 300 000 âmes à 23 600 000. Mais ce qu'elle gagnait surtout à ces acquisitions, c'était de se constituer un territoire compacte et d'avoir sur la mer du Nord un littoral qui lui permit de donner du développement à sa marine.

En même temps, l'Autriche se reconnut exclue de la Confédération Germanique, dont la Prusse avait du reste prononcé la dissolution dès le début de la guerre. Elle laissait sa rivale maîtresse de reconstruire, avec ceux des États allemands du Nord dont elle avait respecté l'existence, une nouvelle Confédération, qui fut en effet constituée le 15 décembre. La Confédération de l'Allemagne du Nord comptait, outre la Prusse, dont l'hégémonie n'était pas contestable, les vingt et un États suivants : Saxe royale, Mecklenbourg-Schwerin, Mecklenbourg-Strelitz, Oldenbourg, Brunswick, Anhalt, Lippe-Detmold,

Schaumbourg-Lippe, Waldeck, Saxe-Weimar, Saxe-Cobourg-Gotha, Saxe-Meiningen, Reuss (branche aînée), Reuss (branche cadette), Schwarzbourg-Rudolstadt, Schwarzbourg-Sondershausen, Lübeck, Brême, Hambourg, et enfin la partie du grand-duché de' Hesse-Darmstadt située au nord du Main et appelée Hesse supérieure.

Les quatre États de l'Allemagne du Sud, la Bavière, le Würtemberg, Bade et la Hesse-Darmstadt (partie méridionale) restèrent en dehors de la Confédération, avec le droit cependant de s'unir entre eux par une ligue spéciale. Mais leur jalousie mutuelle ne le leur permit pas. Au contraire, par des traités d'alliance offensive et défensive, conclus isolément avec la Prusse, vers l'époque du traité de Vienne, ils se trouvèrent forcément entraînés dans l'orbite de Berlin, au point de vue politique et militaire. Ils l'étaient également au point de vue économique par leur maintien dans le Zollverein ou union douanière, dont la constitution fut renouvelée le 8 juillet 1868.

Par suite de cette guerre funeste, l'empire d'Autriche non-seulement perdit la Vénétie, mais était remuée dans son intérieur jusqu'en ses plus profonds fondements : ses diverses nationalités tendaient à se désagréger ; la Hongrie surtout demandait avec violence sa séparation, et elle l'a obtenue en partie ; par suite de ses réclamations, la monarchie a pris, en 1868, le nom officiel d'empire Austro-Hongrois ; il y a, à Pest, un ministère hongrois séparé, une diète hongroise distincte du conseil de l'empire (Reichsrath) siégeant à Vienne. La division *Transleithane* est entièrement soumise à la couronne de Hongrie, et comprend la Hongrie, la Transylvanie, la ville libre royale de Fiume, le royaume de Croatie et d'Esclavonie, et les Confins militaires. La division *Cisleithane*, relevant du Reichsrath, se compose des provinces suivantes : Autriche au-dessous de l'Ens, Autriche au-dessus de l'Ens, Salzbourg, Styrie, Carinthie, Carniole, Littoral illyrien, Tyrol et Vorarlberg, Bohème, Moravie, Silésie, Galicie, Bukovine, Dalmatie.

La France avait conservé la neutralité dans la guerre de 1866. A quelles conditions ? — Il est à peu près certain que la Prusse lui avait fait espérer secrètement quelque agrandissement territorial, ou au moins certaines rectifications de la frontière nord-est, si mal établie par les traités de 1815.

Que la France ait eu ou non cet espoir, le bruit ne s'en répandit pas moins en Allemagne, propagé et commenté par la Prusse elle-même. En effet, celle-ci dut à cette manœuvre de voir se rallier à elle le parti allemand qui, sous le nom de *national*, avait fait la plus vive opposition à ses tendances hégémoniques, et qui devint non-seulement son appui, mais son instigateur, quand il crut trouver en elle l'instrument de l'unité germanique.

Dès 1867, on en vit la preuve dans la question du Luxembourg. Ce petit État, situé sur la frontière française, appartenait au roi des Pays-Bas, et cependant, sous le titre de grand-duché, il faisait depuis 1815, partie de la Confédération Germanique. Voilà pourquoi la Prusse avait le droit de tenir garnison dans sa capitale, et, même après la dissolution de la Confédération, elle n'avait pas renoncé à ce droit. Pour se soustraire à cette servitude, le roi des Pays-Bas entama des négociations avec la France, dans le but de lui céder ce territoire, isolé du reste de ses États, non-seulement par sa position géographique, mais par les différences de langue, de races, d'intérêts. Ce fut alors un cri général dans le Parlement allemand, qui rappela la promesse faite par le roi Guillaume de ne pas laisser démembrer même le plus petit village du territoire germanique.

La France, embarrassée par la malheureuse expédition du Mexique, dut se contenter d'une demi-satisfaction. Par le traité de Londres (11 mai 1867), le Luxembourg fut neutralisé : on le laissa au roi des Pays-Bas, et on le délivra de la garnison prussienne. C'était là cependant un échec pour la France, mais il passa presque inaperçu, aussi bien que la mort de l'empereur Maximilien, au milieu des fêtes de l'Exposition universelle de 1867.

L'année suivante, la diplomatie française et celle de la Prusse se retrouvèrent en présence sur un autre terrain, par suite de la révolution d'Espagne et de la déchéance de la reine Isabelle (30 juillet 1868). Parmi les candidats en présence pour occuper ce trône vacant, se trouvait un jeune prince de la maison royale de Prusse, Léopold de Hohenzollern. Cette candidature, appuyée même par les chefs de la révolution espagnole, souleva, non sans raison, l'opposition du gouvernement français : le souvenir de Charles-Quint rendait trop dangereuse la réunion de l'Espagne et de l'Allemagne sous une même dynastie. Près de deux ans se passèrent en négociations, pendant lesquels la Prusse, sans bruit, sans éclat, développait et perfectionnait son organisation militaire.

Quand cette puissance jugea le moment favorable, elle prit ses mesures pour rendre la guerre inévitable, tout en évitant de la déclarer elle-même. A cet effet, elle n'eut qu'à paraître acquiescer aux réclamations de la France, mais en le faisant de si mauvaise grâce, que le gouvernement français dut se croire offensé.

Malheureusement notre armée était inférieure à celle de l'Allemagne pour le nombre, l'instruction militaire, l'organisation, la discipline ; en outre, le matériel, auquel des sommes immenses étaient cependant affectées depuis plusieurs années, se trouvait insuffisant.

Ensuite, quelle que fût la valeur relative de nos armes perfectionnées, de notre fusil Chassepot, préférable au fusil à aiguille prussien, et de nos mitrailleuses, ces avantages, aussi bien que la bravoure personnelle de nos soldats, perdaient une partie de leur importance devant la nouvelle artillerie prussienne. Enfin et surtout, parmi les officiers de tout grade de notre armée, il y avait des exemples trop nombreux de l'ignorance des données les plus élémentaires sur la topographie de notre propre pays. Chez nos ennemis, au contraire, les connaissances géographiques existaient, non pas seulement à l'état de simple théorie ; mais, par suite d'un prodigieux système d'espionnage organisé depuis des années, des milliers d'Allemands, jadis employés dans nos ateliers, dans nos usines, dans nos magasins, dans nos exploitations industrielles et agricoles, connaissaient, pour les avoir fréquentés, jusqu'aux hameaux les plus isolés, jusqu'aux chemins de traverse les moins pratiqués, et, pour prix d'une imprudente hospitalité, guidaient à coup sûr leurs compatriotes là où il y avait le moins de danger à courir, le meilleur butin à conquérir.

Les forces allemandes, sous le commandement en chef du roi de Prusse, avec le général de Moltke pour major général, formaient quatre grandes armées, commandées, la première, par le général Steinmetz, la seconde, par le prince Frédéric-Charles, la troisième, par le prince royal de Prusse, Frédéric-Guillaume (Fritz), la quatrième, ou armée de réserve, par le prince royal de Saxe. A ces quatre armées, dont l'effectif réel, au début des hostilités, était d'environ 600 000 hommes, nombre qui s'éleva à plus du double dans le courant de la guerre, la France n'avait à opposer que 250 000 hommes environ, répartis en deux armées, celle du Rhin ou de Metz, sous les ordres du maréchal Bazaine, dont le quartier général fut aussi d'abord celui de l'empereur, et celle de Châlons, sous les ordres du maréchal de Mac-Mahon. Cette dernière, comme son titre l'indiquait, ne devait être qu'une armée de réserve et de renfort; mais, par suite de l'énorme développement que l'on fut obligé de donner à la ligne d'opérations, l'armée de Châlons se trouva transportée plus près du Rhin que l'armée du Rhin elle-même, et, bien qu'armée de réserve, elle eut à supporter les premiers chocs.

On ne peut pas regarder comme un engagement sérieux la prise de Sarrebruck, ville ouverte, par le général Frossard (2 août 1870.) Le premier fait d'armes important fut la bataille de Wissembourg (4 août), gagnée par la troisième armée prussienne sur un corps d'armée (Douai) du maréchal de Mac-Mahon; et, le 6, le maréchal lui-même, mal soutenu par un de ses lieutenants, éprouvait, à Wœrth et à Reichshoffen, après une lutte glorieuse de 35 000 hommes contre 145 000, un échec qui le forçait d'abandonner l'Alsace et la ligne des Vosges. Il dut battre en retraite sur le camp de Châlons par Sarrebourg et Lunéville, poursuivi si rapidement par le prince royal, que ce dernier se trouvait dès le 14 à Frouard, sur la Moselle. Le jour même de l'affaire de Reichshoffen, la première et la deuxième armée prussiennes, concentrées à Sarrebruck, signalaient leur entrée en France par la victoire de Spickeren sur un des corps (Frossard) de l'armée de Bazaine; et l'inaction du maréchal à ce moment fut comme le commencement d'un système dont il ne se départit pas. Cependant, le 9, l'empereur, pliant sous le poids de la responsabilité qu'il avait comme généralissime, remettait à ce maréchal le commandement en chef; et, le 14, au moment où l'ennemi occupait tout le versant oriental de la vallée de la Moselle au-dessous de Metz, et commençait à envelopper la ville, en passant sur la rive gauche, il se hâta d'abandonner l'armée du Rhin et de se rallier à celle de Châlons, qu'il rejoignit le 17. Son plan fut d'abord de se rabattre sur Paris, en arrêtant le plus longtemps possible l'ennemi dans la Champagne, comme l'avait fait Napoléon 1er en 1814, afin de laisser à la capitale le temps de compléter son système de défense et à la France le temps de lui envoyer des renforts. Mais la crainte d'une révolution intérieure, les avis contraires au retour exprimés par le ministère et par l'impératrice régente, la nouvelle exagérée d'un succès de Bazaine et le plan formé par ce dernier, le forcèrent de changer de résolution.

Les prétendus succès de Bazaine avaient été les batailles de Borny (14), de Gravelotte, Rezonville et Vionville (16), véritables victoires, mais à la suite desquelles, au lieu de pousser en avant, pour franchir le cercle qui se resserrait autour de lui, le maréchal se repliait sur Metz, sous prétexte d'un repos nécessaire. Même résultat après l'affaire d'Amanvilliers et de Saint-Privat (18 août). Aussi, tout en informant Mac-Mahon et l'empereur que son intention était de se joindre à eux par la route de Longwy et de Montmédy, il ne s'en fit pas moins, dès le 19, bloquer autour de Metz par la première et la deuxième armée prussiennes. Les tentatives stériles qu'il fit pour se délivrer, aboutirent à la désastreuse capitulation du 27 octobre. Le résultat le plus immédiat de cette capitulation fut de permettre à Frédéric-Charles d'envoyer Manteuffel avec la première armée dans le nord, et de se porter lui-même dans le centre, où l'armée de la Loire inspirait des inquiétudes aux envahisseurs.

Cependant Mac-Mahon, toujours suivi de l'empereur, s'était cru forcé de se conformer au plan de Bazaine et de lui tendre la main par le nord-est. Quittant donc le camp de Châlons, il se rapprocha de la Meuse. Le prince royal, dont les premiers détachements s'étaient déjà avancés très-loin dans la vallée de la Marne, arrêta sa marche sur Paris, pour se mettre à la poursuite du maréchal, et bientôt il se trouva renforcé par l'armée de Saxe, accrue elle-même de plusieurs corps détachés des deux armées réunies à Metz. L'objectif de cette agglomération de 240 000 hommes était d'empêcher la jonction possible des deux maréchaux, en enfermant Mac-Mahon entre la Meuse, la Chiers et la frontière belge. Ce plan ne réussit que trop bien, grâce à un concours de circonstances fatales. Le 1er septembre, l'armée française, enfermée dans Sedan, au fond d'une vallée que l'artillerie ennemie foudroyait de toutes les hauteurs environnantes, capitulait sans conditions, sur l'ordre de l'empereur, après des prodiges de valeur, qui lui coûtèrent près de 25 000 hommes.

L'empereur est prisonnier, l'empire tombe : le 4 septembre, la république est proclamée à Paris. La France n'avait plus d'armée. Seul un corps de récente formation, celui du général Vinoy, arrivé heureusement trop tard pour rejoindre Mac-Mahon, put revenir sur Paris à marches forcées. Les chemins de la capitale étaient ouverts. Les Prussiens se dirigèrent librement sur Paris par les directions de l'Oise, de l'Aisne et de la Marne. Dès le 11, ils étaient à Meaux ; le 17, ils occupaient Versailles, qui devint leur quartier général ; le 19, Paris était complétement investi, et il allait être séparé, physiquement et moralement, du reste de la France pour plus de quatre mois.

L'entrevue de Ferrières (20 et 21 septembre) entre le comte de Bismarck et M. Jules Favre, un des membres du Gouvernement de la défense nationale, ne put ramener la paix, que désirait la nouvelle république, mais qu'elle ne voulait acheter, suivant les conditions exprimées par son mandataire, par aucun sacrifice de territoire.

Paris résolut de continuer la lutte. En province, l'énergie nationale se réveilla également : de nouvelles armées s'organisèrent de tous côtés, sous l'impulsion de la délégation du gouvernement établie à Tours (plus tard à Bordeaux).

Mentionner ici tous les détails de cette lutte nationale, dont les épisodes divers et souvent sans cohésion eurent pour théâtre des centaines de localités différentes, serait impossible. Nous résumerons.

L'armée de la Loire, sous les ordres du général de La Motte-Rouge, fut la première à se mesurer avec l'ennemi. Les 25 000 hommes qu'elle compta d'abord étaient, comme ceux des autres corps, un rassemblement de soldats de dépôts, de détachements isolés, de retardataires, de marins, de mobiles. Dès le 25 septembre, elle eut un premier engagement avec les troupes du duc de Mecklenbourg, à la Croix-Briquet, près d'Artenay, route de Paris à Orléans. Elle ne put empêcher cette dernière ville de tomber, le 11 octobre, entre les mains de l'ennemi. Toutefois, renforcée et réorganisée par un nouveau chef, le général d'Aurelle de Paladines, elle ne tarda pas à reprendre l'offensive d'une façon assez sérieuse pour combiner, autour de la capitale, une attaque extérieure des lignes prussiennes avec une sortie de la garnison de Paris. Un triple succès favorisa ses premiers efforts : la victoire d'Ouzouer-le-Marché (7 nov.), l'évacuation d'Orléans par les Prussiens (le 8) et la victoire de Coulmiers (le 9). Mais, pendant ce temps, le prince Frédéric-Charles, libre de ses mouvements par suite de la capitulation de Metz, avait, par son arrivée, plus que doublé l'effectif des forces ennemies. La marche projetée d'Aurelle de Paladines sur Paris devint impossible. Les plaines du Gâtinais (Ladon et Mézières, 24 novembre; Beaune-la-Rolande, 28; Chilleurs, 3 décembre); celles de la Beauce (Patay et Loigny, 2 décembre, Chevilly, 3 ; Cercottes et Gidy, 4), furent le théâtre d'actions à péripéties diverses, dont le résultat final fut la rentrée des Prussiens à Orléans (5 décembre) et la rupture de l'armée de la Loire en deux tronçons, qui continuèrent d'opérer, l'une dans l'Ouest, l'autre dans l'Est.

Dans la région de l'Ouest, la résistance avait été organisée de prime abord par le général Fiéreck sur la ligne de l'Eure, entre Chartres et Évreux ; et, plus en arrière, M. de Kératry avait établi à Conlie, près de la Sarthe, un camp de réserve. Le 30 septembre, les Prussiens étaient à Rambouillet; le 9 octobre, les francs tireurs les repoussaient de Dreux; mais, le 11, ils avaient occupé Dourdan et Ablis, et, le 17, ils étaient à Châteaudun. La résistance de cette petite ville, ouverte et défendue seulement par des corps francs et la garde nationale, est un des faits les plus saillants et les plus héroïques de cette triste période.

Le 21, l'ennemi occupait Chartres. Mais pendant plus de deux mois ses tentatives pour pénétrer plus avant dans la direction du Mans restèrent inutiles. Il n'y réussit qu'après l'arrivée du prince Frédéric-Charles et la réoccupation d'Orléans. A cette époque, l'armée de la basse Loire, passée sous les ordres du général Chanzy, opérait sur Le Mans une retraite honorable, signalée par de nombreux combats, à Beaugency et à Cravant (8 déc.), à Origny (le 10), à Fréteval et à Vendôme (le 15), à Montoire (le 27). Au Mans, son armée, accrue de la première armée de l'ouest et des troupes du camp de Conlie, présentait un effectif d'environ 110 000 hommes. Mais alors il se trouva pressé à la fois et par Frédéric-Charles, qui le suivait depuis Orléans, et par le duc de Mecklenbourg, qui avait enfin forcé le passage de la vallée de l'Huine par le combat de La Fourche, près de Nogent-le-Rotrou (4 janvier). Durant six jours de combats continuels, Chanzy lutta autour du Mans avec un succès constant, interrompu tout à coup par une panique (12 janvier, affaire de La Tuilerie), qui le força de se retirer sur Laval et la ligne de la Mayenne, pendant que l'ennemi occupait Alençon (le 16), Tours (le 19), et, passant la Loire, allait réquisitionner jusque sur les bords du Cher et de l'Indre.

L'autre fragment de l'armée de la Loire, repoussé dans la vallée supérieure de ce fleuve, unit bientôt ses opérations à celles de l'armée de l'Est. La résistance dans cette région avait commencé sur la ligne des Vosges avec le député Keller et le général Cambriels, échappé de Sedan et assez grièvement blessé. Ils avaient pour adversaire Werder, détaché par le prince royal après l'affaire de Reichshoffen, pour faire le siège de Strasbourg, défendu par un glorieux vétéran, le général Uhrich. Le bombardement de cette cité, ininterrompu du 29 août au 27 septembre, est un des épisodes les plus douloureux de cette guerre.

Après la prise de Strasbourg, une partie de l'armée ennemie (général Treskow) remonta la plaine de l'Alsace, non sans être souvent et gravement inquiétée par les volontaires Keller; s'arrêta tour à tour au siège des places fortes du Bas-Rhin et du Haut-Rhin, et ne parut que le 3 novembre devant Belfort, contre laquelle elle se heurta vainement.

L'autre partie, avec Werder, força péniblement le passage des Vosges, et fut spécialement arrêtée plusieurs jours à La Bourgonce, près de Saint-Dié (6 octobre). Cambriels rétrograda alors rapidement sur Besançon, dont il fit son quartier général. Ce ne fut pas de ce côté que se dirigèrent les Prussiens. La riche Bourgogne, qui offrait un champ si vaste aux réquisitions, les attira du côté de Dijon. Cette ville, démantelée et sans troupes, n'avait pas hésité à se mettre sur la défensive avec ses milices locales. Bientôt arriva d'Italie dans ses murs le général Garibaldi, avec quelques volontaires étrangers. Les environs de Dijon, de Beaune, d'Autun et de Dôle furent pendant deux mois le théâtre de combats acharnés, inutiles comme résultat définitif, mais dont les succès relatifs excitèrent l'exaspération des Allemands. Tels furent ceux de Vougeot (20 octobre), de Nuits (le 25), d'Autun (1er décembre), de Nuits, deuxième engagement (18), etc.

Sur ces entrefaites, le général Bourbaki fut mis par le gouvernement de Bordeaux à la tête de la deuxième section de l'armée de la Loire, unie aux différents corps du Centre et de l'Est. Le tout formait un effectif de plus de 150 000 hommes. Cesser toutes les résistances locales et isolées, condenser toutes les troupes disponibles, balayer en passant l'ennemi de la Bourgogne, se porter sur Belfort, débloquer la place, puis, en se jetant sur la frontière d'Allemagne, alors totalement dégarnie de troupes, entraîner une puissante diversion, qui aurait peut-être délivré la capitale, tel était le plan du gouvernement et du nouveau général. Mais le temps de réunir des forces éparses et obéissant à des commandements différents, l'organisation défectueuse de l'intendance, le manque de transports, la rigueur de la saison, la divulgation du plan par les espions qui pullulaient dans toutes nos armées, entravèrent l'exécution de ce projet, qui jeta cependant l'alarme parmi les ennemis. Toutes les forces prussiennes de l'Est se portèrent du côté de l'Alsace pour barrer le chemin à Bourbaki. Vainqueur à Villersexel, le 8 janvier, il est obligé de s'arrêter pour attendre ses convois. Le 14, il obtint un nouveau succès à Arcey ; il fut moins heureux à Héricourt ; il échoua contre les lignes de la Lisaine, formidablement défendues depuis Montbéliard jusqu'à Chenebier, à 10 kilomètres seulement de Belfort. Repoussé après une lutte de trois jours (15-17 janvier), Bourbaki bat en retraite sur Besançon. Puis, poursuivi par le souvenir de Sedan et de Metz, craignant d'être acculé à son tour dans la ville, ignorant qu'il pouvait encore reprendre la route de la Bourgogne, où nous venions de remporter un succès dans une bataille de trois jours (Dijon, 21-23 janvier), il fit commencer à son armée une retraite sur Lyon par Pontarlier et le Jura, et, dans son désespoir, essaya de se suicider (le 26). Le commandement de l'armée passa au général Clinchant, qui continua forcément la retraite. Deux jours après, avait lieu un armistice général pour toute la France, sauf pour l'armée de l'Est. Mais, par une combinaison déplorable, l'armée de l'Est apprit l'armistice sans connaître l'exception dont elle était l'objet. Dès lors, suspendant leur marche, rejoints et surpris par l'ennemi, qui n'avait pas ralenti la sienne, nos soldats virent leur retraite se changer en véritable déroute, et furent obligés, sous le canon prussien, de se réfugier à la hâte sur le territoire suisse, au nombre de plus de 80 000 hommes.

Toutefois, quelques corps détachés, tels que celui du général Billot au fort de Joux, infligèrent des leçons sanglantes à l'ennemi ; et d'autres, en occupant les positions de Morez et de Saint-Laurent, purent favoriser la retraite de 16 000 hommes sur le territoire français.

Dans le Nord, la défense nationale était passée aux mains du général Bourbaki (22 octobre), puis du général Farre ; mais elle n'eut de réelle importance qu'après l'arrivée du général Faidherbe (3 décembre). A cette époque, les circonstances étaient très-difficiles.

Le général Manteuffel, mis à la tête de la première armée prussienne après la capitulation de Metz, avait occupé les places de la vallée de l'Oise ; la bataille de Villers-Bretonneux (27 novembre), sous Amiens, l'avait rendu maître de cette ville. De là il se dirigea sur la Normandie, jusqu'alors brillamment défendue contre les corps détachés de l'armée de siége par les généraux Briand et Loyson, et s'empara de Rouen (6 décembre). Mais la bonne contenance du Havre (sous le commandement d'un vaillant marin, Mouchez) l'arrêta dans ses tentatives contre cette ville ; et les opérations de Faidherbe le rappelèrent dans le Nord. Ce dernier, en effet, après quelques jours employés à la réorganisation de ses forces, et signalés cependant par des combats partiels, avait remporté un brillant avantage à Pont-Noyelles, à 12 kilomètres N.-E. d'Amiens (23 décembre). Mais il n'osa pas débusquer les Prussiens de la citadelle d'Amiens pour ne pas exposer la ville à un bombardement. Puis, satisfait d'avoir arrêté le mouvement de l'ennemi en Normandie, il ne chercha qu'à s'appuyer sur le réseau des places du Nord, afin d'y organiser un noyau solide de résistance et de reprendre ensuite une offensive sérieuse.

Cette campagne, signalée par les combats toujours honorables, quoique quelquefois malheureux, d'Achiet (2 janvier), de Bapaume (le 4), de Vermand (le 18), de Saint-Quentin (le 19), permit en effet à toutes les places fortes du Nord de repousser les tentatives de siége, à l'exception de Péronne, qui ne put éviter les horreurs d'un bombardement.

Enfin survint l'armistice du 28 janvier.

Cet armistice était le couronnement du siége de Paris, qui durait depuis le 19 septembre. Pendant cette longue période, le gouvernement, qui, pour ne préjuger aucune question politique, avait pris le nom de *Gouvernement de la défense nationale*, avait reculé devant l'emploi des forces physiques et morales dont il pouvait disposer.

Le plan, resté mystérieux, du gouverneur de Paris, le général Trochu, ne se manifesta que par quelques sorties mal combinées, qui ne donnèrent lieu qu'à des engagements plus ou moins brillants, mais sans résultats positifs. Tels furent ceux du Bourget (26 octobre), de Villiers (30 novembre), de Champigny (2 décembre), et enfin l'héroïque et lamentable affaire de Buzenval (19 janvier).

A ce moment, la disette, qui s'était fait sentir à Paris dès le début du siége, avait fait place à la famine. La ville se trouvait en outre exposée depuis trois semaines à un bombardement redoutable. Entre un acte de suprême désespoir et une capitulation, il n'y avait pas de milieu. On traita avec M. de Bismarck.

Cette capitulation, décorée du nom d'armistice, arrêta les opérations militaires dans toute la France, excepté dans l'Est. Aussi le général Treskow s'empressa de pousser le siége de Belfort, qu'il tenait à emporter d'assaut ou à faire capituler. Cette satisfaction lui manqua. L'extension de l'armistice aux provinces de l'Est vint l'arrêter le 14 février, au moment où les braves défenseurs de Belfort, commandés par le colonel Denfert, se préparaient à subir une pluie de fer et de feu, plus intense que celle qui les accablait depuis le 3 décembre.

L'héroïque résistance de cette petite place ne fut pas sans récompense : de toutes les villes d'Alsace, elle a pu seule rester à la France, et Paris même ne crut pas coopérer trop chèrement à cette conservation en subissant pendant trois jours l'occupation d'un de ses quartiers par un corps d'armée ennemi.

Les préliminaires de la paix, dont les conditions générales étaient la cession de l'Alsace, celle d'une partie de la Lorraine, y compris Metz, le payement de *cinq milliards* et l'occupation d'une grande partie du territoire jusqu'au règlement de la dette, furent signés à Versailles, le 26 février, et acceptés le 1er mars par l'Assemblée nationale élue pendant l'armistice et siégeant à Bordeaux.

Le traité définitif ne fut conclu que le 10 mai suivant à Francfort-sur-le-Main, et amena quelques modifications territoriales un peu moins défavorables à la France que celles des préliminaires. Il est même probable que les conditions eussent encore été moins dures sans la guerre civile qui désolait alors Paris, abandonné au despotisme et aux violences de la *Commune*.

Par le traité de Francfort, la France a perdu :

1° Presque toute l'Alsace, c'est-à-dire le département du Bas-Rhin en entier et le département du Haut-Rhin, à l'exception des cantons de Belfort et de Giromagny; de 4 communes dans le S.-O. du canton de Massevaux; de 21 communes, sur 29, du canton de Fontaine, et de 14 communes, sur 27, du canton de Delle.

2° La partie de la Lorraine connue autrefois sous le nom de Lorraine allemande et d'évêché de Metz, c'est-à-dire : dans le département de la Moselle, les arrondissements de Sarreguemines et de Thionville en entier, l'arrondissement de Metz, sauf 9 communes occidentales du canton de Gorze; 17 communes sur la lisière orientale de l'arrondissement de Briey; — dans le département de la Meurthe, les arrondissements de Château-Salins et de Sarrebourg, à l'exception des quelques communes situées à l'ouest et au sud de la chaîne de collines qui s'étend du confluent de la Seille et de la Loutre aux sources de la Vezouze et de la Sarre; — dans le département des Vosges, ce qui dépend du bassin de la Bruche, c'est-à-dire le canton de Schirmeck, sauf la commune de Raon-sur-Plaine, et le nord du canton de Saales, jusques et y compris le chef-lieu. L'ensemble de ces pertes représente une superficie de 1 447 466 hectares, dont la population s'élevait, en 1866, à 1 597 228 habitants.

Aujourd'hui nous sommes réduits de nouveau à 86 départements, dont l'un, formé des deux tiers de l'ancienne Meurthe et du cinquième de l'ancienne Moselle, prend le nom de Meurthe-et-Moselle. La population de la France mutilée n'est plus que de moins de 36 millions et demi (exactement 36 102 921, d'après le recensement de 1872), au lieu de 38 millions qu'elle était par le recensement de 1866, et la superficie n'a plus que 528 000 kilomètres carrés, au lieu de 543 000.

Les Allemands ont fait de leur nouvelle conquête le gouvernement impérial (*reichsland*) d'Alsace-Lorraine, ayant pour capitale Strasbourg et divisé en 3 provinces (*bezirk*) : Haute-Alsace, Basse-Alsace et Lorraine, subdivisées en

6

23 cercles, portant les noms de leurs chefs-lieux : Mulhouse, Strasbourg, Metz, etc.

Le démembrement de la France et son retour au gouvernement républicain après la chute de l'empire n'ont pas été les seuls résultats, pour la géographie politique, de la guerre de 1870-1871. Trois autres faits capitaux en ont été les conséquences.

C'est d'abord le remplacement de la Confédération de l'Allemagne du Nord par le nouvel empire Allemand, dont l'autorité s'est étendue également, par la force des choses et par des conventions particulières, aux États de l'Allemagne du Sud. La présidence (ou le pouvoir exécutif) du nouvel empire a été conférée héréditairement, avec le titre d'empereur, au souverain de Prusse, le 18 janvier 1871, par acclamation; le 4 mai de la même année, par la promulgation de la nouvelle constitution fédérale.

Le second fait important a été l'unification complète de l'Italie par l'annexion des États pontificaux. Dès le commencement du mois d'août 1870, la France était obligée de rappeler le corps d'occupation qu'elle entretenait depuis vingt-deux ans à Rome pour la garde du Saint-Siége. Le gouvernement italien prit aussitôt possession de Rome et de son territoire. Après quelques négociations inutiles pour faire de cette occupation le sujet d'une convention amiable avec le Pape lui-même, le roi d'Italie fit entrer ses troupes à Civita-Vecchia le 16 septembre, et, le 20, à Rome. Le 2 octobre, le peuple romain, convoqué dans ses comices, sanctionnait par 134 000 voix contre 1 500 le fait accompli. Le 9, l'annexion était proclamée officiellement; le 29, le territoire romain formait une soixante-neuvième province du royaume d'Italie; le 1er février 1871, Rome était acceptée par les Chambres comme la capitale du royaume, à la place de Florence; et le roi lui-même s'y installait au mois de juillet suivant.

Le troisième résultat considérable de la guerre de 1870-71 a été une profonde modification apportée au traité de Paris de 1856; profitant de l'affaiblissement d'une des puissances qui avaient dicté ce traité, la Russie a fait annuler les clauses qui la gênaient dans la mer Noire.

En Turquie, le gouvernement fait de louables efforts pour entrer dans le courant de la civilisation européenne, à laquelle cependant, nous le craignons bien, son origine et sa religion opposeront d'énormes obstacles. Il a organisé des tribunaux pour rendre la justice comme en Europe ; une université à l'instar de celle de France; un lycée à Galata, sur le modèle des nôtres. Il a formé, pour Constantinople et sa banlieue, un *vilayet*, dont l'administration, régulière et imitée de celle de nos départements, pourra servir de base et de modèle pour la distribution administrative des autres provinces ou vilayets, que nous désignerons ailleurs.

Les principautés-unies de Valachie et de Moldavie ont pris, en 1866, le nom de principauté de Roumanie, en recevant pour chef, un prince prussien, Charles de Hohenzollern.

La Grèce s'est augmentée en 1863 des îles Ioniennes, que les Anglais lui ont abandonnées, et qui ont été partagées en trois nomes ou nomarchies.

L'Espagne s'est transformée en république (février 1873), après l'abdication et le départ du roi Amédée, prince italien d'origine, fils de Victor-Emmanuel. Des luttes intestines de la plus triste gravité ont suivi cette transformation : un parti radical et exalté, sous le souffle démagogique de l'Internationale et sous les noms d'*Intransigeants* et de républicains *cantonaux* (imitation de la *Commune* de Paris), s'est soulevé à Carthagène et sur plusieurs autres points, et n'a pu être réduit qu'avec une extrême difficulté par les partisans d'une république plus modérée, maîtres de l'administration centrale ; le parti carliste a porté l'étendard de l'ancienne royauté catholique dans tout le Nord et le N.-E. ; il s'est emparé de plusieurs places importantes, a fait un long siége de Bilbao, puis d'Irun, et tenu en échec, depuis 1873, les forces les plus vives du gouvernement de Madrid.

Au commencement de 1875, une autre transformation politique s'est opérée dans ce pays depuis si longtemps troublé par les changements de gouvernement : don Alphonse XII, fils d'Isabelle II, a été proclamé roi d'Espagne par un *pronunciamiento* de l'armée. Puisse cette phase nouvelle des destinées de la Péninsule ramener la paix dans cette belle région !

DÉCOUVERTES DANS LES RÉGIONS ARCTIQUES [1].

Que va-t-on chercher au pôle Nord? Telle est la question posée par la foule. Évidemment un nouvel Eldorado ne se cache pas dans les mystères des régions arctiques. Des glaces, toujours des glaces, des déserts ensevelis sous les neiges et sous les frimas, des spectacles grandioses, souvent terribles, des aurores boréales illuminant le ciel, — l'inconnu surtout, voilà ce qui attire les voyageurs.

Il est à peu près avéré que les régions circumpolaires sont plus froides que l'extrémité même de l'axe terrestre. La zone des froids intenses parait régner au-dessous du 80e degré de latitude; cette ligne franchie, la température s'élève. Les lois de la physique, loin de s'opposer à ces conditions climatériques, les révèlent, les démontrent. Les théories isothermales de Humboldt et du savant géomètre italien Jean Plana sont tout à fait conformes à cette opinion.

Le premier point à éclaircir, c'est la présence, au pôle même, d'une mer libre, dégagée de glaces, de cette mer que, d'après une expression russe qui signifie ouverture, on a appelée Polynia, avant qu'on soit bien sûr de son existence. Après avoir franchi des amoncellements de glaces, des barrières de banquises formant une énorme ceinture autour du pôle, serait-il permis d'atteindre une sorte de Caspienne, une mer intérieure navigable? Tel est le plus important problème à résoudre.

On est à l'œuvre; une noble émulation s'est emparée de la plupart des grandes nations, qui semblent avoir à cœur de dénouer le nœud gordien du pôle Nord, de comprendre enfin l'énigme posée depuis tant de siècles.

Stimulés par le même désir, quelques milliers de braves se sont, pour ainsi dire, donné rendez-vous sur les bords de la mer libre de glaces.

Plusieurs expéditions se sont organisées ou s'organisent en Angleterre, aux États-Unis, en Suède, en Allemagne, en Autriche, en Italie; hélas! la France se tient sur la réserve en ce moment : elle a eu son élan généreux pour ces nobles aventures; son tour reviendra, nous n'en doutons pas.

Pour atteindre le pôle, trois voies principales semblent plus particulièrement accessibles : les parages du Spitzberg et du Groenland oriental, les canaux qui baignent la partie occidentale du Groenland, et le détroit de Beering. L'Allemagne et la Suède semblent préférer le premier de ces itinéraires; les navigateurs américains et anglais croient plus favorable la route du Groenland occidental, conseillée par l'habile navigateur anglais Osborn, et

[1] Ce chapitre est dû en grande partie à la collaboration de M. Richard Cortambert, qui en a inséré des extraits dans la *Revue de France* et dans le *Français*.

frayée par Kane, Hayes, Hall et tant d'autres ; — enfin, notre compatriote
Gustave Lambert a voulu s'élancer vers la mer libre par la voie nouvelle du
détroit de Beering : cette route est, pour ainsi dire, devenue pour nous un
itinéraire national ; malheureusement le hardi marin qui avait conçu et préparé l'expédition par ce détroit a trouvé la mort dans la funeste guerre
de 1870-1871 ; il est tombé sur le champ de bataille de Buzenval.

Les curiosités les plus saisissantes sont là, comme partout, les phénomènes grandioses de la nature ; les aurores boréales et les ice-bergs y offrent
les plus admirables aspects. De temps à autre, l'horizon s'illumine, s'em-
pourpre, une bande de stries brillantes s'étend tout d'un coup au milieu de
l'obscurité de la nuit ; il se forme une immense arche de lumière, aux jets
capricieux et qui se déploie en franges étincelantes. La scène devient bientôt
d'une éclatante splendeur ; la large coupole du ciel est en feu, l'incendie se
propage et rougit l'espace. Les étoiles pâlissent devant ses reflets comme au
lever du soleil. Sur le fond de cette lumière rougeâtre, toutes les nuances
viennent tour à tour se confondre. Des bandes jaunes et bleues brillent par
instants, se jouent au milieu des lignes de feu, se fondent ensemble et jettent
dans l'immensité des lueurs livides.

Les reflets de ces teintes variées sur les objets environnants, dit le docteur
Hayes, sont vraiment admirables. Les formes fantastiques des innombrables
ice-bergs isolés ou en groupes se projettent sur la mer, et leur sommet éclairé
d'une morne lueur rappelle les teintes empourprées que revêtent les monuments de Naples sous les feux du Vésuve. Sur la cime des montagnes, sur la
blanche surface des eaux glacées, sur les rochers à pic, la lumière resplendit,
s'éteint, puis se rallume, décrivant une ronde capricieuse et sauvage.

L'aurore boréale est en résumé un spectacle magique et d'autant plus beau
qu'il ne sous-entend aucun péril ; il n'en est pas de même des ice-bergs :
qu'on se figure des montagnes de glaces dentelées, prêtes à s'effondrer et
flottant à la surface des eaux, emportées par les courants et pouvant, d'une
seconde à l'autre, vous engloutir sous leurs masses. Les navires se créent un
passage à travers ces redoutables ice-bergs ; malheur à eux s'ils les rencontrent ; en un clin d'œil, ils sont broyés, anéantis.

Gustave Lambert explique ainsi la formation de ces citadelles flottantes
qui voyagent comme des fantômes gigantesques à travers les mers arctiques :

Dès que le vent s'élève, tout se brise, s'émiette et produit un des spectacles
les plus admirables que l'on puisse contempler. Chaque petit morceau de
glace, en fondant, s'entoure d'un peu d'eau douce qui ne se mêle pas à l'eau
de mer, les rayons du soleil viennent iriser toutes ces flaques d'eau, en repro-
duisant sur une échelle énorme le phénomène des anneaux colorés de Newton
et en reflétant toutes les nuances du spectre, mais avec une telle pâleur
générale de ton que le charme s'évanouit pour faire place à une impression
pénible et lugubre ; il semble par instants que la nature s'entrevoit tout entière
comme à travers une sorte de suaire ou de linceul de gaze. Ce sont là les
embryons de banquise. S'il vient un vent froid, tout se coagule, la mer se

prend sur de vastes espaces. Quand arrivent les fortes chaleurs de juin, tout se disloque ; c'est la débâcle, dont les débris forment d'immenses banquises.

L'ice-berg a souvent des dimensions colossales. On en a mesuré qui avaient 100, 200 mètres de hauteur au-dessus des flots. Lorsque ces masses imposantes se trouvent dans certaines conditions calorifiques, elles se fendent, éclatent parfois brusquement, se brisent en mille pièces et produisent un fracas que des témoins comparent au bruit de la décharge de plusieurs centaines de pièces d'artillerie.

Nous avons décrit dans notre ancien aperçu historique les premiers efforts faits pour découvrir les traces de l'expédition de John Franklin. Rae avait, dès 1854, obtenu des Eskimaux d'importantes indications sur les parages qui avaient vu périr ce navigateur et ses compagnons ; le capitaine Mac-Clintock a confirmé, en 1860, tous ces renseignements. Les nombreux débris de l'expédition et les documents écrits par les chefs ont fait disparaître les derniers doutes ; c'est vers la Terre du Roi Guillaume, au N.-O. de l'estuaire du fleuve Back ou fleuve du Grand-Poisson (Thloui-Tcho-Dezeth) qu'ont succombé successivement, sous les étreintes du froid et de la faim, les infortunés marins anglais ; Franklin est mort en 1847 ; les capitaines Crozier et Fitz-James survivaient encore le 25 avril 1848, date d'un mémoire signé par eux et trouvé par le capitaine Mac-Clintock.

Les recherches de l'expédition de Franklin ont donné lieu à la découverte de nombreuses terres, telles que celle de Baring (jointe à celle de Banks), et les deux Terres de Grinnell, ainsi nommées d'un célèbre Américain qui a consacré une partie de sa fortune à de si nobles recherches.

L'Américain Hayes, dans un voyage très-remarquable qu'il a fait en 1860 et 1861 aux extrémités septentrionales du détroit qui sépare le Groenland de la Terre orientale de Grinnell, a longuement décrit les mœurs des Eskimaux habitants des régions les plus boréales de l'Amérique. Ils s'étendaient autrefois plus loin sur une vaste portion du continent américain, mais ils en furent refoulés, subjugués par des tribus plus jeunes ; leur nombre diminue chaque année, et l'on peut prévoir l'époque où ils auront complètement disparu.

L'insensibilité, suivant Hayes, est le fond du caractère de cette nation. Chez les Eskimaux, on ne trouve ni mendiant, ni emprunteur, ni voleur. Ils ne donnent jamais, mais ne se dépouillent pas entre eux. « Impossible, dit-il, d'imaginer des êtres d'une insensibilité plus obtuse que ces sauvages ; mes chiens montrent plus de sympathie les uns pour les autres ; ils courent ensemble le même gibier, et, s'ils se mordent souvent, ils redeviennent amis aussitôt que leurs dents ont vidé la querelle. Ces gens-ci ne se battent jamais ; un rival les inquiète, un vieillard décrépit leur est à charge, une femme est soupçonnée de sorcellerie, un paresseux n'a pas de chiens et vit aux dépens des autres.... On vous le harponne en secret, et tout est dit. Ils se défont même de leurs propres enfants, lorsque ceux-ci sont trop nombreux ou affectés de quelque infirmité ! »

D'autres voyageurs les ont jugés moins sévèrement ; en effet, quand on vient à réfléchir aux dures conséquences d'existence qui leur sont faites, quand on se souvient qu'ils sont privés de tout, des métaux, du bois, de la plupart des animaux, on est plus disposé à les plaindre qu'à les condamner. Ajoutons que les Eskimaux de la colonie danoise ne se montrent nullement rebelles à la civilisation ; à Godthaab, à Godhavn et ailleurs, quelques-uns sont devenus auteurs, imprimeurs, graveurs, lithographes ; ils publient, sous le titre peu harmonieux de *Kaladlit-Okalluk-tualliait*, les traditions populaires groenlandaises, avec gravures et cartes sur bois dessinées et taillées par eux ; M. Rink, inspecteur du Groenland méridional, et très-versé dans la géographie groenlandaise, a donné une intéressante impulsion à ce mouvement civilisateur.

Jusqu'à présent, le navigateur qui s'est approché le plus près du pôle est le commodore Parry, dans sa remarquable expédition de 1827. Il se rendit au Spitzberg, abandonna son navire, et, au milieu de difficultés inouïes, se porta en traineau jusqu'au 82° 45′. Il ne signala nullement, de ce côté, la présence d'une mer libre.

Depuis, trois voyageurs américains, — Kane, en 1854, — Hayes, en 1861, — Hall, en 1871, ont, en longeant les côtes occidentales du Groenland, atteint une latitude presque aussi élevée que Parry. Ils dépassèrent tous le 82' degré. Morton, compagnon de Kane, salua le premier la mer libre du haut du cap *Constitution ;* — Hayes planta également la bannière américaine dans les mêmes parages et vit, de nouveau, des espaces dégagés de glaces. — Enfin, l'intrépide Hall s'avança sur son navire, le *Polaris*, jusqu'au 82° 16′ de latitude.

L'expédition de Hall s'est terminée au milieu des incidents les plus dramatiques. Nous allons la raconter avec quelques détails.

A l'imitation de Hayes, l'Américain Hall avait fait appel au patriotisme de ses concitoyens. Ce voyageur, qui était parti en 1860, avec Mac Clintock, et qui avait de nouveau gagné les mers boréales, en 1864, avec les deux Eskimaux Joe et Hannah, s'était initié pendant cinq années à toute l'existence et à la langue des Eskimaux ; il revint aux États-Unis en 1869. Il organisa, en 1870, une souscription nationale à laquelle le peuple américain répondit avec le plus généreux élan. Tandis que l'infortuné Gustave Lambert courait de ville en ville, recueillant à grand'peine quelques aumônes pour l'exécution de son entreprise, le voyageur américain recevait des sommes énormes, et préparait une des plus mémorables expéditions du siècle.

Hall partit de New-York le 29 juin 1871, accompagné de 38 compagnons, parmi lesquels figurait Morton, ce matelot qui, le premier, avait en 1854 découvert la mer libre.

Le *Polaris* remonta le Smith's Sound, et, le 1er septembre, il se trouvait par 82° 16′ de latitude nord. Malheureusement, les glaçons s'amoncelaient de tous côtés, l'hiver approchait ; on crut prudent de rétrograder. Les Américains hivernèrent dans une baie plus au sud. Après quelques excursions faites par terre, Hall tomba malade et mourut le 8 novembre.

Privés de leur chef, les voyageurs abandonnèrent la pensée de poursuivre plus avant et, d'un commun accord, voulurent regagner l'Amérique. Hall était, en effet, l'âme de l'entreprise. Seul, par son indomptable énergie, il pouvait en assurer le succès, si le succès était possible. Lui mort, ses compagnons, découragés, éprouvés par un implacable climat, ne songent donc qu'à une retraite rapide. Ils avaient, en effet, subi les rigueurs du terrible hiver de 1871, et enduré une température moyenne de quarante degrés de froid. Un jour même, le thermomètre s'abaissa jusqu'à cinquante-huit degrés.

Le 12 août 1872, le *Polaris* s'engagea dans la partie occidentale du canal de Kennedy sous le commandement de Buddington.

La mer était hérissée de glaçons qui menaçaient de briser le navire. Les gens du *Polaris* eurent l'idée de l'amarrer fortement à une banquise de cinq milles d'étendue. Grâce à cette espèce d'immense radeau remorqueur, il franchit le détroit de Smith et descendit jusqu'à la hauteur de l'île Littleton. Sa marche était d'abord très-lente, parce que le vent soufflait du sud; mais, à partir du mois de septembre, il put, avec le vent du nord, faire jusqu'à vingt milles par jour. Comme l'hiver approchait et qu'il était à craindre que le navire ne fût écrasé par les glaçons qui flottaient autour de lui, on se ménagea un refuge sur la banquise. Une maisonnette y fut construite et remplie de provisions de bouche; les gens du *Polaris* se tinrent prêts, en cas d'alerte, à emporter avec eux les effets les plus indispensables : vêtements, conserves alimentaires, matières combustibles, armes et munitions de chasse. Ces précautions étaient d'autant plus nécessaires que le danger n'avait cessé de s'accroître; car, l'amas de glace durcie qui, jusqu'alors, avait entouré les flancs du navire, et lui avait, en quelque sorte, servi de cuirasse, avait été subitement enlevé par la rencontre d'un gigantesque ice-berg; le *Polaris* était désormais sans défense contre un choc inévitable, et l'événement prévu ne tarda pas à se réaliser.

Le 15 octobre, par une violente tempête de neige, au sein d'une épaisse obscurité, un énorme glaçon vint heurter le *Polaris* avec une telle impétuosité qu'il le souleva comme une plume; un craquement horrible se fit entendre. Les gens du navire, épouvantés, jetèrent un cri d'angoisse; une partie d'entre eux coururent en désordre sur la banquise, emportant au hasard ce qui leur tombait sous la main. Beaucoup d'objets furent perdus dans cette confusion, et quelques-uns de ces malheureux, au lieu de gagner la banquise, s'égarèrent sur des glaçons flottants d'où il fut très-difficile de les retirer.

Cette brusque séparation du *Polaris* d'avec la banquise eut lieu à deux milles au nord de l'île Littleton, à 78° 25′ de latitude nord.

Dès que les ténèbres se furent un peu dissipées, la première idée des réfugiés de la banquise fut de chercher leur navire. Ils jetèrent un regard anxieux sur l'horizon. Le *Polaris* avait disparu.

Le radeau qui emportait nos tristes voyageurs avait, en ce moment, une circonférence de quatre milles; l'épaisseur de la glace n'y était point partout la même; elle variait de trente à dix pieds, selon que la surface était ou bossuée ou unie. On y remarquait, çà et là, de petits lacs d'eau douce qui en indiquaient clairement l'origine. Cette banquise ne s'était pas formée au sein même des eaux ; c'était un vaste fragment de glacier qui s'était détaché et avait glissé dans la mer. Dix-neuf personnes, parmi lesquelles le capitaine Tyson, le météorologiste Fred. Meyer, le cuisinier W. Jackson, le maître d'hôtel J. Erron, un matelot du nom de Siemans, qui a rédigé le journal du voyage, et deux Eskimaux avec leurs femmes et leurs enfants, y avaient trouvé un asile bien précaire.

Le capitaine Tyson était un homme de résolution et de cœur. Il assembla ses gens, et, par une courte harangue, releva un peu leur moral. Tous lui jurèrent un concours dévoué et une obéissance absolue. On n'avait pas mangé depuis la veille trois heures ; on alluma du feu, et chacun prit un léger repas composé d'un peu de viande, de chocolat ou de café. Du reste, les réfugiés de la banquise avaient sauvé des provisions de tout genre, et, en outre, des couvertures, des peaux de bœuf musqué et une tente, sans compter les armes et les munitions. Ils avaient aussi deux petites embarcations construites pour la pêche de la baleine. Il voulurent s'en servir pour gagner la terre, car ils n'étaient en ce moment qu'à un mille environ de la petite ile d'Hakluyt ; mais la rapidité du courant qui poussait les glaces rendit toute tentative inutile, et il leur fallut remonter sur la banquise.

Les deux Eskimaux furent pour leurs compagnons de précieux auxiliaires ; ils allaient chaque jour à la pêche ou plutôt à la chasse des phoques, et il était bien rare que leurs expéditions ne fussent pas fructueuses. Sans eux, les provisions se seraient épuisées beaucoup plus vite, et il est probable que tous les passagers de la banquise seraient morts de faim. Le 4 novembre, on réduisit à 3/4 de livre la ration quotidienne de chaque homme. Le 1er décembre, l'horizon s'étant tout à coup éclairci, le docteur Meyer fixa d'une manière approximative la position actuelle de la banquise : 74° 4' de latitude nord et 67° 53' de longitude ouest; ainsi, en 33 jours, on avait fait plus de deux cents milles.

Malgré la diminution des vivres, nos voyageurs voulurent fêter la Noël avec prodigalité; rien ne fut épargné : soupe de sang de phoque; viande de chien de mer, avec une demi-livre de jambon et deux onces de pain. On but à la patrie absente, et les convives, un instant joyeux, oublièrent l'horrible incertitude de leur situation.

Il est vrai que le premier jour de l'année 1873 ne fut pas célébré si copieusement : tout le festin consistait en une maigre portion de pain moisi. La température s'abaissa d'une manière très-sensible, tandis que le bois à brûler s'épuisait rapidement ; on fut obligé de faire la cuisine à l'aide d'une lampe d'Eskimaux. On peut dire que le phoque contribua pour beaucoup au salut des réfugiés de la banquise. Sa chair fraîche donnait une nourriture substantielle et très-propre à combattre le scorbut qui sévissait déjà parmi l'équipage, et l'huile que cet amphibie fournit en abondance servait à la fois de combustible et d'éclairage.

Le 19 janvier, le soleil se montra à l'horizon ; il y resta deux heures ; on descendait toujours vers le sud, et la faune devenait plus abondante. Les deux Eskimaux faisaient m rveille. Chaque jour, ils rapportaient soit un phoque, soit un chien de mer ; ils tirèrent même des licornes de mer ou des narvals, mais ils ne purent s'emparer de leur proie, qui se déroba sous les eaux. Le 15 février, on calcula de nouveau la position de la banquise : elle flottait alors sous 68° 50' de latitude nord.

Le 19 février, la banquise était en vue du cap Walsingham ; on essaya de doubler ce cap pour sortir du détroit, mais sans aucun succès. Des oiseaux de mer, à la fin de ce mois, se montrèrent en très-grand nombre : on leur fit une chasse acharnée ; certains jours, il fut abattu jusqu'à soixante pièces. La température se refroidissait ; le vent soufflait du nord, chassant devant lui des tourbillons de neige : la banquise craquait de tous côtés ; il semblait, à chaque instant, qu'elle dût s'ouvrir sous les pieds des gens de l'équipage. Dans la nuit du 11 au 12 mars, leur angoisse fut extrême ; les craquements redoublèrent : partout la glace se rompait ; la banquise s'en allait pièce par pièce : dans quelques jours, il n'en resterait plus rien.

Cependant, un ours vint y chercher un refuge ; il fut accueilli à coups de fusil, tué et bientôt dévoré ! Les jours suivants, des montagnes de glaces passèrent, entraînées par le courant, et vinrent frôler les débris de la banquise, déjà si rétrécie. Une d'elles s'y heurta et en enleva un énorme morceau. La position n'était plus tenable. Les voyageurs, épouvantés, s'empressèrent, à l'aide de la meilleure de leurs embarcations, de gagner un autre glaçon moins endommagé. On était alors aux derniers jours de mars, par 59° 40' latitude nord ; mais le nouveau refuge n'offrait pas plus de sécurité que la banquise ; on résolut de l'abandonner, et avec l'unique bateau qu'on avait encore, de chercher à gagner la terre qui ne pouvait être éloignée, car on avait aperçu un renard, des corneilles et des oiseaux de terre ferme.

C'est le 1er avril que le bateau, dernière ressource de nos voyageurs, fut mis à flot et dirigé vers le sud-ouest, où l'on devait rencontrer la terre. Mais la charge était trop forte et le bateau faisait eau de toutes parts. Il fallut jeter à la mer cent livres de viande et une partie des vêtements, et, malgré ce sacrifice, on courut plusieurs fois le risque de sombrer. Une voie d'eau se déclara dans la frêle embarcation. On se hâta de hisser le canot sur un glaçon et de réparer l'avarie à l'aide d'une peau de phoque.

Le 19 avril, on s'efforça d'avancer, tantôt dans le bateau, tantôt sur le glaçon. Des signes évidents annonçaient le voisinage de la terre ; mais comment y aborder ? La glace qui les environnait était trop faible pour supporter le poids d'un homme, et le glaçon lui-même n'avait pas une solidité bien rassurante. Les chasseurs n'osaient trop s'y risquer, et, comme les provisions étaient complétement épuisées, la faim ne tarda pas à se faire sentir de la façon la plus cruelle. Pour comble de malheur, dans la nuit du 19, une grosse vague, déferlant avec violence, emporta tout ce qu'elle rencontra sur son passage ; on transporta vite les peaux et la tente dans l'embarcation, et l'on y déposo, en même temps, les petits Eskimaux. Trois fois en une heure, le même accident se renouvela. L'équipage passa toute la nuit dans des transes mortelles, s'attendant, à chaque instant, à être enlevé et précipité dans la mer. A sept heures du matin, les voyageurs parvinrent à se jeter sur un glaçon plus sec. Ils étaient trempés jusqu'aux os, grelottant de froid et livrés aux tortures de la faim. Cependant, au sein de ces scènes désolantes, le docteur Meyer, comme l'homme d'Horace sur les ruines du monde, n'oubliait pas ses observations météorologiques. Le 12, il avait relevé 55° 35′ de latitude nord; le 17, 54° 27′, et, le 20, 53° 25′. Le stoïque docteur n'en avait pas moins une large part dans la souffrance commune; il paraissait même plus affaibli encore que les autres.

Le 22 avril, la famine était à son paroxysme. On mâcha du cuir tanné. Trois fois Joe, l'un des Eskimaux, était parti pour la chasse, trois fois il etait revenu les mains vides. Tout à coup, on aperçoit un ours blanc qui descendait d'un tertre de glace. Joe se lève, saisit son fusil et fait coucher à terre ses compagnons. Il vise : l'anxiété est grande; la vie de ces dix-neuf malheureux dépend de son adresse. L'ours tombe percé de deux balles; c'est le salut, du moins pour quelques jours.

Cette bonne fortune inespérée ranima un peu le courage des fugitifs; leur situation n'en était pas moins des plus affreuses ; si, dans quelques jours, ils n'avaient pas rencontré de navire qui pût les recueillir, ils étaient perdus. Le 28 avril, vers quatre heures de l'après-midi, ils aperçurent un bâtiment à vapeur qui semblait marcher vers eux; ils allumèrent des feux et firent des signaux qui ne furent pas remarqués. Le lendemain, au point du jour, le même navire reparut à la distance de cinq milles; ils s'élancèrent pour le rejoindre, mais le bateau, arrêté par des glaces fixes, ne put continuer sa route. Ils montèrent alors sur une éminence de glace et firent trois décharges, dont le bruit se répercuta au loin. Cette fois, ô bonheur! ils avaient été entendus! Le vapeur se dirigea vers eux, mais les glaces fixes l'empêchèrent aussi d'avancer, et ce fut avec une consternation profonde qu'ils le virent s'éloigner et disparaître. Un second navire essaya le lendemain de les secourir, et ne fut pas plus heureux que le premier. D'un autre côté, la terre était proche, mais impossible d'y aborder : double et cruelle déception !

Le 30 avril fut le jour de la délivrance. Le matin, un épais brouillard couvrait la mer; il se dissipa tout à coup, et à quelques centaines de mètres en mer, laissa voir un bâtiment. Bientôt nos voyageurs, après une si rude et si étrange traversée, étaient à bord du navire américain *Tigress*, commandé par le capitaine Barlett.

Revenons maintenant à l'autre moitié de l'expédition restée sur le *Polaris*. Le capitaine Buddington, qui dirigeait le navire, voyant qu'on ne pouvait le sauver, l'échoua sur l'île Littleton; on construisit des cabanes, puis deux canots, avec le bois tiré de ses débris; on passa ainsi l'hiver de 1872-1873; quand la mer permit le départ, Buddington conduisit un des canots, le maître d'équipage l'autre, et l'on descendit vers le sud; on eut à endurer d'horribles souffrances : on couchait, chaque soir, sur la glace, en se nourrissant de viande crue, on ne parvenait à se réchauffer qu'à l'aide d'un peu de thé qu'on faisait au moyen d'un maigre feu entretenu par des morceaux de corde hachés. Enfin, le 23 juin 1873, les malheureux voyageurs rencontrèrent le baleinier le *Ravinsoraig*, qui les ramena aux États-Unis.

M. Bessels, Allemand, qui faisait partie de l'expédition du *Polaris* pour les observations scientifiques, se prépare à en livrer au monde savant les résultats. Les voyageurs ont reconnu que la mer dite de Kane n'est qu'un large détroit, formé par une expansion du canal de Kennedy; ils ont noté des faits météorologiques d'un très-grand intérêt; ils ont introduit dans la nomenclature de la géographie arctique des noms nouveaux : le bassin de *Hall*, qui est la continuation septentrionale du canal de Kennedy; le canal de *Robeson*, qui continue au nord le bassin de Hall; la mer de *Lincoln*, qui est la même que la mer polaire de Kane de nos précédentes descriptions; la *Terre de Hall*, qui paraît faire partie du Groenland; le golfe *Petermann* ou du *Sud*, qui sépare cette terre de celle de Washington; la *Terre de Grant*, qu'on a vue, sans la visiter, à l'ouest du canal de Robeson et de la mer de Lincoln. Quelques personnes prétendent avoir porté leur vue jusqu'à 84° 40', où se montrait, disaient-elles, une terre qu'on a nommée *Terre du Président*. Mais, en résumé, l'expédition a manqué son but, et le pôle Nord est encore à conquérir.

A côté de ces aventureux voyages, il faut citer les explorations moins dramatiques, mais non moins profitables, dans l'intérieur du Groenland, particulièrement sur les glaciers, par M. Rink et M. Whymper. M. Nordenskiöld a visité la côte occidentale en 1870.

Transportons-nous à peu de distance du Groenland, dans l'Islande, que nous voyons troublée par diverses éruptions volcaniques, particulièrement au Vatna-Jœkull, en août 1867. M. Nougaret a fait à la Société de géographie de Paris une intéressante communication sur l'intérieur de cette île, qu'il a visitée, et il a donné particulièrement sur ses Geisirs des notions curieuses. M. Barlatier de Mas a écrit, sur les côtes de l'Islande, des instructions nautiques qui font partie des publications du Dépôt de la marine française; plusieurs belles cartes sorties récemment de ce Dépôt sont relatives aussi à cette grande terre.

L'Islande, le Groenland et les mers voisines ont été visitées en 1856 et 1857 par la *Reine Hortense*, navire français que commandait l'amiral de La Roncière le Noury, et qui portait le prince Napoléon (cousin de l'empereur). Les mêmes parages avaient vu, vers le même temps, les excursions hardies de lord Dufferin, affrontant sur son petit yacht les plus grands périls, et rapportant de nombreuses observations.

Abordons maintenant les excursions suédoises, qui ont été si profitables à la science. En 1858, une expédition entreprise sous la direction et aux frais de M. Otto Torell, accompagné de M. Nordenskiöld, savant géologue et physicien, visita la côte O. du Spitzberg, en étudia avec soin la géographie, et en rapporta une quantité de collections zoologiques et géologiques. On exécuta, en 1861, une autre expédition dont M. Torell était encore le chef, et dont faisait aussi partie M. Nordenskiöld; on explora de nouveau l'O. du Spitzberg, puis le N.; on parcourut en bateau une foule de fiords, on continua la carte topographique et géologique de l'archipel, on mesura un arc du méridien en rapport avec les opérations faites en Scandinavie.

En 1864, on repartait pour la même région, et c'est le gouvernement suédois qui en faisait les frais, aussi bien que de la précédente; M. Nordenskiöld la dirigeait cette fois. On compléta la mesure de l'arc du méridien, la carte qu'on avait commencée, et l'on revint chargé de riches collections géologiques, zoologiques et botaniques.

En 1868, une quatrième expédition s'élançait vers le nord, encore sous la direction scientifique de M. Nordenskiöld, et sous le commandement nautique de M. d'Otter. Le navire, joli steamer nommé la *Sofia*, avait été fourni par l'État, tandis que des souscriptions privées, réunies surtout, et très-promptement, dans l'intelligente ville de Gœtheborg, avaient pourvu à tous les besoins d'une navigation destinée à s'avancer aussi loin que possible vers le pôle et à faire des observations scientifiques de premier ordre. Le bâtiment quittait Gœtheborg le 7 juillet, Tromsœ le 20 juillet, et jetait l'ancre, le 22, à l'île des Ours (Bœren Eiland), qu'on étudia avec soin, et il se dirigea vers le Spitzberg, dont on voulait explorer les côtes orientales; mais les glaces empêchèrent d'avancer de ce côté; on se replia sur la côte de l'ouest, beaucoup moins froide, on s'enfonça dans des golfes et des baies qu'on n'avait pas encore suffisamment relevés; on examina les productions.

Le 20 août, on s'arrêtait à l'île d'Amsterdam, on y vit avec bonheur un bâtiment chargé d'apporter du charbon à l'expédition, qui commençait à en manquer; on établit un dépôt de ce combustible, dont les couches, il est vrai, sont assez abondantes au Spitzberg, mais qu'il est fort difficile d'aller chercher sous l'épaisse croûte de neige et de glace qui les recouvre; on laissa dans ces parages cinq des savants de l'expédition, pour continuer leurs recherches, pendant que la *Sofia* se dirigeait à l'ouest vers le Groenland, qu'elle avait pour but d'aborder par le 80ᵉ degré; mais des barrières énormes de glace s'y opposèrent. On revient à l'île d'Amsterdam; on s'élance de nouveau au nord, et, vers le milieu de septembre, après d'innombrables zigzags, on touchait le 81ᵉ degré 42′; des banquises infranchissables empêchèrent d'aller plus avant.

Il fallut revenir. Les brouillards épais, les nuits déjà longues, les glaçons de plus en plus multipliés, la provision de charbon presque épuisée, forçaient à la retraite; on rentra au Spitzberg. Cependant on veut tenter un dernier effort; on part encore vers le nord, on s'avance jusqu'à 81°; mais là un danger immense attendait le navire. Le 4 octobre, le choc furieux d'un bloc de glace atteint la *Sofia* au-dessus de la ligne de flottaison. Une voie d'eau abondante se déclare. Tout le monde, savants et matelots, travaille jour et nuit, aux pompes et aux seaux. On peut gagner ainsi le Spitzberg; on radoube le vaisseau, et l'on part cette fois pour la Norvége. On mouillait, le 15 novembre, à Gœtheborg, au milieu des ovations les plus flatteuses.

Les résultats scientifiques de cette expédition sont d'une haute importance. Sans parler des riches collections géologiques et d'histoire naturelle qu'elle a rapportées, elle a beaucoup avancé la géographie sous-marine, par des sondages multipliés : nous y remarquons, entre autres faits curieux, que le Spitzberg est séparé du Groenland par une mer beaucoup plus profonde que celle qui le sépare de la Norvége, et qu'il est un appendice naturel de l'Europe plutôt que de l'Amérique, à laquelle une certaine proximité l'avait fait volontiers rattacher jusqu'à présent.

Tel est le résumé de cette importante entreprise, qui, si elle n'est pas arrivée au pô'e, objet de tant de nobles ambitions, est du moins parvenue au point le plus boréal qu'on ait atteint *sur un vaisseau* (81° 42'); car Parry, qui est allé plus loin (82° 45') en 1827, n'était pas sur son navire, mais sur un continent de glace qui l'emportait à la dérive dans le mouvement du courant polaire, et Hayes et Hall ne se trouvaient pas non plus sur l'élément liquide quand ils voyaient au loin des caps qui leur paraissaient être à 83° et 84°.

En 1872, le docteur Nordenskiöld entreprit une cinquième expédition, composée de trois bâtiments : le *Polhem*, le *Gladan* et l'*Unkel-Adam*, montés par des officiers et des matelots de la marine royale et par une pléiade de jeunes savants. Le but, au départ, était de reconnaître et d'arrêter d'une façon définitive le tracé des côtes septentrionales du Spitzberg, surtout de la Terre du N.-E. ; de retrouver la Terre de Gillis, qui figure sur nos cartes vers 81° 30' de latitude, depuis 1707, époque de sa découverte, sans qu'il ait été possible de la reconnaître de nouveau.

Deux navires devaient rentrer en Suède, tandis que M. Nordenskiöld, avec le *Polhem*, passerait l'hiver à l'archipel des Sept-Iles, au nord du Spitzberg, y installerait un observatoire pour l'étude de tous les faits intéressants de météorologie, d'astronomie et d'histoire naturelle, et profiterait des moments favorables pour s'avancer en traîneau sur la glace aussi loin que possible ; mais l'irrégularité et la précocité de l'hiver qui furent si fatales au *Polaris*, entravèrent aussi l'exécution des plans de M. Nordenskiöld. On sut bientôt par des baleiniers que les trois navires n'avaient pas pu dépasser la Mossel-Bay, sur la côte occidentale, par 79° 54', et que les deux navires qui devaient rentrer en Suède avant la mauvaise saison étaient pris par les glaces, aussi bien que le *Polhem*, et forcés d'hiverner dans des conditions défavorables. Ajoutons que, par suite d'un manque de surveillance, 45 rennes embarqués au point de vue des excursions en traîneau, et de l'alimentation au besoin, s'étaient échappés dès la descente à terre. Du reste, cet hiver fut plutôt précoce et irrégulier que réellement rigoureux. A plusieurs reprises, la Mossel-Bay se trouva libre de glaces. En janvier, notamment, la température s'était sensiblement adoucie ; le thermomètre avait marqué

quelquefois +3°, et la moyenne n'avait été que de — 9°. Le 29 janvier
même, le temps paraissait si favorable, et la baie était si parfaitement dé-
bloquée, que les trois navires appareillaient déjà, l'un pour gagner sa station
des Sept-Iles, les autres pour rentrer en Suède. Mais une de ces violentes
tempêtes si fréquentes dans ces parages vint fermer la baie et même
endommager les navires, qui durent reprendre leurs quartiers d'hiver, et,
cette fois, pour toute la saison. Le *Gladan* et l'*Unkel-Adam* sont rentrés à
Stockholm dans les premiers jours de juillet. **M.** Nordenskiöld lui-même,
non par découragement, mais en prévision de circonstances climatologiques
peu favorables, et par suite de l'épuisement de ses provisions, destinées
d'abord à un seul équipage et consommées par trois, ne crut pas devoir
exposer le *Polhem* à la chance d'un nouvel hivernage, et rentra en Suède
au mois d'août.

Du reste, aussi bien pour compenser les obstacles imprévus qu'il avait
éprouvés à pousser au delà du connu, que pour entretenir l'activité de son
équipage, **M.** Nordenskiöld employa tout le temps de son hivernage en explorations partielles sur terre ou en barque ; ces explorations ajoutèrent des faits
nouveaux au domaine de la météorologie et des sciences naturelles. On trouva,
par exemple, en abondance, des animaux vivant sous la glace, à une température inférieure à 0°, dans la neige même ; à une température de —15°, des
crustacés microscopiques semblent doués de la faculté de développer par eux-
mêmes une chaleur suffisante pour se constituer une atmosphère particu-
lière très-élevée, si l'on en juge par la lumière bleuâtre qu'ils jettent quand
ils sont foulés aux pieds sur la neige. En revanche, les oiseaux et les mam-
mifères disparurent complétement avec le soleil. On ne rencontra que quelques phoques et un ours blanc. Tandis que la flore contemporaine livrait
une assez riche collection d'algues, la flore fossile fournissait de curieux
échantillons de plantes semblables à celles du centre et du midi de l'Europe.
Le chêne, l'orme, le peuplier, le platane, le noyer, le tilleul s'y trouvaient,
ainsi que le figuier lui-même, avec ses branches et ses feuilles bien conser-
vées, à une profondeur très-faible, dans un sol qui ne produit plus aujour-
d'hui que quelques mousses ou quelques lichens rachitiques.

Quelles conséquences la science tirera-t-elle de cette nouvelle preuve des
variations dans la température des diverses parties du globe ? Ne finira-t-on
pas par reconnaître qu'il y a eu, à quelques époques, des variations dans la
dimension du rayon de l'orbite terrestre ou dans la direction de l'axe de
notre planète ?

Mais voici encore un fait remarquable. L'astronome de l'expédition,
M. Wijkander, en observant l'aurore boréale, à l'aide du spectroscope, y
trouva des preuves d'une influence cosmique, c'est-à-dire la présence de
molécules inorganiques étrangères à la composition normale de l'atmosphère
terrestre. Les matières dont il retrouva les traces dans le spectre étaient le
fer et le charbon. D'un autre côté, **M.** Nordenskiöld trouvait dans la neige,
et jusqu'à une certaine profondeur, une poussière grisâtre, en partie orga-

nique, en partie composée de molécules de fer. Le même fait avait été observé au Groenland, où l'on signalait également dans des conditions semblables des molécules de nickel et de cobalt. Les météorites enverraient-elles à la terre un élément important de la composition du sol ?

M. Nordenskiöld avait été heureusement inspiré en entretenant l'activité de son équipage par des travaux et des excursions continuels. Un fait qui eut lieu à la même époque montre les résultats déplorables qu'entraînent l'apathie, l'inaction et la claustration perpétuelle dans ces régions dangereuses. Trois bâtiments baleiniers norvégiens s'étaient trouvés surpris aussi par la précocité de l'hiver au cap Greybook, dans le nord du Spitzberg. Toutefois, deux d'entre eux ont pu, au mois de novembre, s'échapper et rentrer à Hammerfest. Mais, dès le commencement de l'hivernage probable et pour lequel les provisions étaient insuffisantes, 18 matelots des trois bâtiments avaient quitté leurs compagnons pour atteindre soit des navires au mouillage, soit un des ports de refuge établis sur la côte. Ils rencontrèrent au commencement d'octobre, à la Mossel-Bay, les trois vaisseaux de l'expédition Nordenskiöld; mais il n'y avait là aussi que trop strictement l'indispensable, pour qu'on pût se charger d'un pareil supplément de consommateurs. Aussi engagea-t-on les dix-huit marins à descendre plus au sud jusqu'à Mitterbook, où se trouvait un établissement monté et approvisionné par le gouvernement suédois. Après sept jours de marche, du 7 au 14 octobre, ils arrivèrent à Mitterbook, n'ayant perdu qu'un des leurs, et trouvèrent une ample provision de charbon, de vivres et de vêtements. Cette abondance leur fut fatale. N'ayant pas de chef énergique et intelligent pour les guider, ils omirent les précautions hygiéniques les plus élémentaires, et profitèrent de ce que tout était à leur disposition pour ne se livrer à aucun travail, à aucun exercice. Le scorbut les emporta tous successivement du 12 janvier au 19 avril. Ces infortunés n'en avaient pas moins un journal à la fois météorologique et nécrologique, dont le rédacteur changea plusieurs fois à mesure que la mort faisait des vides dans les rangs des voyageurs.

Comme contraste et comme témoignage de ce que peuvent produire l'énergie et l'activité, un autre fait d'isolement avait lieu dans la Nouvelle-Zemble, à la même époque. Le capitaine Tobiesen, du *Freya*, s'était trouvé aussi pris par les glaces, avant l'époque prévue, et, sur onze hommes dont se composait son équipage, il ne pouvait assurer l'alimentation que de quatre ou cinq. Sept matelots quittèrent donc le mouillage, avec un canot, deux fusils, très-peu de munitions, des vivres pour trois ou quatre jours et quelques ustensiles, et se dirigèrent au sud, du côté du détroit de Kara, espérant trouver un autre navire ou un établissement d'Européens ou de Samoyèdes. Malgré leur dénûment, malgré des tourmentes de neige qui leur faisaient perdre leur chemin et qui scindèrent leur petite troupe en deux escouades, dont la plus nombreuse resta sans armes; malgré la rencontre d'ours affamés, ces hommes finirent par se retrouver; ils rencontrèrent une famille samoyède dont ils partagèrent les provisions et les travaux jusqu'à la fin de l'hiver. Un seul d'entre eux était mort d'épuisement et de fatigue.

Un officier italien, M. Parent, faisait partie de la dernière expédition de Nordenskiöld, et il a rapporté d'intéressants documents scientifiques.

Des Allemands ont tenté aussi des expéditions polaires. Sous l'inspiration et par les instructions du célèbre géographe de Gotha, le docteur Petermann, une expédition boréale partit de Brême en 1868 : le navire à voiles la *Germania*, commandé par le capitaine Koldewey, fut arrêté par les banquises du Groenland, obligé de rétrograder sur le Spitzberg, et revint sans avoir avancé les découvertes géographiques, mais avec quelques études neuves sur la nature des mers arctiques. En 1869, une seconde expédition allemande, dirigée par le même officier, et composée de deux bâtiments, un navire à vapeur, nommé aussi *Germania*, et le même navire à voiles de l'année précédente, qui prenait le nom de *Hansa*, fut un peu plus fructueuse ; elle atteignit la côte groenlandaise, sans pouvoir s'élever par la mer au delà de 73° 29' de latitude, à cause d'une barrière de glace ; les voyageurs atteignirent cependant, en traineau, le 77° parallèle ; ils purent relever le littoral sur une certaine étendue, constater l'existence de hautes montagnes dans l'intérieur, recueillir un grand nombre d'observations physiques et laisser à des parties du rivage des noms germaniques plus ou moins retentissants : la Terre du Roi Guillaume, le cap Bismarck, le golfe Dove, les îles Koldewey, la baie Roon, le promontoire Hochstetter, l'île Kulm, la vallée de la Reine Augusta, le fiord de François-Joseph, le pic Petermann (qui a paru haut de 14 000 pieds). A travers tous ces noms allemands, nous voyons avec intérêt et reconnaissance un nom français, celui du cap Blosseville, donné par l'expédition à un cap du Groenland, comme un hommage rendu à l'infortuné navigateur qui a disparu, en 1833, dans ces mers inhospitalières. L'expédition passa son quartier d'hiver, du 27 août 1869 au 27 juillet 1870, à l'île Sabine, une des îles Pendulum, déjà vues par Sabine et Clavering en 1823.

La *Hansa* éprouva une effroyable catastrophe : elle fut écrasée par un ice-berg ; heureusement, les hommes qui la montaient, prévoyant cet événement, s'étaient retirés, avec autant de provisions qu'ils avaient pu, sur un ilot de glace, avec trois petites embarcations ; ils allèrent à la dérive dans la direction de l'océan Atlantique, logés tantôt dans une hutte faite avec du charbon de terre, tantôt dans leurs barques, voyant une fois l'ilot se briser sous leurs pas en deux fragments au milieu d'une tempête, enveloppés d'une nuit de plusieurs semaines, couverts d'une neige épaisse ; parvenant enfin à doubler le cap Farewell et à atteindre l'établissement danois de Frederiksdal, sur la côte ouest du Groenland.

M. Th. de Heuglin, que nous avons déjà vu dans le bassin du Nil Blanc, s'est transporté dans les régions polaires, et a fait de bonnes observations sur le Spitzberg oriental, en compagnie du comte würtembergeois de Zeil. Ces explorateurs ont aperçu, à l'est d'un large détroit, une terre qui leur parut

d'une grande étendue, qu'ils appelèrent « Terre du Roi Charles », en l'honneur du roi de Würtemberg, et qui semble être la Terre de Wyche des relations du XVII° siècle.

Un steamer allemand, l'*Albert*, qui avait plus l'intention de faire des observations de géographie physique que des découvertes, s'est avancé en 1869
jusqu'à 80° 14′ et n'a rebroussé chemin qu'en présence de glaces épaisses, infranchissables. Le chef de la petite expédition, le docteur Émile Bessels, a,
dans son journal, précisé nettement, presque heure par heure, les variations
thermométriques et a pu rapporter quelques faits dont certainement la
science aura à bénéficier.

M. de Middendorf, avec le grand-duc Alexis Alexandrovitch, a fait, en 1870,
sur la corvette impériale le *Varieg*, des voyages au nord de la Norvège et de
la Russie.

MM. Payer et Weyprecht, officiers de l'armée autrichienne, qui avaient
fait partie de la deuxième expédition allemande, entreprirent en 1871 une
course aventureuse sur une barque norvégienne, et, partant de Tromsœ,
s'avancèrent assez loin dans la mer située entre le Spitzberg et la Nouvelle-
Zemble, trouvèrent une mer libre jusqu'à 78°40′ et parurent persuadés que
la meilleure direction à suivre pour aborder le pôle est celle-là, car un bras
important du Gulf-Stream court vers le nord.

Ils sont repartis en 1872, avec les encouragements du gouvernement autrichien et à l'aide d'une souscription qui a atteint la somme de plus de quatre
cent mille francs ; leur navire, le *Tegetthoff*, steamer de 220 tonneaux, sortit
de Bremerhaven, gagna Tromsœ, et, en compagnie de l'*Isbiœrn*, commandé par
le comte Wilczek, s'enfonça dans l'océan Glacial, par des mers plus dangereuses
et plus encombrées de glaces que de coutume, atteignit la Nouvelle-Zemble et
fut retenu au cap Nassau (vers l'extrémité nord de cette terre). Deux années
se sont écoulées sans qu'on eût des nouvelles de ces vaillants voyageurs.
On désespérait d'en entendre parler, et les femmes des marins et des officiers
de l'expédition avaient déjà pris le deuil. Enfin on apprit, en août 1874,
qu'ils venaient d'arriver à Vardœ (Norvège), sur le golfe de Varanger. Il leur
a fallu abandonner leur navire, et ils ont dû voyager quatre-vingt-seize jours
en traineaux ou sur une barque. Un bâtiment russe les a recueillis.

Au delà du 80° degré de latitude nord, ils ont trouvé une immense contrée
montagneuse dont on n'a pu déterminer les limites et qui est peut-être la
continuation orientale de la Terre de Gillis. Cette contrée a été nommée Terre
de François Joseph. On l'a visitée en traineau jusqu'au 82° degré 5 minutes N.,
avec vue jusqu'au 83°. Trois parties principales dont elle a paru composée et
près desquelles les voyageurs ont passé ont été nommées Terre de Wilczek,
Terre de Zichy et Terre du Prince Impérial Rudolph. Les régions plus septentrionales, qu'on a seulement aperçues au loin, ont été appelées Terre de
Petermann et Terre du Roi Oscar.

Le comte Wilczek est descendu vers l'embouchure de la Petchora, et, quittant
la mer, a pénétré à travers la Russie par Perm, Kazan, Nijnii-Novgorod, etc.

De riches Anglais, MM. Lamont, Leigh-Smith, à l'imitation de lord Dufferin, ont visité, dans des yachts, les mers boréales.

MM. Smyth et Ulve, sur le schooner le *Samson*, en 1871, et Torkildsen, sur le yacht l'*Élida*, aussi en 1871, ont fait l'exploration du sud et de l'ouest du Spitzberg. Elling Carlsen, capitaine norvégien, a découvert, en 1871, dans un état parfait de conservation, la cabane en bois construite en 1596 par le Hollandais Barents et ses compagnons, qui, après avoir perdu leur navire écrasé par les glaces, furent forcés de séjourner sur la côte nord de la Nouvelle-Zemble.

Les reconnaissances récentes qu'on a faites autour de cette terre et dans la mer de Kara ont montré que ces plages, considérées longtemps comme impraticables, sont au contraire assez facilement abordables ; dans les années ordinaires, les voyages de commerce entre Arkhangel et l'embouchure de l'Obi (de juin à septembre) peuvent donner de bons résultats : ce qu'ont prouvé les voyages de Carlsen et de plusieurs autres marins norvégiens. Mentionnons spécialement le capitaine E.-H. Johannesen, qui, dans plusieurs voyages en 1869, 1870 et 1871, a exploré la Nouvelle-Zemble avec plus de détails qu'on ne l'avait fait avant lui, et a particulièrement franchi le détroit de Matotchkin, par lequel cette région est divisée en deux grandes îles : la Société de géographie lui a décerné la médaille d'or bisannuelle fondée par M. de La Roquette pour les voyages dans le Nord ; la première fois, cette médaille avait été accordée à Nordenskiöld. Deux autres Johannesen se sont distingués aussi par leurs courses dans les mêmes parages. Nommons encore d'habiles et modestes marins de la même nation : Isaksen, Qvade, Nedervaag, Dœrma, Mack, qui, en 1871, a fait un tour complet de la Nouvelle-Zemble, et s'est avancé à l'est de cette terre plus loin que tous les autres. Rosenthal, armateur de Brème, faisait une expédition arctique de 1869 à 1871 ; le Russe Sidorov est allé de la côte de la mer Blanche à l'embouchure de l'Obi.

Beaucoup plus à l'est, la Terre de Wrangel, au nord du pays des Tchouktchi, au N.-O. du détroit de Beering, a été découverte en 1867 par l'Américain Thomas Long, et ainsi nommée en l'honneur d'un navigateur russe qui a fait de grandes explorations boréales dans la première moitié de ce siècle ; elle n'est encore qu'imparfaitement connue, mais elle pourra offrir un important point d'abri pour les explorateurs qui voudront tenter une expédition vers le pôle Nord.

VOYAGES DE CIRCUMNAVIGATION.
GRANDES EXPÉDITIONS SCIENTIFIQUES DANS DIVERSES PARTIES DE L'OCÉAN.
COMMUNICATIONS GÉNÉRALES DU GLOBE.

Parmi les grandes **expéditions scientifiques et maritimes,** nous avons à signaler comme la plus importante celle de la frégate autrichienne la *Novara*, qui a visité les océans Atlantique, Pacifique et Indien, et dont la relation a été l'objet d'une magnifique publication.

Remarquons aussi les circumnavigations scientifiques des navires français l'*Isis*, la *Cornélie*, l'*Amazone*, le *Diamant*, la *Sibylle*, le *Dupleix*; celle du vaisseau-école le *Jean-Bart*, qui a fait pendant plusieurs années des voyages d'instruction pour nos jeunes élèves de marine, explorant tour à tour les côtes occidentales de l'Europe et toutes celles de la Méditerranée, l'ouest de l'Afrique, l'Amérique, etc.; ce navire a recueilli des observations de toutes sortes, d'après un programme tracé par une commission prise au sein de l'Académie des sciences. Citons également les navires anglais la *Havanna*, le *Rattlesnake*, le *Herald*; les bâtiments américains l'*Amazon* et le *Tuscarora*; le navire russe le *Vitiaz*; la frégate espagnole la *Numancia*; les corvettes italiennes le *Governolo*, la *Vettor Pisani*. La corvette suédoise la *Gefle* a fait une expédition sur la côte occidentale de l'Afrique et dans la Méditerranée.

Les Anglais et les Américains se livrent à l'examen persévérant du fond des mers par des voyages à travers l'Océan et la Méditerranée; le *Lightning*, le *Porcupine*, le *Shearwater*, avec M. Carpenter pour chef scientifique, ont exploré dans ce but bien des points; le *Bibb*, puis le *Hassler*, ont transporté, pour l'étude de la géographie physique de la mer, le célèbre Agassiz, qui a voyagé autour de l'Amérique, en passant par le détroit de Magellan. Le navire anglais le *Challenger* a poursuivi en 1873 et 1874 une longue et importante campagne dans l'Atlantique et les autres océans pour les sondages, ayant à son bord une commission de savants à la tête de laquelle sont MM. Wyville-Thomson et Nares. L'un des objets les plus importants que s'est proposés cette expédition est de déterminer la température de l'Océan à différentes profondeurs, depuis la surface jusqu'au fond, pour préparer la solution du problème de la circulation océanique. Le relevé de la température du nord et du sud de l'Atlantique a offert un contraste entre l'uniformité de température dans la Méditerranée, à une profondeur égale à celle des grands bassins océaniques, et la dépression graduelle de la température dans l'Atlantique sous les mêmes parallèles. Dans la Méditerranée, la température, à partir de la surface en hiver et à partir d'une profondeur de 100 brasses en été, jusqu'au fond de 1 500 à 2 000 brasses, est de 12 degrés, 13 degrés, ou 16 degrés et demi, suivant les lieux. Dans l'Océan, au contraire, la température de la surface étant presque exactement la même, le thermomètre tombe lentement à 10 degrés à 700 brasses, et ensuite rapidement dans les 300 brasses suivantes, de manière à atteindre 3 degrés 1/2 à 1 000 brasses; ensuite il descend lentement à 2 degrés 1/2 à des profondeurs qui excèdent 2 000 brasses. Ainsi toute la couche profonde, depuis 1 000 brasses jusqu'au fond de cette partie de l'Atlantique qui se trouve sous les mêmes parallèles que la Méditerranée, possède une température de 7 à 8 degrés plus basse que celle de la couche correspondante de la Méditerranée. On peut se rendre compte du fait en supposant que cette couche froide est formée d'eaux qui ont coulé du bassin des mers polaires dans le bassin de l'Atlantique.

Une mission française chargée de déterminer par des observations astronomiques un certain nombre de méridiens fondamentaux, et qui se composait de MM. A. Germain, Héraud, Fleuriais, Le Clerc et Obry, a accompli de savants travaux sur les côtes orientales et occidentales de l'Afrique, dans l'Amérique du Sud et aux Antilles, au Japon et en Chine. L'éclipse totale de Soleil du 18 août 1868, qui était visible dans le sud de l'Asie, a été l'objet d'observations importantes de la part de commissions de savants français, anglais et allemands. Tous les grands centres astronomiques ont choisi leurs représentants et des stations convenables pour observer le passage de Vénus devant le Soleil le 9 décembre 1874.

Les voyages de simples amateurs, de purs *touristes* autour du globe, se font aujourd'hui plus facilement que, dans le siècle passé, la traversée de l'Europe; ils ont donné lieu à d'intéressantes relations; remarquons les voyages de ce genre par madame Ida Pfeiffer, Alex. de Saint-Aulaire, le comte de Russell-Killough, le comte de Beauvoir, le baron de Hübner, dont les relations sont lues avec beaucoup d'intérêt; le Journal d'un baleinier (voyage de circumnavigation), par le docteur Thiercelin, est encore une publication très-instructive, de même que Seize mois autour du monde (1867-1869), par Jacques Siegfried, voyage destiné surtout à éclairer des questions commerciales. — Les relevés hydrographiques des marines française, anglaise, russe, danoise, suédoise, espagnole, hollandaise, américaine, offrent à la géographie le concours le plus utile.

La géographie s'intéresse vivement à l'extension croissante des **grandes voies de communication** : c'est-à-dire aux lignes de navigation, à l'activité imprimée aux travaux de chemins de fer chez tous les peuples civilisés et dans leurs colonies, aux entreprises de canaux interocéaniques, qui ont tant préoccupé le public depuis quelques années, et aux câbles télégraphiques dont on sillonne le fond des mers, aussi bien que les continents.

L'Europe et la côte orientale des États-Unis sont les principaux points de départ des grandes *routes de mer*. Des lignes maritimes rayonnent particulièrement de l'Angleterre, de la France, de la Hollande, des villes Hanséatiques, de New-York, de Boston. La rapidité est devenue telle que l'on peut faire le tour du monde en quatre-vingts jours, en passant par la Martinique, l'isthme de Panama, le Mexique, la Californie, le Japon, la Chine, la Cochinchine, Singapour, Ceylan, la mer Rouge, le canal de Suez et la Sicile.

La navigation est facilitée par l'étude des courants et des vents, à la connaissance desquels le commodore Maury (de la marine américaine) a puissamment contribué par ses admirables travaux.

Les grands ports maritimes semblent autant de souverains rivaux, qui, pour établir l'équilibre général, entretiennent des relations forcées, incessantes. Signalons, en Europe : Londres, Liverpool, Southampton, Glasgow, Marseille, le Havre, Nantes (avec son annexe Saint-Nazaire), Bordeaux, Anvers, Amsterdam, Rotterdam, Hambourg, Brème, Copenhague, Stettin, Dantzig, Riga, Saint-Pétersbourg, Stockholm, Lisbonne, Cadix, Barcelone, Gènes, Livourne, Messine, Palerme, Venise, Trieste, Constantinople, Odessa ; — en Afrique : Alexandrie, Alger, le Cap, Port-Saïd, Suez ; — en Asie : Smyrne, Aden, Calcutta, Madras, Bombay, Singapour, Canton, Chang-haï, Yokohama ; — en Océanie : Batavia, Manille, Sydney, Melbourne, Auckland ; — en Amérique : New-York, Boston, Baltimore, la Nouvelle-Orléans, la Havane, Bahia, Rio-de-Janeiro, Montevideo, Buenos-Ayres, Valparaiso, le Callao, Panama, San-Francisco.

Examinons les grands services maritimes qui unissent ces ports.

Principales lignes de la Méditerranée.

Messageries maritimes françaises (départ de Marseille chaque semaine).

	DURÉE du trajet.	DISTANCES parcourues.
Alger (directement)........................	40 heures.	760 kilom.
Gènes, Livourne, Naples, Messine, Palerme..	6 jours	1200
Constantinople par Syra et Smyrne.........	8 —	3000
Constantinople, par Naples et Le Pirée......	8 —	3000
Côtes de Syrie, Beyrouth, par Messine, Smyrne, Mersina, Alexandrette, Latakieh, Tripoli (puis retour par Jaffa, Port-Saïd et Alexandrie)...............................	11 —	3800
Alexandrie, par Naples et Messine..........	6 —.	2600
Trébizonde, par Constantinople.............	13 —	4000
Soulina, par Constantinople............	11 —	3500

(La ligne se continue par le Danube jusqu'à Galatz)

Les vapeurs-courriers espagnols desservent Cadix, Malaga, Barcelone, Marseille ; — les bateaux-postes italiens : Gènes, les côtes d'Italie, l'Algérie, Tunis ; — les bâtiments du Lloyd autrichien : Trieste, Ancône, Corfou, le sud de la Grèce, Constantinople, la Syrie, Alexandrie ; — la Compagnie autrichienne du Danube : Galatz, la mer Noire (Odessa, etc.) — la Compagnie

russe : la mer Noire, Constantinople, la Syrie, Alexandrie, et, par correspondance, Marseille.

Principales lignes de la mer du Nord et de la Baltique. — La Compagnie (française) des bateaux à hélice du Nord dessert : 1° Dunkerque,
Londres, Hull, Leith, etc.; 2° Dunkerque, Copenhague, Saint-Pétersbourg.
— La Compagnie espagnole de navigation à vapeur va de Saint-Nazaire à
Bilbao, Lisbonne, Cadix, Séville. — La Compagnie générale des bateaux à
vapeur fluviaux et maritimes part du Havre pour Lisbonne, Cadix, Gibraltar
et Malaga. — Des Compagnies anglaises, fonctionnant avec une parfaite
régularité, desservent la plupart des ports importants, depuis Saint-Pétersbourg jusqu'à Gibraltar; — des Compagnies belges partent d'Ostende et
d'Anvers pour Londres, le nord de l'Angleterre, Dunkerque, etc.; — une
Compagnie hollandaise va de Rotterdam et d'Amsterdam, d'une part, à la
Baltique, de l'autre, aux grands ports de France et jusqu'à Gibraltar; —
une Compagnie russe se rend de Saint-Pétersbourg au Havre, etc.

*Principales lignes de l'Amérique centrale et des États-Unis par
l'Atlantique.* — Des bâtiments de la Compagnie générale transatlantique se
rendent : 1° de Saint-Nazaire à Saint-Thomas (Antilles), en 16 jours, à La
Havane (en 20 jours), à Vera-Cruz (en 24 jours); 2° de Saint-Nazaire à la
Martinique, avec correspondance pour plusieurs des Petites Antilles, ainsi
que pour Cayenne, le Vénézuéla, l'isthme américain (Aspinwall). La même
Compagnie fait le service en onze jours du Havre et de Brest à New-York,
5 600 kilomètres. — Des Compagnies anglaises (Cunard, etc.) relient également Liverpool à New-York; Liverpool à Boston, par Halifax; Liverpool à
Québec et Montréal, etc. — Le Lloyd de l'Allemagne du nord et la Ligne
américaine-hambourgeoise réunissent l'Allemagne aux États-Unis.

Principales lignes de l'Amérique du Sud. — Les Messageries maritimes
de France vont de Bordeaux à Lisbonne, aux Canaries, à Dakar (Sénégambie),
puis à Pernambouc, Bahia, Rio-de-Janeiro, Montevideo et Buenos Ayres
(32 jours, 13 500 kilomètres); — des Compagnies anglaises partant de
Southampton et de Liverpool font le même trajet. — Des voiliers font aussi ce
service.

Principales lignes de l'Afrique. — Les Messageries maritimes vont,
comme nous l'avons dit, de Bordeaux à Dakar par Lisbonne (10 jours); —
de Marseille à la Réunion et à Maurice par Suez, Aden, les Séchelles
(11 800 kil., 24 jours). — Des Compagnies anglaises partent de Liverpool
et se rendent à Fernan-do-Po et au Vieux-Calebar, en passant par les îles
Madère, les Canaries, Bathurst (Sénégal), etc. (10 000 kil., 36 jours). —
Des clippers vont de Liverpool et du Havre à Maurice et à la Réunion par
la voie du Cap (trajet : deux mois).

Principales lignes du sud de l'Asie et de l'extrême Orient. — Les Messageries maritimes (par le service de la Méditerranée et de Suez en Chine et au Japon) font le trajet de Marseille à Calcutta (en 24 jours, 10 000 kil.); de Marseille à Singapour (31 jours); à Saï-gon (35 jours); à Hong-kong (39 jours); à Chang-haï (44 jours); à Yokohama (50 jours). — La Compagnie péninsulaire et orientale anglaise, partant de Southampton et de Marseille, et prenant la Méditerranée, se rend à Bombay, à Calcutta et au Japon dans un espace de temps à peu près semblable; un service est continué de Yokohama à San-Francisco (18 jours). — De Londres, des voiliers se dirigent, en doublant le cap de Bonne-Espérance, sur Aden, Bombay, Calcutta, Rangoun, Singapour, Canton, Chang-haï, Yokohama (trajet total : 160 jours au plus, 32 000 kilomètres).

Principales lignes de l'Amérique occidentale. — De Panama, des Compagnies anglaises desservent, d'une part, toutes les côtes ouest de l'Amérique du Sud; de l'autre, les côtes de l'Amérique du Nord, c'est-à-dire Acapulco, San-Francisco, Victoria (Vancouver). — Des Compagnies américaines du Pacifique partent également de Panama et accomplissent le même trajet. — Des voiliers appartenant à la Compagnie d'armements maritimes du Havre vont à Valparaiso (Chili) et au Callao (Pérou), par le cap Horn (80 jours); des bâtiments à voiles se rendent aussi de Bordeaux à San-Francisco par le cap Horn; — des clippers de New-York font le même trajet.

Principales lignes de l'Océanie. — Les Messageries maritimes font le service jusqu'à Batavia (Java) en 34 jours (13 800 kil.), en passant par la Méditerranée, la mer Rouge, Pointe de Gale (Ceylan), Singapour, Batavia. — La Compagnie péninsulaire et orientale anglaise, partant de Marseille ou de Southampton, suit le commencement du même trajet, mais se rend de Pointe de Gale à Melbourne, Sydney, la Nouvelle-Zélande et, de là, à Panama. — De Suez à Pointe de Gale, 17 jours; de Pointe de Gale à Sydney, 24 jours; de Sydney à Panama, 35 jours. Des voiliers partant de Bordeaux doublent le cap de Bonne-Espérance et vont à la Nouvelle-Calédonie. Le retour se fait ordinairement par le cap Horn. Le trajet dure pour l'aller, 68 à 70 jours, pour le retour de 80 jours à 3 mois. Le service des déportés et des transportés de France à Nouméa le fait assez souvent en 70 jours [1]. —

[1] La route ordinaire pour se rendre à la Nouvelle-Calédonie est par la côte de la Sénégambie, où il y a relâche à Dakar, et par le Brésil, où l'on fait relâche à l'île Sainte-Catherine; on se détourne sans doute de quelques jours en passant par cette île; mais la salubrité du pays, l'abondance des aliments frais et de l'eau, engagent à s'y arrêter; on tourne ensuite à l'est, où deux voies se présentent : l'une, dite *méridionale*, qui se maintient entre 45° et 51° et qui est la plus favorable à l'hygiène, parce qu'elle traverse des zones moins humides et plus froides, un ciel plus clair et plus pur; l'autre, *septentrionale*, vers 41° et 42°, exposée aux

Des paquebots à voiles unissent San-Francisco et les iles Sandwich (18 jours).

Le canal de Suez est comme l'anneau nuptial de l'Occident et de l'Orient. Grâce à lui, les Indes, la Chine, le Japon, la Malaisie, ne sont plus qu'à quelques jours de l'Europe, tandis qu'il fallait plusieurs mois pour y parvenir en doublant le cap de Bonne-Espérance. Jamais œuvre n'aura des résultats plus positifs pour l'avenir du commerce. Les productions, les richesses du monde oriental affluent en Europe, et la civilisation européenne va vivifier l'extrême Orient.

L'ensemble de toutes les **voies ferrées** du globe est d'environ 240 000 kilomètres. L'Europe seule en a plus de 120 000 ; l'Amérique, plus de 110 000 ; l'Asie, 9 000; l'Afrique, 2 000; l'Océanie, 2 000.

Londres est le point central du réseau le plus complet qui existe : il en part des bras nombreux qui parcourent en tous sens la Grande-Bretagne.

Paris, centre du commerce de l'Europe continentale occidentale, projette plusieurs grandes lignes. Les chemins qui, conduisant de cette capitale à Londres, se rapprochent le plus de l'Angleterre, aboutissent à Boulogne et à Calais. La grande ligne française de Calais à Marseille, en passant par Paris et Lyon, est la voie ordinaire de la Grande-Bretagne à la Méditerranée, et par conséquent à l'Inde ; mais la voie du tunnel des Alpes et de l'Italie jusqu'à Brindisi fait une concurrence redoutable à celle de Marseille. Paris n'en est pas moins le lieu de passage de cette grande voie, et communique à Turin, Rome, etc. Paris est joint à Bruxelles, Berlin, Vienne, la Suisse, l'Espagne.

Berlin, centre des chemins de fer de l'Allemagne du Nord, communique à Vienne, à Saint-Pétersbourg. — Vienne est unie à Saint-Pétersbourg, à toute l'Allemagne, à la Turquie, à l'Italie.

Une voie ferrée très-étendue va de Saint-Pétersbourg à Moscou, de Moscou à Nijnii-Novgorod, et atteindra bientôt Orenbourg ou Étatérinbourg. De là, un projet dont l'initiative est due à M. de Lesseps tend à continuer, sous le nom de *Grand Central Asiatique*, la ligne par le Turkestan et l'Afghanistan jusqu'à Pichaver, d'où un chemin se rend à Calcutta.

Les États-Unis, le Canada, sont couverts de chemins de fer. Un immense

---

coups de vent, aux tempêtes et aux calmes : l'une et l'autre doublent le cap de Bonne-Espérance.

La route de retour est par le cap Horn, parce qu'elle offre des traversées moins longues, moins troublées par les mauvais temps, plus favorisée par les courants et les vents, que celles de la route du Cap. Les navires à voiles font le trajet aussi rapidement que les bâtiments à vapeur : en général en 60 ou 65 jours.

Les vapeurs peuvent aussi revenir par le détroit de Torrès, l'océan Indien et le canal de Suez; ils arrivent à Toulon en 75 jours, y compris les jours de relâche.

railway unit New-York à San-Francisco, c'est-à-dire l'Atlantique au Pacifique.

L'Hindoustan a aussi son réseau. L'Égypte, l'Algérie, ont leurs lignes. Celles de l'Australie s'augmentent journellement.

Le chemin de fer qui relie Aspinwall à Panama, trait d'union entre l'Atlantique et le Pacifique, ouvre la voie de la Californie et des contrées occidentales de l'Amérique du Sud. Les voyageurs pressés ne doublent plus le cap Horn, mais débarquent à Aspinwall, traversent l'isthme et reprennent le paquebot à Panama. Ce chemin de fer perdra une partie de son importance lors de la création, sans doute prochaine, d'un grand canal qui permettra aux navires de passer d'un océan à l'autre. Le Brésil, la Confédération Argentine, le Chili, le Pérou ont des railways déjà assez développés.

On calcule qu'il circule par jour en moyenne, sur le réseau ferré du globe, 4 millions et demi de voyageurs, et qu'on y transporte 40 millions de quintaux de marchandises.

La **télégraphie électrique**, en mettant en relation immédiate les points les plus éloignés, tend à compléter l'œuvre éminemment civilisatrice des chemins de fer, à unifier les peuples. Les immenses résultats obtenus en moins de vingt ans font présager les destinées véritablement merveilleuses de cette invention. L'Europe et les États-Unis ont adopté avec empressement ce mode de transmission des dépêches; aujourd'hui, l'Angleterre, la France, l'Allemagne, la Belgique, la Hollande, etc., possèdent un nombre considérable de réseaux télégraphiques, qui, sur une carte générale, ressemblent à autant de mailles d'un tissu.

L'Europe occidentale est, d'un côté, en relation avec l'Hindoustan, l'Indo-Chine, la Chine, le Japon, par les fils qui franchissent l'Allemagne, l'Autriche, la Turquie l'Europe (Constantinople), la Turquie d'Asie, la Perse, le Béloutchistan; — de l'autre, avec les États-Unis par le câble transatlantique posé en 1866 entre l'Irlande et Terre-Neuve et par celui qui, posé en 1869, va de Brest à Saint-Pierre-Miquelon, et, de là, au continent américain. La ligne télégraphique franchit aujourd'hui les États-Unis dans toute leur étendue et peut transmettre immédiatement les dépêches jusqu'à San-Francisco (sur le Pacifique). La ligne se prolonge vers le nord, en suivant les rives de l'Océan; avant peu, elle franchira la mer de Beering et rejoindra l'immense réseau russe qui va déjà sans interruption de Saint-Pétersbourg à l'embouchure de l'Amour et de là se recourbe vers le Japon et la Chine orientale. Un câble transatlantique vient d'unir le Brésil à l'Europe (juillet 1874).

La télégraphie sous-marine européenne fait de rapides progrès : la Grande-Bretagne est aujourd'hui jointe au continent par plusieurs lignes; la France est jointe à l'Algérie par des lignes qui vont de Marseille à Alger et à Bône; l'Italie méridionale est en communication avec la péninsule Turco-Hellénique par un câble traversant le canal d'Otrante; la Sicile, Malte et Alexandrie sont réunies par un autre, qui franchit ensuite la mer Rouge et gagne l'Hindoustan.

Une ligne va de Singapour (extrémité sud de l'Indo-Chine) à Java, Timor, enfin à l'Australie, qu'elle traverse de part en part, du nord au sud, ensuite qu'elle parcourt sur les côtes sud-est et orientale.

Ainsi l'Orient et l'Occident, — les deux hémisphères, — se donnent pour ainsi dire la main ; il semble que la télégraphie électrique soit appelée à devenir le langage universel de tous les peuples, et que cette langue parlée par tous soit destinée à faire cesser les rivalités de nation et à pacifier le monde au profit de l'humanité.

Les lignes télégraphiques du globe entier s'élèvent déjà à 2 millions de kilomètres, dont 80 000 kilomètres de câbles sous-marins.

La **poste** apporte chaque jour la nourriture intellectuelle, morale et politique à travers toutes les parties du monde ; d'après les derniers relevés, elle expédie annuellement 3 300 millions de lettres, ce qui fait 9 millions 1/4 de lettres par jour, c'est-à-dire 100 missives à la seconde.

Par rapport au mouvement des lettres, l'Angleterre occupe la première place en Europe. Le nombre des lettres, par habitants et par année, est pour l'Angleterre de 31.1 ; pour la Suisse, de 20.2 ; pour l'empire Allemand, de 14.2 ; pour la Belgique, de 12.5 ; pour les Pays-Bas, de 11.8 ; pour la France, de 11.4 ; pour l'Autriche, de 10.3. — Bien en arrière de l'Autriche viennent : l'Italie, 3.7 lettres par habitant ; l'Espagne, 4.6 ; la Hongrie, 3.8 ; la Suède, la Grèce et la Roumanie. Le plus bas chiffre se présente en Russie, où il n'y a qu'une lettre par deux habitants.

La quantité de **marchandises échangées** par les habitants de notre planète est en progression constante. Le statisticien autrichien Kolb évalue à 15 000 millions de florins (le florin d'Autriche vaut 2 fr. 50) le total de toutes les valeurs mises en circulation, en 1860, pour les importations et pour les exportations. On peut l'évaluer, pour 1870-1871, c'est-à-dire dix ans après, à 23 170 millions de florins (57 925 000 000 de francs). Dans une période de dix ans, le mouvement commercial du globe a presque doublé d'intensité.

Voici la statistique générale de la **marine marchande**. Le chiffre total des bâtiments qui sillonnent les mers du globe (en 1874) est de 56 281 navires à voiles et de 5 148 steamers. L'Angleterre possède à elle seule plus de la moitié des vapeurs, 3 061. Elle a plus du tiers des navires à voiles, 20 842 navires : depuis deux siècles, elle a sur les mers une souveraineté incontestée.

Après l'Angleterre, viennent les États-Unis ; la France arrive ensuite avec 392 steamers et 3 973 navires à voiles. L'Allemagne, qui depuis la guerre des duchés, fait tous ses efforts pour devenir une nation maritime, suit la France de près.

MOUVEMENT GÉNÉRAL DE LA LITTÉRATURE GÉOGRAPHIQUE ET DE LA CARTOGRAPHIE

Quittons les voyages, cessons nos courses à travers le monde, descendons dans les asiles de l'étude paisible, de la science de cabinet, et voyons les progrès que la géographie doit aux travaux de savantes sociétés, ou aux recherches des érudits, ou aux efforts non moins utiles des vulgarisateurs et des professeurs, ou encore au crayon et au pinceau des cartographes, au burin du graveur, à l'impression des cartes et aux applications, de plus en plus ingénieuses, de la chromolithographie.

Parlons d'abord des **Sociétés de géographie.**

La Société de géographie de Paris, la plus ancienne des sociétés de ce genre, répand avec le plus estimable zèle les lumières géographiques; elle distribue des prix aux voyageurs, et tient tous les quinze jours des séances de plus en plus suivies.

En Allemagne et dans l'empire Austro-Hongrois, il y a plusieurs sociétés géographiques : celles de Berlin, de Vienne, de Francfort, de Darmstadt, de Kiel, de Leipzig, de Dresde, de Munich, de Hambourg-Altona, de Pest. L'Angleterre, où la géographie est également bien cultivée, voit fleurir la puissante Société royale géographique de Londres. Saint-Pétersbourg possède la Société impériale géographique de Russie, non moins florissante, et qui dirige avec vigueur ses recherches sur toutes les parties de l'empire Moscovite.

Dans les Pays-Bas et la Belgique, nous trouvons l'Institut royal de géographie et d'ethnographie des Indes Orientales, à La Haye; la Société géographique d'Anvers; la Société néerlandaise de géographie, à Amsterdam.

La Société géographique italienne est fort nouvelle, mais se distingue déjà par l'activité et l'étendue de ses travaux. En Suisse, ont été fondées les Sociétés géographiques de Genève et de Berne.

A Lyon, s'est formée une Société géographique, qui est comme une annexe de celle de Paris. A Bordeaux, une Société de géographie commerciale vient d'être fondée.

On peut assimiler à des sociétés de géographie le Club alpin, de Turin; le Circolo geografico italiano, aussi à Turin; le Club alpin anglais (qui a été le premier); le Club alpin autrichien; le Club alpin suisse; la Société alpine de Munich, le Club pyrénéen de la Société Ramond; et tout récemment vient d'être créé le Club alpin français, qui paraît appelé aux mêmes succès que ses aînés. Il s'est formé un Club himalayen à Lahore.

L'Établissement géographique de Gotha, l'Institut géographique de Weimar, l'Établissement topographique de Winterthur, qui publient un grand nombre de bons travaux, sont des entreprises commerciales qu'on peut presque mettre au rang des sociétés de géographie. Le célèbre établissement géographique de Bruxelles, que dirigaient MM. Vandermaelen, n'existe plus.

New-York a une Société américaine de géographie et de statistique, qui éclaire particulièrement les questions relatives au Nouveau-Monde.

La Société géographique de Mexico réunit des documents précieux sur le Mexique et l'Amérique centrale.

L'Institut historique et géographique de Rio-de-Janeiro rend les mêmes services pour le Brésil.

La Société géographique de Bombay et la Société asiatique de la même ville répandent beaucoup de lumières sur la géographie de l'Asie.

Ajoutons la Société de Melbourne pour l'exploration de l'Australie ; — la Société de Brème, pour les expéditions allemandes au pôle Nord ; — la Société pour l'exploration de la Palestine, à New-York ; — la Société africaine en Allemagne.

La Commission de géographie commerciale, qui est une émanation récente de la Société de géographie et des Chambres syndicales de Paris, a un but pratique dont le commerce tirera le plus grand fruit.

L'association nommée Karl Ritter Stiftung a été instituée par l'élite des géographes allemands pour soutenir et propager l'élan que Karl Ritter et Alexandre de Humboldt ont imprimé à la géographie. L'Association britannique et l'Association française pour l'avancement des sciences font faire aussi de grands progrès à l'étude de la Terre, par leurs grandes réunions annuelles.

L'Association scientifique de France y contribue également, pour les parties qui touchent à la géographie mathématique et météorologique.

Le Congrès géographique d'Anvers, qui s'est tenu du 14 au 21 août 1871, a réuni les plus célèbres géographes, discuté d'importantes questions, fait une exposition des principaux travaux qui se rattachent à la science du globe, distribué des médailles et donné l'impulsion à des réunions du même genre qui doivent se renouveler de ville en ville. Le prochain Congrès géographique se tiendra à Paris, en 1875, et notre Société géographique, qui le prépare, veut donner à cette fête savante un éclat digne de la capitale de la France.

Examinons maintenant les **publications périodiques.**

Les diverses Sociétés que nous avons citées et plusieurs autres publient des bulletins et des mémoires qui tiennent parfaitement au courant des progrès de la science. En France, le plus important de ces recueils est le Bulletin mensuel de la Société de géographie, dont les rédacteurs en chef, depuis quinze ans, ont été les secrétaires généraux : MM. Alfred Maury, V.-A. Malte-Brun et Maunoir, qui ont fait, chaque année, le tableau du progrès des découvertes et des travaux géographiques. Il faut citer, parmi les autres recueils où l'on a pu puiser les meilleurs renseignements géographiques : le Tour du monde, dirigé par M. Ed. Charton, et qui joint aux relations les plus intéressantes un choix de gravures délicieuses ; — les Nouvelles Annales des voyages, fondées par Malte-Brun, et qui ont malheureusement cessé de paraître depuis 1870 ; — le Journal asiatique (bulletin de la Société asiatique) ;— les Archives des missions scientifiques et littéraires ; — le Bulletin de la Société zoologique d'acclimatation ; — les Comptes-rendus de l'Académie des sciences ; — le Bulletin de la Société géologique de France; — l'Annuaire encyclopédique ; — la Revue maritime et coloniale; — l'Annuaire des marées ; — les Annales hydrographiques et autres publications du Dépôt de la marine de France ; — les Annales du commerce extérieur, publiées par le ministère de l'agriculture et du commerce; — les Annales de la propagation de la foi; — le Journal des missions évangéliques ; — la Revue des Deux-Mondes ; — la Revue britannique ; — la Revue de France ; — la Revue archéologique ; — le Magasin pittoresque ; — l'Annuaire de l'économie politique, par M. Maurice B'ock ; — le Spectateur militaire ; — le Moniteur de la flotte ; — l'Annuaire de la Société météorologique de France; — les Comptes rendus de l'Académie des sciences et de l'Académie des inscriptions ; — la Revue de l'Orient ; — la Revue celtique, dirigée par M. Gaidoz ; — le Bulletin de la Société anthropologique de Paris ; — la Connaissance des temps ; — l'Annuaire du Bureau des longitudes ; — l'Isthme de Suez, qui s'est transformé en Canal de Suez ; — l'Almanach de Paris (qui n'a pas été continué); — la Nature, journal dirigé par M. Tissandier ; — la Revue politique et littéraire ; — la Revue scientifique; — le Journal de la Jeunesse ; — l'Illustration ; — les Mondes; — l'Économiste français ; — le Contemporain ; — la Revue contemporaine; — la Revue des Questions historiques; — la Science pour tous, etc.

La Revue du monde colonial, que dirigeait avec talent M. A. Noirot, a disparu avec lui ; — le Paquebot (services maritimes et fluviaux des cinq parties du monde, etc.) était un autre bon recueil, dirigé par M. Grimoult et qui s'est éteint avec son laborieux fondateur.

Le Bulletin de la Réunion des officiers est une nouvelle et excellente revue, qui tient au courant à la fois de ce qui intéresse l'art de la guerre proprement dit et de tout le mouvement géographique et topographique auquel trop longtemps nos militaires ont été étrangers : ce reproche ne serait plus juste, et non-seulement les chefs savent maintenant la géographie, mais les écoles régimentaires, les bibliothèques de l'armée auxquelles la Société Franklin a puissamment contribué, propagent cette indispensable étude dans les rangs les plus humbles de nos soldats.

Dans la Grande-Bretagne, le Journal de la Société géographique de Londres est un excellent recueil, nourri de relations multipliées, détaillées, et accompagnées de cartes bien faites; les Actes (Proceedings) de la même Société sont une publication séparée, fort intéressante aussi. — L'Athenæum donne également de nombreux renseignements géographiques ; — de même que les Actes (Proceedings) et les Transactions philosophiques de la Société royale de Londres ; — les Actes de la Société royale d'Édinbourg; — le Journal de la Société royale asiatique de la Grande-Bretagne et de l'Irlande ; — les Rapports de l'Association britannique pour l'avancement des sciences ; — le

Journal de la Société statistique de Londres ; — le Journal de la Société ethnologique de Londres ; — le Journal de l'Institut anthropologique de la Grande-Bretagne et de l'Irlande ; — l'Indian-Mail, d'Allen ; — les Illustrated News ; — le Nautical magazine and naval chronicle ; — le Blackwood's Magazine ; — le Temple Bar magazine ; — le Church missionary intelligencer ; — l'Annuaire des découvertes scientifiques, par le docteur Kneeland ; — les Ocean Highways de Clements Markham, qui viennent de prendre le nom de Geographical Magazine ; — l'All Round the World, de M. Ainsworth ; — le Journal of applied science ; — le Journal de l'United service Institution ; — l'Annuel scientific Discovery, par Trowbridge ; — le Broad-Arrow, etc.

En Allemagne et dans l'Autriche, on doit citer, au premier rang, les Mittheilungen über wichtige neue Erforschungen auf dem Gesammtgebiete der Geographie, par le docteur Petermann, recueil excellent que publie l'Établissement géographique de Gotha, et dont les documents neufs et consciencieux, les cartes claires, précises et élégantes, sont hautement appréciés de tous les amis de la géographie ; — la Zeitschrift für Allgemeine Erdkunde, bulletin de la Société géographique de Berlin ; — les Abhandlungen de la Société orientale allemande ; — la Notitzblatt de la Société géographique de Darmstadt ; — le Monatsbericht de l'Académie royale des sciences de Berlin ; — les Mittheilungen du Bureau statistique de Berlin ; la Zeitschrift du Bureau statistique du royaume de Saxe ; — les Mittheilungen de la Société impériale géographique de Vienne ; — l'Ausland, de Peschel ; — la Wochenschrift für Astronomie, Meteorologie und Geographie, de Heis ; — le Registrande de l'État-major prussien ; — l'Annuaire géographique de Behm, riche surtout en documents statistiques ; — la Hertha, nouveau journal des sciences naturelles et de l'étude des peuples, par F. Rolle, publié à Francfort-sur-le-Main ; — l'Annuaire de la Société géographique de Dresde ; — l'Annuaire de la Société des amis de la géographie, de Leipzig ; — le Journal d'ethnologie, par Bastian et Hartmann, à Berlin ; — le Globus, du docteur K. Andree ; — le Nautisches Jahrbuch, de M. Bremiker ; — la Hansa, autre journal nautique ; — l'Almanach de Gotha ; — l'Astronomisches Jahrbuch de Berlin ; — l'Almanach de la marine autrichienne ; — les Mittheilungen de la Société anthropologique de Vienne ; — la Bibliothèque des missions, du docteur G. Burkhardt ; — l'Annuario maritimo, par le Lloyd autrichien de Trieste ; — le Journal militaire autrichien ; — la Bibliotheca geographico-statistica, de W. Müldner ; l'Illustrirte Zeitung ; — les Mittheilungen aus dem Gebiete des Seewesens ; — Gaea, Natur and Leben, revue annuelle.

En Russie, s'offrent les Comptes rendus et le Bulletin de la Société impériale géographique ; — les Mémoires de la Société impériale des sciences de Saint-Pétersbourg ; — le Morskii-Svornik (magasin maritime), par l'Amirauté de Saint-Pétersbourg ; — les Archiv für wissenschaftliche Kund von Russland, par A. Erman ; — le Magazin für Erdkunde und Reisen (à Moscou) ; — le Magasin ethnographique, publié par la Société ethnographique ; — le

Bulletin de la Société des Amis de la nature, de l'anthropologie et de l'ethnographie (en russe, à Moscou) ; — la Russische Revue (à Saint-Pétersbourg.)

En Italie, nous voyons le Bulletin de la Société géographique ; — le Journal
du Club alpin ; — les Annali universali di statistica, economia publica, etc.,
publiées à Milan, par Sacchi ; — le B Hettino di notizie statistiche ; — le Bulletin nautique et géographique de Rome, dirigé par M. E. Fabri Scarpellini,
de l'observatoire astronomique de l'Université romaine du Capitole ; — les
Mémoires de l'Académie royale des sciences de Turin ; — le Cosmos de Guido
Cora, de Turin, bonne imitation des Mittheilungen de Petermann ; — les
Archives d'anthropologie et d'ethnologie, par Mantegazz) et Finzi, à Florence ; — l'Enciclopedia nazionale, de M. Fr. Predari ; — l'Almanacco geografico, à Milan ; — la Rivista maritima ; — le Bollettino idrografico du
ministère de l'agriculture, de l'industrie et du commerce.

La Suisse possède le Globe, organe de la Société géographique de Genève ;
la Bibliothèque universelle de Genève ; le journal du Club alpin suisse ;
— la Suède, un Journal de la marine ; — le Danemark, le Journal illustré
des voyages, par J.-C. Tuxen, et le Journal de la marine ; — la Hollande,
les Bijdragen tot de Taal, Land en Volkenkunde van Nederlandsch Indië ;
la Tijdschrift voor Nederlandsch Indië ; la Tijdschrift voor staatshuishon-
kunde Statistick ; la Tijdschrift voor het Zeewesen ; la Tijdschrift de la
Société géographique d'Amsterdam ; — la Belgique, la Revue trimestrielle ;
le Bulletin de la Commission centrale de statistique ; — le Portugal, le Bulletin
et les Annales du Conseil d'outre-mer, et l'Almanach de Portugal, à Lisbonne ;
— l'Espagne, l'Almanaque nautico de S. Fernando ; le Boletin oficial del
ministerio de Ultramar ; la Revista europea ; la Revista de la Universidad de
Madrid ; la Revista de España ; la Revista latino-americana ; — la Roumanie,
la Roumanie contemporaine ; — la Grèce, la Pandore.

En Amérique, signalons le Journal de la Société américaine de géographie
et de statistique ; — le Journal de l'Institut de Franklin ; — le Rapport annuel
de l'Institution smithsonienne ; — l'American Journal ; — le Résumé des travaux scientifiques de la Société mexicaine de géographie et de statistique ; —
les Mémoires de l'Académie américaine des arts et des sciences ; — l'American Ephemeris and Nautical Almanac, publié par le secrétariat de la marine
des États-Unis ; — l'Army and navy Journal ; — le Scientific American ; —
la Revista trimensal de l'Institut historique et géographique du Brésil ; —
la Revista de sciencias y letras, de Santiago (Chili).

L'Asie nous offre le Journal de la Société géographique de Bombay ; — ceux
des Sociétés asiatiques de la même ville et de Calcutta ; — le Journal de l'Archipel
indien et de l'Asie orientale, fondé par Logan et publié à Singapour ; — la Revue
de Calcutta ; — le Chinese Repository ; — le Journal de la Société littéraire et
scientifique de Chang-haï (car, dans la Chine même, il s'est formé une association,
principalement anglaise, pour la propagation des connaissances géographiques,
historiques, etc.); — le Bulletin officiel de la Cochinchine française.

Pour l'Afrique, nous remarquons, à Saint-Louis, le Moniteur du Sénégal ; —

en Algérie, la Revue africaine, journal de la Société historique algérienne ; le Bulletin de la Société d'agriculture d'Alger; l'Akhbar ; le Moniteur de l'Algérie ; le Journal de la Société de climatologie ; l'Annuaire de la Société archéologique de la province de Constantine; — en Égypte, les Mémoires de l'Institut égyptien, récemment fondé au Caire, à l'imitation de celui qui se forma sous l'inspiration de Bonaparte ; l'Annuaire statistique de l'Égypte par M. de Régny. — Pour l'Océanie, le Journal de la Société royale de Melbourne ; l'Argus et l'Australasian de la même ville ; le Journal de la Société de Canterbury (Nouvelle-Zélande) ; — l'Annuaire et le Moniteur de la Nouvelle-Calédonie ; — l'Annuaire de Tahiti et du Protectorat français; — la Fiji Gazette.

Jetons un coup d'œil sur les **ouvrages généraux** de géographie. Parmi les plus populaires et les plus estimés, se trouve toujours la Géographie universelle de Malte-Brun, revue et refondue par divers auteurs; oserons-nous dire que notre édition est une de celles que le public a accueillies avec le plus de faveur? — Citons aussi les nouvelles éditions de la Géographie de Stein et Hœrschelmann, par Wappæus et Brachelli ; — du bel ouvrage de la Terre et l'Homme, par M. Alf. Maury ; — de la Géographie militaire de Th. Lavallée ; — la Géographie générale de L. Dussieux, excellent livre, plein de faits et bien divisé ; — la Géographie politique et statistique du globe, par le docteur Kellner ; — les remarquables Problèmes de géographie comparée, par Oscar Peschel ; — la nouvelle édition de la Géographie de Balbi, par M. Chotard, qui a rajeuni avec conscience et savoir ce vieil ouvrage, sans pouvoir lui enlever son plan lourd et sa forme massive ; — l'Introduction à l'étude de la géographie, par un marin, très-bon livre sous une apparence des plus modestes.

Les Anglais, essentiellement pratiques, ont publié plusieurs ouvrages propres à rendre les observations des voyageurs plus fructueuses : ainsi, le What to observe, etc., manuel du voyageur et instructions générales, par Jackson, nouvelle édition, par le docteur Norton Shaw; — les Avis (Hints) aux voyageurs, par un comité de la Société géographique de Londres ; — les Instructions générales aux voyageurs, par le contre-amiral Collinson et Francis Galton.

Notre Planète, œuvre posthume de Jules Duval, réunit les notions générales sur le globe à des descriptions animées par un agréable style. — Le Traité de géographie physique, ethnographique et historique, par O. Lescure; — la Géographie générale, par les docteurs Hahn, Hochstetter et Pokorny, ne doivent pas être oubliés; — non plus que le Résumé, par M. Daniel, des leçons professées à l'université de Berlin par Karl Ritter; — la Terre et l'Homme (en italien), par M. Boccardo; — la Galerie de géographie, par le rév. Th. Milner; — la Géographie ancienne et moderne, de Th. Schlecht; — les Voyages autour du monde, par Amswich et Gillmore; — les Grands chemins de l'Océan, par Hempsey et Hughes ; — l'Abrégé de géographie descriptive et statistique, par Cajmai (en italien) ; — les Pays et les Peuples, par P.-H. Witcamp (en hollandais); — les Peuples et les Voyageurs, par Richard Cortambert. — Les Illustres Voyageuses, par le même auteur, sont une

8

curieuse galerie des femmes qui ont fait des excursions lointaines. — L'ouvrage intitulé le Pôle et l'Équateur, par M. Lucien Dubois, est une sorte de résumé des derniers voyages. — M. Laugel a fait un tableau intéressant des questions géographiques les plus palpitantes, dans son livre des Études scientifiques ; on y voit tour à tour les découvertes arctiques et antarctiques, les communications interocéaniques, les Russes sur le fleuve Amour, etc. — MM. Driou et Guirette ont fait l'Histoire des voyages anciens et modernes, depuis le xe siècle avant J.-C. jusqu'au xixe siècle de l'ère chrétienne. — Signalons aussi les traductions de tous les grands voyages arctiques, en Afrique, etc., publiées par la librairie Hachette, et la publication générale des voyages d'exploration, par M. K. Andree, à Leipzig.

On lit avec intérêt les Fragments de voyages autour du monde, par le capitaine G. Lafond ; — les Vacations touristes, de Fr. Galton ; — Trente Ans autour du monde, par Vassar (en anglais) ; — les Voyages dans le nord du globe, par E. Hartwig ; — les Voyages autour du monde de madame Ida Pfeiffer, de madame Thérèse Yelverton (Teresina Peregrina), du baron de Hübner, du comte de Beauvoir, de R. Lindau ; — l'Histoire des missions chrétiennes depuis Jésus-Christ, par le docteur H. Hahn ; — les Missions catholiques, par l'abbé Durand ; — les Missions protestantes, par Grundemann.

L'Histoire de l'émigration, par M. Jules Duval, est un des ouvrages les plus instructifs. L'ethnographie y peut puiser d'utiles renseignements, ainsi que dans l'Émigration européenne de M. A. Legoyt. — Remarquons encore l'Introduction à l'étude des peuples et de l'histoire de la civilisation par L. Diefenbach ; — le Désert et le monde sauvage, par Arthur Mangin ; — du Spitzberg au Sahara, par le docteur Martins. — M. Aube a donné, dans diverses revues, d'excellents articles sur les régions africaines et océaniennes.

MM. Isaac Taylor, E. Fustermann, L. Quicherat, A. Houzé, Mann et Brümmer ont rendu des services importants à l'étymologie géographique par leurs ouvrages sur les noms de lieux.

Comme ouvrages sur la topographie, nous mentionnerons d'abord la suite du Mémorial du Dépôt de la guerre ; — la Topographie mise à la portée de tous, par Frédéric Hennequin ; — l'Étude sur la lecture des cartes topographiques, par E. Sautrez ; — l'Étude du terrain (en allemand), par C. Mutzinski et Prziboda ; — le Traité de topographie et de reconnaissances militaires, par le capitaine E. Bertrand ; — le Petit Traité de topographie à vue, par A. Parassols ; — les Cours de topographie par les Italiens Curioni et Aimetti ; — l'Étude du terrain, par le baron Waldstætten (en allemand) ; — la Géographie des officiers et des aspirants officiers, par l'auteur des Études militaires de la guerre de montagnes, avec cartes (en allemand) ; — le Cours élémentaire de topographie, par L. Sonnet ; — le Figuré des montagnes sur les cartes, par Rüdgisch ; — l'Atlas élémentaire de topographie, par Wachter.

Les traités classiques de géographie sont nombreux ; on ne doit pas perdre de vue, dans les travaux de ce genre, que l'âme de la jeunesse a besoin qu'on la maintienne dans des régions élevées et générales, qu'il y a peut-être une tendance fâcheuse dans les programmes nouveaux à lui présenter, comme objet principal et dominant de ses études géographiques, l'industrie, le commerce et l'économie politique ; les intérêts matériels dans lesquels on la parquerait auraient une influence regrettable sur le niveau de son éducation.

Nommons, parmi les travaux classiques les plus répandus en France, ceux de MM. Dussieux, Levasseur, Meissas et Michelot, Périgot, Pigeonneau, Bonnefont, Grégoire, Kleine, Lebrun, Le Bédlle, Onésime Reclus.

Nous permettra-t-on de rappeler nos propres ouvrages, et de croire que nous avons contribué aussi à l'extension de l'enseignement d'une science à laquelle nous avons consacré une longue carrière? Si la force nous échappe avec l'âge, nous revivrons du moins dans un fils qui s'est fait un honorable nom dans la même voie, et qui a produit, pour la jeunesse, un grand nombre de travaux. Nous remercions M. Corona Bustamente et le docteur Loffler d'avoir traduit en espagnol et en danois nos œuvres élémentaires.

M. Jules Verne a su mêler la fiction à la vérité, pour procurer à la jeunesse une agréable et instructive lecture ; ses Six semaines en ballon font connaître l'Afrique; ses Vingt mille lieues sous les mers sont une excellente géographie sous-marine; son Tour du monde en 90 jours fait parcourir les pays principaux de la Terre de la manière la plus amusante. Que d'autres charmantes productions sont sorties de la plume de ce fécond et spirituel auteur !

On peut encore signaler, parmi les bons travaux élémentaires, les Lectures géographiques, par M. Raffy.

Hors de France, nous citerons au premier rang, parmi les ouvrages élémentaires, le Treasury of Geography, par Maunder, en Angleterre; — les Manuels de Klöden et de Putz, en Allemagne; — les excellents petits traités de Guyot, aux États-Unis.

L'Année géographique, par M. Vivien de Saint-Martin, tient parfaitement au courant de la marche de la géographie. Nous regrettons que la Revue géographique de l'année que M. Am. Barbié du Bocage faisait paraître dans la Revue maritime et coloniale n'ait pas été continuée.

Les principaux dictionnaires géographiques nouveaux ou réédités que nous pouvons signaler sont ceux de Guibert, de Bouillet, de Dezobry, d'Ainsworth, de K. Johnston, d'Egli (Nomina geographica), de Bryce, de Brookes et Finlay; — l'Index geographicus de K. Johnston, précieux répertoire qui donne tous les lieux principaux du globe avec leur latitude et leur longitude, et qui a été composé particulièrement en vue de répondre à l'Atlas royal de ce laborieux géographe anglais; — la nouvelle édition du dictionnaire de W. Hoffmann, sous le titre d'Encyclopédie de la description de la Terre, des peuples et des États ; — la nouvelle édition du dictionnaire dit de Ritter, par le docteur Otto Henne Am-Rhyn; — celle du dictionnaire de Stein par le docteur Wappœus ; — les dictionnaires géographiques anglais de Lippincott, de Mac-Culloch (nouvelles éditions) ; — le dictionnaire de géographie ancienne et moderne, à l'usage du libraire et de l'amateur de livres, publié par M. P. Deschamps ; — le dictionnaire historique et géographique allemand-celtique, par

W. Obermüller (en allemand); — le dictionnaire portatif de géographie universelle par Ghisi (en italien). Ajoutons que l'auteur du présent volume et M. Vivien de Saint-Martin préparent, chacun, un dictionnaire, dans des buts différents; ces deux ouvrages, qui ne tarderont pas à paraître, ne laisseront probablement la France au-dessous d'aucune autre nation pour cette importante branche des travaux géographiques.

Le Dictionnaire universel de Larousse contient un grand nombre de bons articles géographiques.

M. Reinaud a fait l'histoire des dictionnaires géographiques arabes.

Les voyages de plus en plus fréquents font naître une foule de Guides du voyageur. Nul ne paraît surpasser dans ce genre de travail l'infatigable Adolphe Joanne, qui a publié l'itinéraire descriptif de presque tous les pays du monde, en s'aidant d'excellents collaborateurs : MM. Elisée Reclus, Du Pays, etc.; on estime aussi beaucoup les Guides Murray (anglais) et Bædeker (allemands).

A la suite de la grande Exposition universelle de 1867, ont été faits, sur la demande du gouvernement français, des rapports sur les progrès des diverses branches des connaissances humaines : nous remarquons, comme touchant indirectement à la géographie, le rapport de M. de Quatrefages sur les progrès de l'anthropologie ; le rapport de M. Delaunay sur les progrès de l'astronomie ; celui de M. Delesse sur les progrès de la géologie ; mais nous regrettons de ne pas voir dans ce recueil le rapport sur les progrès de la géographie proprement dite. L'Exposition de Vienne, en 1873, très-riche en collections géographiques, a également donné lieu à des rapports intéressants. — MM. Levasseur et Himly ont fait un Rapport général sur l'enseignement de la géographie en France.

Passons maintenant aux **atlas** et aux **cartes**. Dufour, qui était notre plus habile cartographe lors de notre précédent coup d'œil historique, n'existe plus depuis plusieurs années; on vient de perdre Eugène Picard, qui avait un remarquable talent cartographique; comme bons dessinateurs de géographie, nous avons aujourd'hui MM. Vuillemin, Desbuissons, Sagansan, Dumas-Vorzet, Hansen, Gaultier. Les bureaux de la topographie du Dépôt de la guerre et de l'hydrographie de la marine font des travaux excellents. Nos meilleurs graveurs de cartes sont MM. Erhard, Collin, Avril, Wuhrer, Delamare, Regnier, Dumas-Vorzet (frère du cartographe), Dufour, Martin, Mea, Sedille, Kautz.

C'est sur pierre qu'on grave aujourd'hui la plupart des cartes. La gravure sur cuivre et sur acier ne compte presque plus d'artistes.

L'Atlas de François Garnier ; celui de Dufour (publié par Le Chevalier), celui des Monuments de la géographie par Jomard, ont été terminés depuis notre précédent exposé. Le Dépôt de la marine a continué avec activité la publication de ses précieuses cartes sur toutes les parties de la mer. MM. Lavallée, Dussieux, Barberet, Périgot, Levasseur, Pigeonneau, Drioux et Leroy, Hubault,

Chevallier, Oger, Henry Gervais, Bouillet, Cortambert, la Direction des écoles chrétiennes des Frères, ont complété ou réédité leurs atlas élémentaires.

L'Atlas du Cosmos, par J.-A. Barral, est un beau travail, destiné surtout à faire comprendre le grand ouvrage du même nom par Humboldt. — L'Atlas des chemins de fer de tous les pays du monde, publié par Chaix, est d'une utilité reconnue. —M. Andriveau-Goujon a publié un planisphère représentant l'ensemble des communications terrestres et maritimes, et d'autres qui, d'après le lieutenant Maury, offrent les courants de l'atmosphère et de la mer. — M. A. Chatelain a donné une carte importante des voies de communication établies dans le monde entier au moyen de la vapeur et de l'électricité. — La carte géologique de la Terre, par M. J. Marcou, est un travail d'un grand intérêt. Citons encore la mappemonde de M. Vuillemin, suivant le système homalographique de M. Babinet.— M. Vuillemin a dessiné aussi l'atlas que M. Bourdin a publié d'après ce système ; le même géographe a fait un atlas industriel universel. —La Mappemonde planisphérique, physique, hydrographique, agricole et climatologique, de M. Le Gendre Décluy, est une idée heureuse plutôt que complétement exécutée. — Le joli Album photographique de géographie, par G. Bauerkeller, a certainement embelli les reliefs qu'il représente.

En Angleterre, remarquons l'Atlas royal de Keith Johnston, bel ouvrage qui a été abrégé sous le nom de Handy Atlas ; l'Atlas de Hughes ; l'Imperial library Atlas, par Philip ; l'Atlas royal illustré de Norton Shaw et Fullarton ; ceux de Collins ; le Church Missionary Atlas, réunion des cartes qui représentent les différentes missions de la Church Missionary Society ; les atlas dits de Harrow et d'Eton, d'après deux célèbres colléges d'Angleterre ; l'Atlas de Cassell, en 260 feuilles ; le Standard Atlas, en 100 feuilles ; la Mappemonde commerciale de Johnston.

En Allemagne et en Suisse, nous rencontrons les nouvelles éditions de l'Atlas de Kiepert ; de celui de l'Institut de Weimar, auquel Kiepert a prêté son nom, en même temps que Græf et Bruhns ; l'Atlas de Stieler, revu par Petermann, C. Vogel et Hermann Berghaus ; l'Atlas du commerce et de l'industrie, par Klun et Lange ; la nouvelle édition de l'Atlas ancien et de l'Atlas du moyen âge de Spruner, revu par Menke ; l'Atlas de Meyer, en 100 cartes ; celui de Sydow ; celui d'Ewald ; l'Atlas de Lange ; celui de Ziegler ; l'Atlas illustré de Théodore Schade ; l'Atlas pour les études supérieures, par Ziegler et Lange ; l'Atlas de Wettstein ; la jolie et savante mappemonde de Hermann Berghaus et H. Stülpnagel, en 8 feuilles ; la mappemonde de Kiepert, aussi en 8 feuilles ; un atlas, en 20 cartes, du professeur Dove, pour les lignes isothermes par mois et par année ; les cartes de température, par Steinhauser ; les cartes des régions polaires, par le docteur Petermann, avec les itinéraires des divers voyages d'exploration.

Dans les États-Unis, s'offrent au premier rang les cartes marines de Maury, qui ont fait une révolution dans la rapidité des communications ; les cartes du Coast Survey ; les atlas de Guyot, de Colton, d'Adam et Asher.

En Russie, la mappemonde du Dépôt topographique en 8 feuilles, les cartes marines de l'Amirauté de Saint-Pétersbourg, peuvent être mentionnées à côté des nombreuses cartes concernant l'empire Russe que nous avons déjà signalées.

Les cartes marines des autres Amirautés (l'Hydrographic Office de l'Angleterre, la Direction hydrographique de Madrid, et les Amirautés américaine, hollandaise, danoise, norvégienne, suédoise, autrichienne et allemande) rendent les plus importants services.

Parmi les meilleurs globes terrestres récents, citons le globe métrique de M. Picard, publié par M. Andriveau-Goujon, les globes de Kiepert, d'Adami, de Schotte, de MM. Grosselin, Levasseur, Bonnefont.

M. Silbermann a fait des mappemondes concaves, imprimées dans des hémisphères creux de porcelaine; elles sont d'une remarquable précision et enrichies de précieux détails de géographie physique; du reste, comme on pourrait reprocher à l'auteur l'aspect un peu étrange de la surface de la Terre vue dans une concavité, il peut parfaitement reproduire la mappemonde sur un globe moulé dans ce creux même.

Les cartes en relief se sont multipliées considérablement. Nul n'a égalé dans ce travail difficile le savant Bardin, qui a donné de véritables chefs-d'œuvre dans ses reliefs des Alpes, des Vosges, du Jura, des îles d'Hyères, etc. Mentionnons cependant les essais qu'ont faits M. Bauerkeller, mademoiselle Kleinhans, M. Karl Schrœder, qui sont Français, malgré leurs noms allemands.

L'Autrichien Streffleur a composé d'excellents plans imprimés en relief sur un papier-carton.

Les plus récents et les plus intéressants perfectionnements apportés à la cartographie sont dus à la photogravure : on parvient à fixer la photographie sur le métal ou sur la pierre et à la reproduire ainsi en nombreux exemplaires.

L'Imprimerie nationale imprime admirablement en chromolithographie les cartes géologiques.

La **géographie mathématique** et **cosmographique** a occupé un grand nombre de savants; il faut citer : les Rapports et les Notes sur la géodésie, par MM. Faye, Delaunay, Perrier; — la Formule générale pour trouver la latitude et la longitude au moyen des hauteurs hors du méridien, par M. L. Pagel; — les Principes des instruments astronomiques, par M. Ph. Carl; — le Manuel d'astronomie sphérique et pratique, pour l'astronomie nautique, par M. W. Chauvenet, de l'Université de Washington; — l'excellent traité sur la projection des cartes, par M. Germain; — le traité sur la géographie mathématique et sur la projection des cartes, par M. Ant. Steinhauser; — la Géographie mathématique de M. H. Dick; — le Coup d'œil historique sur la projection des cartes de géographie, par M. d'Avezac; — un article remarquable de M. Blerzy, dans la Revue des Deux-Mondes, sur les cartes géographiques et sur la mesure et la représentation du globe terrestre; — un autre article dans la même Revue sur les sciences géographiques, par M. Ernest Desjardins; — la proposition de M. J. Crocker pour un système géographique des poids et mesures facile à introduire partout; — les mémoires de M. Élie de Beaumont relatifs à la synthèse polyédrique à laquelle il rattache toutes les lignes des montagnes qui s'entrecroisent sur la surface de la Terre ; ces mémoires sont intitulés : Tableau des données numériques qui fixent 159 cercles du réseau pentagonal, et Tableau des données numériques qui fixent les 362 points principaux du réseau pentagonal ; le savant académicien a, de plus, fait tracer ce réseau sur un globe.

Il s'est tenu, à Vienne en 1873, une importante conférence géodésique internationale.

M. d'Avezac a décrit la construction d'une curieuse mappemonde turque conservée à la bibliothèque de Saint-Marc, à Venise ; Francis Galton a donné un mémoire sur les cartes stéréographiques ; le docteur Mohr a proposé la projection isographique ; MM. Foucou, de Chancourtois, Thoulet, ont traité aussi ce sujet difficile des projections, en prenant pour base le réseau pentagonal de M. Élie de Beaumont ; M. Mareschal Duplessis, dans un opuscule spirituel, intitulé Mercator et Hipparque, dialogue des morts, a blâmé l'adoption trop complète du système de Mercator.

M. Aug. Chevalier a présenté, dans un petit mais intéressant mémoire, le moyen de lever les plans et de dessiner la topographie par une planchette photographique ; M. Ant. d'Abbadie, si profondément versé dans la pratique de la géodésie, a fait un rapport favorable sur ce moyen. M. C. Foucaut a publié une notice sur la construction de nouvelles mappemondes et de nouveaux atlas de géographie. M. Ed. Collignon a fait connaître ses recherches sur la représentation plane de la surface du globe terrestre. M. Gall, Anglais, a proposé les principes d'une nouvelle projection de mappemonde ; le colonel James, directeur de l'Ordnance Survey, a fait l'ingénieuse projection intitulée projection géométrique des deux tiers de la sphère.

Les Notions de géographie mathématique par Hugues, en italien, doivent encore être signalées.

Les longs travaux d'une Commission internationale pour l'extension du système métrique en Europe ont amené l'adoption des mesures françaises par toutes les nations européennes, excepté en Angleterre et en Russie, où quelques obstacles arrêtent encore une introduction si désirable.

Le choix d'un premier méridien a occupé plusieurs savants : MM. Otto Struve, de Chancourtois, H. de Longpérier, etc. Le Congrès d'Anvers a consacré à cet important sujet de longues discussions. On n'a rien résolu de définitif ; la tendance la plus générale serait de prendre pour point de départ en longitude un méridien qui passerait à travers l'Atlantique sans couper aucun pays, et qui aurait pour opposé un méridien tracé à travers l'océan Pacifique et ne rencontrant que le moins de terres possible.

M. Charles-Emmanuel a inventé un petit instrument commode nommé tri-sphérimètre, qui sert à déterminer immédiatement, sous toutes les latitudes, la figure du ciel dans les trois positions de la sphère. — On doit à M. Jager une table cosmo-géographique qui représente, pour tous les moments donnés, le rapport de la voûte céleste avec la surface de la Terre, et qui permet de résoudre plusieurs problèmes intéressants de cosmographie élémentaire.

M. Yvon Villarceau a exposé une nouvelle détermination de la vraie figure de la Terre.

Citons encore les travaux de géographie mathématique des Allemands Winkler et Kutzner.

Les ouvrages pittoresques de M. Guillemin sur le Soleil et la Lune, le voyage à la Lune par M. Verne, font entrer dans le domaine de la cosmographie par les voies les plus attrayantes.

Si nous passons aux travaux qui exposent la **géographie physique**, nous les trouvons si multipliés que nous sommes obligé d'y établir des subdivisions. Voyons d'abord les ouvrages qui traitent la *science dans son ensemble* et nommons au premier rang : la Terre, par Élisée Reclus, deux beaux et savants volumes, dont le premier renferme les continents, et le deuxième les mers, l'atmosphère, la vie ; de nombreuses cartes accompagnent cet ouvrage. — Nous remarquons ensuite la Surface de la terre et de la mer, par G. Bischof (en allemand) ; — la Géographie physique, par le professeur Ansted ; — celles de M. Landgrebe ; de M. David Page (en anglais) ; de M. A. Guyot ; de M. Antonin Roche ; de M. Guyla Greguss (en hongrois) ; d'un Chilien, M. Barros Arena ; d'un Italien, M. Passano ; — la nouvelle édition, par H. Lange, des Principales curiosités de la nature et de l'histoire de la Terre, par Blanc (en allemand) ; — la nouvelle édition des Lettres sur les révolutions du globe, par Alexandre Bertrand ; — celle de l'excellente Géographie physique de mistress Mary Somerville ; — les Grandes Scènes de la nature, de M. F. de Lanoye ; — la Géographie physique à l'usage de la jeunesse, par F. Maury, traduit de l'anglais par MM. Zurcher et Margollé ; — l'Homme et la Nature, ou la Géographie physique modifiée par l'homme, ouvrage curieux de l'Américain George Marsh ; — l'Histoire de la Terre, origines et métamorphoses du globe, par L. Simonin ; — la Terre et les mers, par M. Louis Figuier, beau volume accompagné de nombreuses illustrations et qui a eu plusieurs éditions en peu de temps ; — un ouvrage assez curieux, mais bizarrement mélangé, publié par M. Passard sous ce titre : la Terre avant les hommes, le quinzième déluge, discours sur les révolutions du globe, etc.

La *géographie météorologique* a reçu une grande impulsion des communications télégraphiques dont l'Observatoire de Paris est le centre, et les cartes de l'état atmosphérique d'une partie du globe données jour par jour par cet établissement rendent de grands services aux entreprises maritimes et à l'agriculture : l'Atlas des orages rédigé par cet observatoire est un précieux recueil. — M. Airy a présenté l'analyse des tempêtes magnétiques enregistrées au moyen des instruments magnétiques de l'Observatoire de Greenwich. — L'Institut météorologique de Norvége a donné l'Atlas des tempêtes.

Signalons les Climats, par M. C. Daubeny ; — les Recherches sur la température de l'air et sur celle des couches superficielles de la Terre, par M. Becquerel ; — les Forêts et leur influence sur la climatologie, par le même savant; — la Météorologie de sir John Herschel ; — la Météorologie de M. P. Béron (destinée surtout aux marins) ; — les travaux multipliés d'un éminent météorologiste français, M. Ch. Sainte-Claire-Deville, et de deux météorologistes allemands non moins célèbres, MM. Dove et Mühry ; — la Climatologie, par le docteur de Pietra-Santa ; — la Météorologie du docteur Studnicka (en langue tchèkhe) ; — De l'influence des climats sur l'homme, et des agents physiques sur le moral, par le docteur Foissac; — la Météorologie nautique, par Ch. Ploix ; — le mémoire de Plana sur la loi de refroidissement des corps sphériques et sur la chaleur solaire dans les latitudes circumpolaires de la Terre ; — le Traité de navigation, d'astronomie et de météorologie, par F. Labrosse ; — le Traité sur les instruments météorologiques, par MM. Negretti et Zambra ; — la Meteorographica, de M. F. Galton, qui donne la méthode de dessiner les variations du temps sur les cartes ; — plusieurs mémoires de M. Prestel sur les vents et les tempêtes ; — les Mouvements de la Terre et de l'atmosphère, par M. F. Hément ; — la traduction en français, par M. Barthélemy Saint-Hilaire, de la Météorologie d'Aristote, avec le traité du Monde, attribué aussi, mais avec peu de certitude, à l'illustre philosophe grec.

Citons encore le Traité de climatologie générale du globe, par le docteur Armand ; — la Géographie physique dans ses rapports avec les vents et les courants dominants, par J. Knox Laughton ; — les Mémoires de M. Faye sur les trombes et les tornados ; — les Courants et les révolutions de l'atmosphère et de la mer, par M. Félix Julien ; — le Manuel barométrique du vice-amiral Fitz-Roy ; — les Observations sur les données qui ont servi de base aux diverses théories des vents, de Maury, par M. Lartigue ; — la Réfutation du système des vents, de Maury, par M. S. Bourgois ; — la Météorologie de M. E. Schmid ; — l'Atmosphère, par C. Flammarion, tableau animé et pittoresque de toutes les merveilles de la météorologie. — MM. Quételet, Harold Tarry, Marié Davy, Belgrand, Henri de Parville, Leudet, de La Vallée, Aubry, ont aussi fait des travaux météorologiques.

Il s'est tenu à Vienne un Congrès météorologique en 1873.

La *géologie* nous ouvrirait un champ immense si nous voulions aborder tout ce qu'elle a produit dans ses rapports si nombreux avec la géographie. M. L. Figuier a vulgarisé cette science en publiant la Terre avant le déluge. — Nous remarquons la Stratigraphie et le Tableau chronologique des divers terrains, par M. Élie de Beaumont ; — la Vie souterraine, par L. Simonin, tableau très-intéressant des richesses minérales du globe ; — l'Écorce terrestre, par Émile With ; — le Courant de la vie sur notre globe, par M. Melton (ouvrage anglais qui traite des rapports de la géologie et de la paléontologie avec l'histoire) ; — le Subterraneous World, par G. Hartwig ; — un autre livre anglais du Rév. Wright, intitulé : La Géologie est-elle en désaccord avec l'Écriture ?

Nous retrouvons ici M. Jules Verne, qui nous entraîne dans un curieux Voyage au centre de la Terre.

L'*orographie* et les *glaciers* ont attiré l'attention d'un grand nombre d'amis de la nature.

M. Dupaigne a fait, dans son ouvrage sur les Montagnes, une poétique et en même temps exacte monographie des reliefs du globe, accompagnée de cartes artistement gravées par Erhard. — Nous remarquons ensuite l'Orographie générale, par C. Sonklar (en allemand) ; — les Études sur les montagnes et les vallées, par A. Boué (en allemand) ; — la Géologie orographique, origine et structure des montagnes, par Vose (en anglais) ; — divers articles et mémoires d'Élisée Reclus sur ce sujet, qui a vivement sollicité les observations d'un ascensionniste aussi exercé que lui ; — les Ascensions célèbres aux plus hautes montagnes, par Zurcher et Margollé ; — les Glaciers, par les mêmes ; — les Glaciers, par W. Hüber ; — les Matériaux pour l'étude des glaciers, par Dollfus-Ausset ; — les Recherches sur les climats et les glaciers anciens, par Sartorius de Waltershausen ; — l'Examen de la théorie des systèmes de montagnes dans ses rapports avec la stratigraphie, par Ch. Grad.

Les *tremblements de terre* et les *volcans* sont une branche à part, où se distinguent : les Notes sur les tremblements de terre, par M. Alexis Perrey ; — les Volcans et les tremblements de terre, par Zurcher et Margollé ; — les Volcans et les tremblements de terre, par A. Boscowitz ; — l'Histoire naturelle des volcans, par le docteur allemand Landgrebe ; — le livre anglais de Poulett-Scrope sur les volcans, livre intéressant qu'on a traduit en français ; — un ouvrage important du docteur Kluge sur les phénomènes volcaniques.

L'*hydrographie des eaux courantes* et des *lacs* nous présente : la Théorie du mouvement des eaux dans les fleuves et les canaux, par Grebenau ; — l'Histoire d'un ruisseau, par Élisée Reclus, et d'autres études sur les cours d'eau, par le même géographe ; — les Merveilles des fleuves et des ruisseaux, par A. Millet ; — les Mascarets dans les fleuves, et d'autres ingénieux mémoires de géographie physique, par M. Babinet.

La *géographie de la mer* est une des parties les plus importantes de la géographie physique, et celle qui a fait éclore le plus de travaux : le Tableau de la mer, par G. de La Landelle ; — la Physiographie de la mer, par A. Gareis et A. Becker, de la marine autrichienne ; — l'Histoire du Gulf-Stream, par F.-G. Kohl ; — Notre câble transatlantique, par E. Delessert ; — les Notes sur la navigation de l'Atlantique et de l'océan Indien, et les Notes sur les vents, le temps et les courants, par M. H. Rosser (en anglais) ; — un Rapport sur les hauts-fonds et les vigies de l'Atlantique entre l'Europe et l'Amérique du Nord, par le contre-amiral Fleuriot de Langle ; — un Mémoire sur la mer de Varech, par M. Leps ; — les Considérations générales sur la Méditerranée, par A. Le Gras ; — l'histoire de la mer des Sargasses, par Paul Gaffarel ; — la Mer, par le docteur Schleiden ; — les Observations sur la température des mers entre l'Angleterre et l'Inde, par H. Toynbee ; — les Recherches sur l'eau de mer, de M. Vincent; — la Température de la mer entre l'Écosse, l'Islande et la Norvége, par K. Johnston et A. Buchon. — Ajoutons le Manuel de marine (Nautik), par M. W. Freeden (en allemand); — celui de M. Rouwer (en hollandais); — le Guide du marin, par MM. de Kerhallet, de Freminville, Terquem, Boutroux et Ch. Laboulaye; — l'Atlantic Directory, par M. Rosser, offrant, avec un Guide du marin dans l'Atlantique, la géographie physique et la météorologie de cet océan; — le Fond de la mer, par L. Renard; — la Densité, la salure et les courants de l'océan Atlantique, par le lieutenant Savy; — la nouvelle édition des Révolutions de la mer, par Adhémar; — le Phénomène de la marée, et ses rapports avec les variations séculaires du niveau des mers, par le docteur Schmick; — les Courants et les révolutions de l'atmosphère et de la mer, par Félix Julien; — les nombreuses Instructions nautiques des marines française, anglaise, etc.

M. Terquem a traduit la célèbre Géographie physique de la mer, par Maury, et a accompagné sa traduction d'un atlas de 13 planches. Les Instructions nautiques, du même auteur, ont été traduites par M. Vancechout. M. l'amiral Fleuriot de Langle a fait l'examen des ouvrages de Maury, et il ne partage pas toutes ses opinions. L'illustre Américain, entre autres opinions hardies et qui trouvent des contradicteurs, en a émis une très-remarquable dans sa lettre à toutes les puissances maritimes, où il veut prouver qu'un des plus curieux résultats des opérations météorologiques exécutées dans ces derniers temps, c'est d'avoir conduit à la découverte que les hivers, au pôle antarctique, ne sont pas, à beaucoup près, aussi froids qu'au pôle arctique; on croit généralement le contraire.

L'Histoire naturelle des mers européennes, par le professeur Édouard Forbes, continuée par Robert Godwin Austen, est un ouvrage important, où la géologie, la botanique et la zoologie sont mises à contribution de la manière la plus intéressante, et où les auteurs, ne se contentant pas de répondre à leur titre, passent en revue toutes les mers du globe. — Une exposition de la géographie physique de la Méditerranée, par le docteur Karl Bottger, est accompagnée de 6 cartes.

L'étude du fond des mers est une des parties de la science qui ont fait le plus de progrès dans ces dernières années: au premier rang des savants qui ont traité ce sujet d'une manière générale, nous nommerons M. Delesse, qui a produit un grand ouvrage, avec atlas, intitulé la Lithologie du fond des mers; — le capitaine Sherard Osborn a fait la Géographie du lit de la mer dans l'Atlantique, l'océan Indien et la Méditerranée; — M. Carpenter a fourni d'importants documents sur les sondages dans l'Atlantique et la Méditerranée, et présenté des opinions neuves sur les courants. D'après lui, comme d'après Pouillet, les eaux de la surface des mers polaires, arrivées sous l'action du froid au maximum de densité, plongent, et sont remplacées par les eaux de surface des parties équatoriales de l'Atlantique, plus chaudes et moins denses. Les eaux froides, après avoir immergé, glissent sur la surface du lit de la mer et viennent, à leur tour, remplacer à la surface les eaux équatoriales

attirées vers le pôle. Dans cette théorie, le Gulf-Stream ne serait qu'un accident du mouvement général ; l'accroissement de vitesse de ses eaux ne pro-
viendrait que de causes particulières, comme les vents et le resserrement des
canaux par lesquels il est forcé de passer.

Nommons encore parmi les savants scrutateurs des profondeurs de la
mer, MM. Findlay, Leighton, Jordan, Wharton, Davis, Wyville-Thompson,
W. Chimmo, qui a fait connaître les sondages et les températures dans
le Gulf-Stream ; — le docteur Petermann et M. Ch. Grad ont traité spécialement de l'extension du Gulf-Stream dans le nord ; — M. de Folin a étudié le
fond de la mer dans cette étrange cavité du golfe de Gascogne qui est nommée
la Fosse de Cap-Breton ; — M. J. Girard a résumé une grande partie des
travaux qui concernent la géographie maritime dans un intéressant volume
intitulé : les Explorations sous-marines.

Une commission de la Société de géographie de Paris, ayant pour président
M. l'amiral Fleuriot de Langle, a publié récemment un programme d'instruction aux navigateurs pour l'étude de la géographie physique de la mer.

La *géographie botanique* et la *géographie zoologique* ont aussi donné
lieu à d'intéressants ouvrages, tels que : la Géographie des plantes, par le
docteur Kabsch ; — les Recherches sur les rapports du climat et du sol avec
la végétation, par M. Hoffmann ; — la Distribution des plantes sur le globe,
par M. Pickering ; — l'Étude de la géographie des plantes, par M. Zetters-
tedt (en suédois) ; — la Végétation du globe, par le docteur Grisebach ; — la
Géographie des plantes marines, par Ascherson (dans les Mittheilungen de
Petermann) ; — la Distribution des sauterelles voyageuses, par Fr. Kœppen
(dans le même recueil), qui a aussi donné les Distributions des papillons sur
le globe, par G. Koch, celle des perroquets par Otto Finsch, celle des conifères
et des gnétacées, par Rob. Brown, et celle des cerfs, par Jæger et Bessels.

Le *magnétisme terrestre* nous montre aussi des travaux importants à
signaler, et d'abord les cartes et les notices des marines de France, d'Angleterre, des États-Unis, etc. ; — MM. Evans et Archibald Smith ont fait un travail considérable sur ce sujet ; — le Journal d'un voyage autour du monde,
pour les recherches magnétiques, par le révérend W. Scoresby, édité par
Archibald Smith, est une exposition des principes généraux du magnétisme
terrestre ; — le célèbre Sabine a continué ses observations magnétiques ; —
M. J. Lelaisant consacre une partie de ses études à la géographie magnétique de toute époque pour Paris ; — M. Faye, frappé de la difficulté de
tenir compte des variations de la boussole sur les bâtiments en fer, aujourd'hui
d'un usage général, a indiqué, dans une séance de l'Académie des sciences,
un moyen bien simple de soustraire cet instrument à l'influence métallique
du vaisseau : c'est d'enfermer dans le bateau du loch qu'on jette à la mer une
boussole, dont l'aiguille, fixée à distance par un taquet pris par la corde
du loch, donne, quand l'appareil est ramené à bord, la véritable direction
du méridien magnétique. — On trouve, dans les comptes rendus de la même

Académie, un mémoire de M. Linder sur les variations séculaires du magnétisme terrestre.

La **géographie statistique, économique et commerciale** nous offre au premier rang un excellent mémoire de M. Jules Duval sur les Rapports entre la géographie et l'économie politique, avec un tableau des échanges internationaux sur le globe, et un beau livre du même auteur sur les Colonies et la politique coloniale de la France; — citons aussi la Statistique des États de l'Europe et des autres pays du globe, par M. Brachelli; — le compte rendu, par M. Engel, des Travaux du Congrès international de statistique dans ses séances tenues à Bruxelles, à Paris, à Vienne à Berlin, etc.; — les Études de statistique comparées, par M. Legoyt; — le Manuel de statistique, par M. O. Hübner; — la Géographie commerciale et industrielle des cinq parties du monde, par Richard Cortambert (pour l'enseignement secondaire spécial); — la Géographie générale du commerce et de l'industrie, par H. Pigeonneau (même but); — les ouvrages du même genre par MM. Levasseur et Périgot; — ceux de M. Bainier; — les Communications commerciales modernes, par E. Behm; — les Tableaux de population et de superficie de différents pays de la Terre par le même auteur, et par Wagner; — la Lutte industrielle des peuples, par Audiganne; — les Principes pour les cartes d'économie agricole, par le docteur Lorenz (en allemand), avec planches; — le Vade-Mecum du statisticien, de M. Levasseur; — et les travaux de statistique ou de géographie commerciale de MM. Lachmann, K. Andree, Maurice Block, Dieterici, Quételet, Heuschling, Kolb, Kühn.

L'ethnographie et l'**anthropologie,** sœurs de la géographie, sont des études qui, établies sur des bases encore un peu incertaines, sont cependant remplies d'un grand intérêt et font tous les jours de nouveaux progrès. Des ouvrages ou mémoires sur l'histoire, la classification et la distribution de l'espèce humaine ont eu pour laborieux auteurs MM. de Quatrefages (savant professeur au Muséum, qui soutient l'unité de l'espèce humaine), Broca, Pruner-Bey, Lélut, Flourens, Gratiolet, Périer, Ad. Pictet, Brace, Th. Waitz, Retzius, Schmidt, Reichenbach, W.-F.-A. Zimmermann, J.-Z. Jackson, d'Omalius d'Halloy, Boudin, Brullé, Max-Muller, C. Vogt, Knox, Bertillon, Bastian, Topinard, Rochet, Hamy, etc. La fameuse doctrine de Darwin sur la transformation des espèces, les Évidences géologiques de l'antiquité de l'homme, par Ch. Lyell, sont d'importants ouvrages anglais, plusieurs fois traduits en français. L'Anti-Kaulen, ou de la théorie mythique des peuples et des langues, par M. Pott, est un ouvrage dirigé contre les théories unitaires de Kaulen. MM. Paul Bataillard et R. Liebich ont publié de nouvelles recherches sur les Bohémiens. Les Origines indo-européennes, ou les Aryâs primitifs, par M. Pictet, sont encore un des travaux remarquables de ces derniers temps. M. Belloc a fait les Peoples of the world; etc.

Abordons la **géographie historique.** Nous devons à M. Vivien

de Saint-Martin et à M. O. Peschel de savantes Histoires de la géographie ; —
à MM. Smith et Grove un bel Atlas, avec texte, de géographie ancienne et
sacrée ; — à M. Menke, une nouvelle édition, très-augmentée, de l'Atlas historique de Spruner ; — à MM. Daremberg et Saglio, un Dictionnaire des
antiquités grecques et romaines ; — à M. Karl Müller, de nouveaux travaux
sur les géographes anciens ; — à MM. Samuel Clark et G. Grove, un excellent Bible-Atlas, éclairé par un texte très-développé ; — à M. Am. Tardieu,
une très-bonne traduction de Strabon.

Le goût prononcé de notre temps pour les études archéologiques a fait
éclore plusieurs travaux de géographie ancienne : M. Alfred Jacobs a publié,
sur les trois itinéraires des Aquæ Apollinares, des explications relatives à la
Gaule ; un savant opuscule sur les fleuves et rivières de la Gaule et de la
France au moyen âge, et un autre sur le *pagus* aux différentes époques de
notre histoire. — La situation d'Alesia a soulevé de vives discussions, où se
mêlent les noms de MM. Delacroix, Rossignol, Quicherat, de Coynard,
Jomard, Ern. Desjardins, Stoffel, etc. — M. Joseph Michon a écrit une thèse
importante sur le nord de l'ancienne Afrique, et l'a intitulée : Quid Libycæ
geographiæ, auctore Plinio, Romani contulerint. — M. Vivien de Saint-
Martin a publié un ouvrage sur le nord de l'Afrique dans l'antiquité grecque
et romaine, et une étude sur la géographie grecque et latine de l'Inde, et en
particulier sur l'Inde de Ptolémée dans ses rapports avec la géographie sans-
crite. — M. Queipo a composé, sur les mesures de l'antiquité, un grand et
bel ouvrage qui touche sur plus d'un point à la géographie. — M. Thomas
Martin a exposé les notions des anciens sur les marées et les euripes. —
MM. Lasarow et Parthey ont donné une édition de l'Onomasticon d'Eusèbe.
— M. Reinaud a fait un mémoire sur l'étendue de l'empire Romain, dont le
savant académicien recule les limites à l'est bien au delà des bornes qu'on
lui assignait généralement. — Les mémoires sur les provinces romaines depuis la division faite par Dioclétien jusqu'au commencement du v° siècle, par
Th. Mommsen, avec un appendice par Ch. Müllenhoff, marquent dans l'histoire de la géographie. — M. Chabas a fait des recherches nombreuses et
profondes sur l'histoire et la géographie anciennes de l'Égypte ; il a donné,
entre autres, avec M. Wicliffe Godwin, la traduction analytique d'un papyrus
du Musée britannique relatant le voyage d'un Égyptien en Syrie, en Phénicie, en Palestine, etc., au xiv° siècle avant notre ère. — M. F. Berlioux a fait
voir dans un mémoire latin que Ptolémée était dans le vrai sur les sources
du Nil. — M. Félix Robiou a composé un bon travail sur la retraite des Dix
Mille. — MM. Dozy et de Goeje ont composé la Bibliothèque des géographes
arabes (Edrisi, etc.) — Les Prairies d'or, de Maçoudy, ont été traduites par
MM. Barbier de Meynard et Pavet de Courteille. — La Cosmographie de
Dimachqui l'a été par M. Mehrens. — M. Barbier de Meynard a traduit en
français, le Livre des routes et des provinces, par Ibn-Khordabdeh ; — M. de
Slane, les Prolégomènes d'Ibn-Khaldoun ; — M. Wustenfeld a rendu en alle-
mand le Dictionnaire géographique d'Yakoût, et M. Ethé, la Cosmographie

de Kazvini ; — les Mémoires du sultan Baber ont été traduits du djagataï par M. Pavet de Courteille.

Dans un poëme adressé par Baudri, abbé de Bourgueil, à Adèle, fille de Guillaume le Conquérant, et édité par M. Léopold Delisle, on voit une curieuse description de la mappemonde que ce religieux dépeint comme devant former le pavé de la noble princesse : c'est le tableau complet et assez fantastique des connaissances géographiques du xɪᵉ siècle.

M. Major, bibliothécaire de la section géographique du British Museum, a écrit l'histoire du prince Henri le Navigateur, c'est-à-dire des progrès de la géographie dans la première moitié du xvᵉ siècle ; — M. Codine a fait une savante analyse de cet ouvrage dans le Bulletin de la Société de géographie de Paris ; — M. E. de Veer a donné un volume sur le même prince Henri et son temps (en allemand). — M. Major a présenté aussi l'histoire de Nicolo Zeno et d'autres navigateurs précolombiens dans l'Amérique arctique.

M. Fr. Kunstmann a publié un admirable Atlas de 13 cartes en fac-simile, pour accompagner son ouvrage sur la découverte de l'Amérique, présentée historiquement d'après les sources les plus anciennes ; — M. F.-G. Kohl a donné l'histoire et le fac-simile des deux plus anciennes cartes générales de l'Amérique (en 1527 et en 1529). — Un bibliographe américain très-érudit, M. Harrisse, a fait un curieux ouvrage intitulé America vetustissima, où sont réunis les titres et des extraits en fac simile de tous les plus anciens documents publiés concernant l'Amérique ; depuis, il a fait des recherches à la Bibliothèque colombienne de Séville, et il a écrit un volume où il attaque l'authenticité de l'histoire de Christophe Colomb attribuée à son fils Fernand Colomb ; M. d'Avezac a soutenu cette authenticité dans un mémoire très-étudié ; M. Harrisse a répondu dans le Bulletin de la Société de géographie et il a ajouté de nouveaux arguments dans un remarquable travail intitulé les Colombo de France. A qui restera le dernier mot de cette importante question littéraire ?

C'est encore la géographie historique de l'Amérique qui a inspiré à M. d'Avezac l'important mémoire publié sous le titre de Martin Hylacomylus Waltzemüller, ses ouvrages et ses collaborateurs, voyage d'exploration et de découvertes à travers quelques épîtres dédicatoires, préfaces et opuscules du commencement du xvɪᵉ siècle, par un géographe bibliophile.

Dans l'introduction de M. d'Avezac à la réimpression du Voyage de Jacques Cartier, l'éminent géographe éclaircit plusieurs points de l'histoire des découvertes géographiques ; il a aussi élucidé la question difficile de la date de la naissance de Christophe Colomb ; M. J.-B. Torre a offert (en italien) un recueil complet des écrits de Colomb ; — le fac-simile de la lettre (en espagnol) de Colomb à L. de Santagel, sur le seul exemplaire connu, celui de la Bibliothèque ambroisienne de Milan, a été publié par J. d'Adda.

L'histoire des anciens explorateurs de l'Amérique a exercé bien d'autres sagaces esprits : M. Ferdinand Denis, M. Margry, M. Parkman, M. de Varnhagen (qui s'est surtout occupé de Vespuce), M. Gravier (qui vient de publier la découverte de l'Amérique par les Normands, au xᵉ siècle), etc.

M. Ruelens et M. Major ont écrit des mémoires intéressants sur la découverte de l'Australie.

L'histoire de Gérard Mercator a été présenté par un docteur belge, M. Van Raemdonck. Un Allemand, le docteur Breusing, et un Français, M. Bertrand, ont fait la biographie du même grand géographe.

Les Voyages de Marco-Polo ont été réédités et commentés par M. Pauthier, M. Bianconi, M. Bartoli, le colonel Yule.

Henri Pertz a présenté à l'Académie royale de Munich un mémoire sur la plus ancienne tentative pour arriver aux Indes orientales, en l'année 1291.

M. d'Avezac a fait des recherches intéressantes sur les plus anciennes boussoles et sur l'histoire des variations de ce précieux instrument; il a publié une notice sur la mappemonde de la cathédrale de Hereford, ainsi que des explications sur des cartes manuscrites relatives à un commentaire de l'Apocalypse écrit au viii* siècle, et qui sont nos plus anciens documents cartographiques originaux.

Les cartes du moyen âge ont occupé un assez grand nombre d'autres savants : ainsi, on doit à M. G. Canale l'indication des ouvrages et des documents sur les voyages, les navigations, les cartes nautiques, etc., des Italiens au moyen âge. — M. Wuttke a publié l'histoire et la description des cartes et des portulans avant Colomb ; — M. Major a fait un mémoire, avec fac-simile, sur une mappemonde récemment découverte dans la bibliothèque royale de Windsor, attribuée à Léonard de Vinci, et qui, si elle date de 1512, comme le croit le savant Anglais, serait la première carte où aurait été inscrit le nom d'Amérique.

La reproduction photographique du manuscrit grec de la Géographie de Ptolémée, trouvé au monastère de Vatopédi, au mont Athos, par M. Pierre de Sévastianov, a été un événement bibliographique. — Le mémoire sur les cartes nautiques du moyen âge dessinées en Italie, par Jos. de Luca (en italien), est accompagné du fac-simile d'une des plus curieuses de ces cartes; — MM. Desimoni et Belgrano, de la Société Ligurienne, ont aussi reproduit un Atlas très-ancien appartenant au professeur Luxoro.

M. Nicholls, de Bristol, a écrit la vie de Sébastien Cabot, ses aventures, ses découvertes. M. d'Avezac a donné un curieux mémoire sur les voyages de Jean et Sébastien Cabot, et mis au jour la vraie relation du navire l'*Espoir*, commandé par le capitaine de Gonneville (commencement du xvi* siècle).

Citons encore les copies photographiques, publiées par Müller à Venise, de l'atlas d'Andrea Bianco et de la mappemonde de Fra Mauro, dont les originaux sont conservés à la bibliothèque de Saint-Marc.

Une édition des voyages de Vasco de Gama a été faite par MM. Hercolano et Castillo de Païva ; — M. Arthur Morelet a traduit du portugais en français le journal du voyage de ce grand navigateur ; — M. Diego Barros Arana (de Santiago, au Chili) a écrit en espagnol la vie et les voyages de Magellan. — Remarquons aussi la nouvelle édition des voyages de Jean Maundeville, par J.-O. Halliwell, dans l'anglais original.

Le bel ouvrage de M. Jules Oppert sur les écritures cunéiformes a obtenu le prix biennal de l'Institut en 1863 ; la relation du Voyage archéologique de ce savant en Mésopotamie est une des principales publications de ce temps, ainsi que le Voyage archéologique en Asie Mineure de MM. George Perrot, Guillaume et Delbet, l'Expédition en Phénicie, par M. Renan, et l'Expédition en Palestine, par le duc de Luynes, que nous avons déjà signalées dans la première partie de ce coup d'œil historique. — Les recherches sur le moyen âge et sur l'aurore des temps modernes ont encore produit l'Histoire de la navigation des peuples depuis la conversion des Goths jusqu'à la mort d'Alaric, par M. Rod. Pallmann ; — l'histoire des Burgundes, par M. E. Beauvois; — la collection, réunie par M. Pacheco, de documents inédits relatifs à la découverte, à la conquête et à la colonisation des possessions espagnoles en Amérique et dans l'Océanie.

M. Gustave Oppert a donné un mémoire sur le Prêtre Jean ; — M. J.-C.-M. Laurent, les pèlerinages de Burchard, de Riccold, d Odoric et de Wilbrand (en latin) ; — M. Paul Riant, les pèlerinages et les expéditions des Scandinaves à l'époque des croisades ; — M. F. Muller, un mémoire bibliographique sur les journaux des navigateurs néerlandais.

M. Alexandro Magno Castillo a fait un Mémoire intéressant sur les colonnes commémoratives des découvertes des Portugais en Afrique.

M. Ernest Desjardins a publié une édition de la Table de Peutinger, sur l'original conservé à Vienne, avec des rectifications nombreuses des éditions précédentes, et d'importantes notes explicatives. La partie qui concerne la Gaule a été détachée en un volume spécial, d'un format commode.

Nommons encore le grand et profond travail sur les Inscriptions égyptiennes, par M. Brugsch ; — les mémoires et les découvertes archéologiques de M. Mariette en Égypte, particulièrement la liste nombreuse de noms géographiques trouvée sur les pylônes de Karnak et faisant connaître les peuples et les pays d'une grande partie de l'Afrique et de l'Asie au XVIIIe siècle avant notre ère ; — la belle publication de l'Histoire de l'art égyptien d'après les monuments, par M. Prisse d'Avennes, — et l'admirable ouvrage (description, cartes, vues) sur l'Égypte et la Nubie, par le docteur Lepsius.

La géographie trouve son profit dans la Bibliotheca glottica, éditée par Trübner, qui présente sous un ordre méthodique et critique la liste de tous les dictionnaires et de toutes les grammaires des langues connues.

M. Léon Pagès a donné la Bibliographie japonaise, ou le catalogue des ouvrages relatifs au Japon qui ont été publiés depuis le XVe siècle jusqu'à nos jours ; — M. Am. Barbié du Bocage, la Bibliographie de l'Indo-Chine.

La correspondance d'Alexandre de Humboldt avec Henri Berghaus, de 1825 à 1858, éclaire plus d'un point géographique. — M. de La Roquette a publié la correspondance scientifique et littéraire de ce célèbre voyageur.

Des discours et des articles nouveaux sur Alexandre de Humboldt se sont produits en Allemagne à l'occasion des fêtes de son centenaire : nous distinguons surtout le discours de M. Dove, puis une mappemonde des Mittheilungen de Petermann, donnant tous les itinéraires de l'illustre savant.

M. Élie de Beaumont a lu à l'Académie des sciences l'éloge historique de Puissant, si remarquable par ses travaux géodésiques, et celui du physicien, géographe et mathématicien Plana.

On lit avec intérêt la Vie, les voyages et les aventures de Dumont d'Urville, par M. de Barins, avec des renseignements sur le naufrage de La Pérouse.

Il est une science toute nouvelle, la **géographie lacustre**, qui a accompagné la découverte, dans plusieurs pays d'Europe, de curieuses habitations sur pilotis enfoncés dans les lacs, construites par des populations d'une grande ancienneté. En Suisse, en Irlande, en Italie, en Scandinavie et ailleurs, ces vieux vestiges ont offert des éléments d'un haut intérêt pour l'histoire de l'humanité ; le bel ouvrage de l'Antiquité de l'homme, par Lyell, résume ces découvertes et celles d'un grand nombre de faits relatifs aux ossements, aux ustensiles, aux armes fossiles. — L'Allemand Lubbock a donné l'Homme avant l'histoire, qui a été traduit par Ed. Barbier.

NÉCROLOGIE GÉOGRAPHIQUE

Inscrivons maintenant les pertes en géographes et voyageurs que la science a faites depuis 1856 :

Morts en **1856-1857**. — Le général *Aupick*, qui a joint à ses fonctions militaires et diplomatiques un goût marqué pour la géographie, et a laissé spécialement des cartes sur la France. — L'amiral *Beechey*, un des explorateurs des régions arctiques, un de ceux qui allèrent à la recherche de Franklin. — Félix de *Boucheporn*, auteur des Études sur l'histoire de la Terre, de plusieurs cartes géologiques, etc — Le baron *Derfelden de Hinderstein*, qui a publié d'importants travaux sur les Indes néerlandaises. — Ad. *Dureau de La Malle*, qui a donné une Géographie de la mer Noire et des Recherches sur Carthage. — André *Dumont*, géologue belge, auteur d'une belle carte géologique de l'Europe, d'une carte géologique de la Belgique, etc. — Le comte d'*Ellesmere*, ancien lord-lieutenant d'Irlande, qui fut le président de la Société géographique de Londres. — François-André *Isambert*, qui unissait à ses travaux de magistrat un goût particulier pour les recherches géographiques et fut un des fondateurs de la Société de géographie. — Thomas-Best *Jervis*, ingénieur anglais dans l'Inde, qui a contribué au progrès de la géographie de ce pays. — *Mellvill de Carnbee*, qui a consacré de nombreux travaux aux colonies hollandaises, et qui a particulièrement publié le Moniteur des Indes orientales et un excellent atlas des possessions néerlandaises. — Alcide d'*Orbigny*, qui a fait un important voyage dans l'Amérique du sud, et laissé des cartes et des voyages précieux pour la géographie et l'ethnographie de la Bolivie, du Pérou, etc. — Bernard *Perthes*, un des fondateurs du célèbre établissement géographique de Gotha, que Jules Perthes, son fils, continue si fructueusement. — William *Scoresby*, savant marin anglais, qui a fait des découvertes dans les mers arctiques, réuni d'excellentes observations sur la physique terrestre, et voué la fin de sa carrière au service de l'Évangile.

1858-1859. — L'amiral anglais *Beaufort*. — Aimé *Bonpland*, naturaliste qui a accompagné Alexandre de Humboldt dans son voyage aux Cordillères, etc. — *Brun-Rollet*, voyageur qui a exploré les contrées baignées par le Nil. — L'ancien consul et voyageur *Cochelet*. — L'Italien *Codazzi*, qui était devenu citoyen de la Colombie et qui a exploré principalement le Vénézuéla et la Nouvelle-Grenade. — Le docteur *Cuny*, assassiné dans le Darfour. — Le doyen des savants et voyageurs européens, Alex. de *Humboldt*, auquel les sciences géographiques et physiques ont dû tant de beaux travaux. — Le savant norvégien *Keilhau*. — Ignace *Knoblecher*, missionnaire, explorateur du bassin du Nil Blanc. — Le docteur D. *Lardner*, l'écrivain le plus populaire de la Grande-Bretagne et auquel la géographie, comme la plupart des autres sciences, a dû des lumières. — L'hydrographe français *Licoussou*. — Le géographe allemand *Papen*, auteur de la carte topographique du Hanovre, de l'Europe centrale, etc. — Le général *Pelet*, qui fut longtemps directeur du Dépôt de la guerre. — Le commodore *Perry*, Américain qui a fait une grande expédition au Japon. — L'intrépide madame Ida *Pfeiffer*, qui a fait deux fois le tour du monde. — *Raffenel*, qui a laissé de curieux renseignements sur les nègres sénégaliens et toute la Sénégambie. — Le professeur Karl *Ritter*, si justement nommé le créateur de la géographie scientifique. — Le voyageur Adolphe *Schlagintweit*, assassiné dans le Turkestan. — L'hydrographe *Vincendot.-Dumoulin*, qui a fait d'excellentes cartes publiées par le Dépôt de la marine.

1860-1861. — Pierre de *Angelis*, Napolitain établi à Buenos-Ayres, et qui a beaucoup écrit sur la Plata, le Paraguay, etc. — *Atkinson*, qui a voyagé en Sibérie et dans le pays des Kirghiz. — Le baron de *Barnim*, victime du climat de la Nubie. — Le docteur *Bell*, qui avait acquis une grande influence dans l'Abyssinie, comme conseiller de l'empereur Théodoros, et qui a été tué dans une bataille livrée par ce dernier à Négoucié. — Le général *Brisbane*, qui fut gouverneur de la Nouvelle-Galles méridionale. — Le docteur de *Bunsen*, auteur de la Topographie romaine. — Ulrich *Burckhardt*, attaché à l'Institut central de météorologie de Vienne. — *Buist*, qui fut le secrétaire de la Société géographique de Bombay, et qui est connu par ses travaux astronomiques et météorologiques. — George *Cunningham*, auteur du Gazetteer of the World, etc. — David *Dale-Owen*, un des plus savants géologues de l'Amérique. — Le marquis de *Dalhousie*, qui, gouverneur des Indes orientales anglaises, a fait faire des expéditions scientifiques profitables à la géographie. — Pierre *Daussy*, hydrographe de la marine, membre de l'Institut, etc. — *Deville*, qui a voyagé dans l'Inde. — *Durocher*, géologue, qui a voyagé dans la Scandinavie et dans l'Amérique centrale. — George *Evans*, géologue américain, premier explorateur des gisements d'animaux fossiles des Mauvaises Terres du Nébraska. — *Fellows*, voyageur archéologue dans l'Asie Mineure. — Ph. *Lebas*, savant épigraphiste. — L'abbé *Huc*, célèbre par ses voyages en Chine et au Tibet. — Le capitaine *Haines*, qui a visité les côtes d'Arabie, de l'Afrique orientale, etc. — Mgr de *Jacobis*, évêque lazariste en Abyssinie. — Le colonel *Leake*, si connu par ses travaux de géographie ancienne sur l'Asie Mineure, la Grèce, etc. — Joachim *Lelewel*, savant polonais exilé, qui a jeté tant de jour sur la géographie du moyen âge. — A. de *Malzac*, connu par ses voyages dans le bassin du Nil. — Le baron *Minutoli*, ministre de Prusse en Perse, connu par ses travaux sur l'Espagne, les Canaries, le Portugal, etc. — Albert *Montémont*, qui a rédigé une volumineuse histoire des voyages. — *Imbert des Mottelettes*, qui a laissé un bon atlas historique. — *Mouhot*, qui a fait des voyages dans l'Indo-Chine et particulièrement dans le bassin du Mé-kong. — Léopold d'*Orlich*, qui a voyagé dans les Indes orientales. — Le docteur *Pency*, qui a péri victime de son exploration du haut Nil. — Le professeur suédois André *Retzius*, géographe, zoologiste et anthropologiste. — Karl *Ritter de Ghega*, célèbre ingénieur, auteur du chemin de fer du Sommering. — Le docteur Albert *Roscher*, assassiné dans le Zanguebar. — Paul *Schafarik*, le grand slaviste, qui a élucidé d'une manière si remarquable les divers séjours et les distributions très-compliquées des Slaves. — Henri *Schubert*, voyageur en Orient. — H. de *Sénarmont*, qui a composé de grandes cartes géologiques de plusieurs départements de la France. — Sir George *Simpson*, qui fut longtemps gouverneur des pays de la Baie d'Hudson. — Albert *Smith*, qui a écrit sur le mont Blanc, la Chine, etc. — Le major Franck *Vardon*, voyageur dans l'Afrique australe. — Le major *Vibe*, qui a fait de grands travaux sur la Norvège. — Le commander James *Wood*, un des membres les plus laborieux de l'Amirauté anglaise. — Le duc Paul de *Würtemberg*, qui a voyagé en Orient et en Amérique.

1862-1863. — Michel *Ackner*, qui a beaucoup éclairé la géographie ancienne et la géographie physique de la Transylvanie. — Le docteur Théodore *Bilhorz*, un des savants allemands qui connaissaient le mieux l'Égypte. — Jean-Baptiste *Biot*, illustre académicien, qui a contribué à la mesure de l'arc du méridien entre les Baléares et Dunkerque, et qui a fait d'autres savants travaux de géographie astronomique. — Nérée *Boubée*, géologue. — Le capitaine *Colquhoun Grant*, auteur d'une Description de l'île de Vancouver et d'une Description du Sikkim (dans l'Hindoustan). — Simon *Fraser*, qui découvrit en 1806 le fleuve qui porte son nom, dans la Colombie britannique. — G. *Gerstfeldt*, qui a visité la Sibérie avec Maack et qui a publié des Mémoires sur le bassin de l'Amour. — Le contre-amiral *Jehenne*, qui a exploré les côtes de beaucoup de pays, mais spécialement de l'Afrique orientale. — Edme *Jomard*, l'un des fondateurs de la Société de géographie de France, le créateur du cabinet géographique de la Bibliothèque nationale, et qui a rendu de grands services à la géographie en général et à la géographie africaine en particulier. — G. *Meynier*, Français, qui est mort dans un voyage en Sibérie. — Henri *Keller*, connu surtout par sa carte routière de Suisse. — Philippe de *Kerhallet*, qui a enrichi la géographie maritime de beaucoup de mémoires excellents. — Karl *Kreil*, qui a fait faire de grands progrès à la météorologie et à l'étude du magnétisme terrestre. — Le général Albert de *La Marmora*, auteur d'une Description et d'une carte célèbre de la Sardaigne, et qui a donné, dans un grand nombre d'autres travaux encore, les preuves d'un savoir profond et d'un jugement droit. — *Mallat de Bassilan*, qui a voyagé dans la Malaisie et qui, entre autres services rendus à la géographie, a fait connaître l'île de Bassilan et a donné une Description des Philippines. — Robert *Moffat*, le beau-père du docteur Livingstone et l'un des plus célèbres missionnaires et voyageurs de l'Afrique australe. — Le docteur *Ormiston Mac-William*, qui faisait partie de l'expédition du Niger sous le capitaine Trotter, en 1841, et qui a laissé une histoire médicale de cette expédition. — Mgr *Pallegoix*, missionnaire à Siam et vicaire apostolique, auteur d'une Description du royaume de Thaï ou Siam, d'un dictionnaire et d'une grammaire de la langue siamoise. — Le docteur George *Robinson*, qui a fait des explorations en Palestine, en Syrie, en Égypte, en Grèce (il ne faut pas confondre avec l'Américain Ed. Robinson, connu aussi par des voyages en Palestine). — Sir James Clarke *Ross*, qui a entrepris de grandes expéditions polaires arctiques et antarctiques. — Édouard *Schwartz*, qui a fait partie de l'expédition de la *Novara* et contribué comme ethnographe et comme médecin à la relation de cette expédition. — J. de *Schrœder*, Danois, qui est surtout connu par des cartes du Slesvig et du Holstein. — *Sueur-Merlin*, qui a fourni quelques bons documents à la géographie statistique et commerciale. — Le docteur Karl *Vogel*, père de l'infortuné voyageur Ed. Vogel et auteur d'un grand nombre d'ouvrages et de cartes géographiques très-estimés. — N.-H. de *Vriese*, professeur à l'université de Leyde, qui a publié d'importantes recherches sur la géographie botanique des Indes orientales. — Joseph *Wolf*, missionnaire anglican, qui a particulièrement voyagé en Asie et qui a publié un remarquable Voyage à Bokhara.

1864-1865. — J.-J. *Ampère*, littérateur, passionné pour les voyages, spirituel narrateur de ses excursions. — *Ashburton*, qui, en Angleterre, a donné beaucoup d'impulsion aux études géographiques. — *Arséniev*, savant russe, auteur de plusieurs ouvrages géographiques et statistiques. — Balfour *Baikie*, connu surtout par ses expéditions du Kouara (Niger). — Le docteur Henri *Barth*, qui, après avoir parcouru plusieurs parties de la Barbarie, entreprit, avec Richardson et Overweg, la grande expédition du Soudan en 1851, revint de ce pays en 1855, visita depuis l'Asie Mineure et la Turquie d'Europe, et a été enlevé subitement à la science à l'âge de 44 ans : il était président de la Société géographique de Berlin. — J.-J. *Benjamin*, Moldave, qui a exécuté des voyages en Asie, en Afrique et en Amérique. — Le docteur *Bernstein*, qui a exploré plusieurs parties de la Malaisie et de la Nouvelle-Guinée. — Maurice de *Bourmann*, qui a voyagé dans le nord et le centre de l'Afrique, et qui a été assassiné dans le Soudan. — Madame de *Bourboulon*, qui a accompagné dans l'extrême Orient son mari, ministre de France en Chine, et qui a laissé une relation intéressante de son voyage de Pé-king à Paris, par la Mongolie et la Sibérie. — *Buisson*, géographe du ministère des affaires étrangères de France. — W. John *Burchell*, qui a exploré le sud de l'Afrique. — James *Burnes*, voyageur dans l'Inde et l'Afghanistan. — Henri *Christy*, archéologue et voyageur anglais. — Hugh *Cuming*, naturaliste, qui a visité particulièrement l'Amérique du Sud et les Philippines. — P.-M. *Cuningham*, qui la fait des publications importantes sur la Nouvelle-Galles du Sud. — W.-F. *Daniel*, médecin et voyageur, qui a fourni de bonnes observations sur les côtes de Guinée. — P.-W. *Dease*, de la Compagnie de la baie d'Hudson, connu par ses voyages sur les côtes septentrionales de l'Amérique, avec Simpson, en 1839. — Le baron Charles *von der Decken*, qui a exécuté dans l'Afrique orientale quatre voyages, que nous avons décrits. — L'amiral *Romain-Desfossés*, qui a été président de la Société de géographie. — Louis *Dubeux*, orientaliste, très-versé dans la linguistique et l'ethnologie, et qui a écrit deux volumes de l'Univers pittoresque concernant des pays d'Asie. — Louis-Isidore *Duperrey*, capitaine de vaisseau et membre de l'Institut, célèbre par ses voyages de circumnavigation et ses savantes observations sur le magnétisme, etc. — L'amiral *Dupetit-Thouars*, qui a fait des voyages de circumnavigation et particulièrement des explorations dans l'Océanie. — Lord *Elgin*, protecteur dévoué des études géographiques dans la Grande-Bretagne. — Hugh *Falconer*, voyageur et botaniste, qui a spécialement observé la végétation de l'Inde. — L'amiral *Fitz-Roy*, habile marin et savant météorologiste, dont le principal titre est la reconnaissance des côtes occidentales de l'Amérique du Sud. — F.-A. *Garnier*, auteur d'un Atlas universel, un des plus complets qu'on ait publiés dans ces dernières années. — Jules *Gérard*, surnommé le Tueur de lions, mort en Guinée, où, suivant une version, il s'est noyé au passage d'une rivière, et, suivant une autre, il a été assassiné. — James *Gilliss*, capitaine de la marine américaine, chef d'une expédition astronomique dans l'Amérique du Sud et dans le Grand Océan. — *Gratiolet*, esprit lumineux et élevé, savant physiologiste, dont les travaux se rattachent à la géographie par l'ethnographie. — A. *Græf*, cartographe allemand très-connu. — Le missionnaire et orientaliste Karl *Graul*, qui a fait d'importantes recherches sur les anciens peuples de la Germanie et sur la géographie du moyen âge. — Aristide *Guilbert*, auteur de l'Histoire des villes de France. — Joseph *Hamel*, qui s'est distingué dans la géographie historique. — Bernard de *Hietzinger* vice-président de la Société géographique de Vienne, auteur de travaux statistiques sur l'Autriche. — L. *Hohenegger*, auteur de cartes géologiques des Carpathes, etc. — J. *Hooke*, botaniste, qui a donné une description des végétaux du nord de l'Inde, etc. — *Howitt*, un des plus hardis et des plus intelligents voyageurs de l'Australie, dans l'intérieur de laquelle il s'est avancé pour aller à la recherche de l'expédition de Burke; il a fait ensuite des explorations dans la Nouvelle-Zélande, où il est mort. — *Junghuhn*, médecin et naturaliste, qui, Prussien d'origine, avait embrassé du service dans l'armée hollandaise des îles de la Sonde, et qui a fait des travaux considérables sur la botanique, l'ethnographie et la statistique de ces îles. — Jacques de *Khanikoff*, connu surtout par sa description de plusieurs parties du Turkestan. — Émile *Kluge*, qui a fait de bons travaux sur les volcans. — *Kœnig-bey*, qui a longtemps séjourné en Égypte et qui a fourni des observations sur la Nubie et les Oasis. — Th. de *Kupffer*, directeur de l'Observatoire physique central de Saint-Pétersbourg, et auteur de nombreux mémoires météorologiques. — *Kœppen*, statisticien et ethnographe russe. — Francis *Lavallée*, qui a séjourné à Cuba et au Mexique, et qui a fourni sur ces contrées d'utiles renseignements. — Frédéric *Lacroix*, laborieux et sagace écrivain, qui a fondé l'intéressant Annuaire de la géographie, décrit dans l'Univers pittoresque diverses parties de l'Amérique, et préparé, avec M. Nau de Champlouis, une belle carte de la géographie comparée de l'Afrique septentrionale. — L. *Maillard*, ingénieur colonial de la Réunion, auteur d'une belle carte et d'une description du sol et des productions de cette île. — G. *Mayr*, topographe, connu surtout par son Atlas des Alpes. — P. de *Meyendorff*, qui a fait un voyage remarquable à Bokhara. — W. *Milne*, missionnaire en Chine. — Le colonel *Monteith*, voyageur en Perse. — P.-André *Munch*, Norvégien, aussi bon géographe que profond historien, et qui a donné des cartes excellentes de la Norvége. — J. *Ouchterlong*, ingénieur anglais de la présidence de Madras, et qui a visité plusieurs parties de l'Inde, entre autres les Nilgherries. — J. *Outram*, qui a aussi voyagé dans l'Inde. — Arthur *Paget*, qui a été à la tête de l'Amirauté anglaise. — Le major général *Portlick*, qui a fait le levé trigonométrique de l'Irlande. — *Prescott-Kildreth*, qui a fait bien connaître la géographie des monts Alleghany et du bassin de l'Ohio. — E. de *Pruyssenaere*, voyageur en Nubie. — Christian *Itafn*, antiquaire danois, qui a éclairé notamment la géographie historique du Groenland. — George de *Raumer*, qui a fait des recherches sur la Palestine, etc. — Ch. *Reybaud*, qui a écrit sur le Brésil. — Sir John *Richardson*, connu par ses expéditions dans les régions arctiques de l'Amérique. — Jos. de *Russegger*, dont les voyages dans le bassin du Nil, dans la Turquie d'Asie, etc. ont été l'objet d'une grande publication. — Alexandre *Schœfli*, voyageur suisse en Orient. — *Schmidt*, qui a étudié avec un soin particulier l'orographie et les accidents naturels de l'Autriche, et qui a fait spécialement des travaux très-remarquables sur les cavernes de cet empire. — Robert *Schomburgk*, voyageur anglais, qui a décrit la Guyane, l'île d'Haïti et des parties de l'Indo-Chine. — Henri *Schoolcraft*, voyageur américain et ethnographe, qui a donné un ouvrage très-important sur les Indiens des États-Unis. — Hermann *Schubert*, simple jardinier, mais devenu un voyageur instruit et qui accompagna le baron de Heuglin en Abyssinie, en Nubie et au bassin du Nil Blanc, où il est mort victime des fièvres paludéennes. — L'amiral Henry *Smyth*, habile marin et archéologue, dont les travaux sur la Méditerranée sont célèbres. — J. Hanning *Speke*, qui a fait deux célèbres voyages dans l'Afrique centro-orientale et qui a découvert le lac Victoria ou Nyanza-Oukérévé, source du Nil Blanc, suivant lui. — *Steudner*, voyageur allemand en Afrique, compagnon du baron de Heuglin en Abyssinie et dans le bassin du Nil Blanc, et qui est mort à Wau, chez les Djour. — W. *Struve*, astronome russe, qui s'est illustré par la mesure d'un arc du méridien et par d'autres savantes opérations. — J.-F. de *Stülpnagel*, cartographe estimé. — C. *Stolpe*, auteur d'un bon plan de Constantinople, etc. — Le contre-amiral *Tardy de Montravel*, qui a fait des voyages de circumnavigation et donné un important atlas hydrographique de l'Amazone. — *Ternaux-Compans*, qui a dirigé longtemps les Annales des voyages, et qui, très-savant et très-zélé bibliographe, a réuni spécialement une collection très-précieuse d'ouvrages sur l'Amérique. — Raymond *Thomassy*, qui a voyagé surtout en Amérique et qui a beaucoup étudié l'hydrologie, particulièrement la salure de la mer et la géographie historique et physique de la Louisiane. — Richard *Thornton*, géologue, voyageur en Afrique et compagnon du baron Ch. von der Decken, dans l'ascension du mont Kilima-ndjaro. — Mistress *Trollope*, connue surtout par son voyage aux États-Unis et ses descriptions des mœurs américaines. — Th. *Waitz*, éminent ethnologue. — Le major *Wangelheim de Qualen*, géologue, un des savants qui se sont voués à la connaissance de l'empire Russe. — Le contre-amiral George *Washington*, directeur de l'Hydrographie Office d'Angleterre, habile hydrographe. — Ch. *Waterton*, voyageur et naturaliste, qui a exploré l'Amérique du Sud, le nord-ouest des États-Unis, etc. — *Whitcombe*, qui a contribué à faire connaître la topographie de la Nouvelle-Zélande. — J.-C. *Wickham*, capitaine de la marine anglaise, un des officiers qui ont le plus concouru à l'hydrographie des côtes de l'Amérique et de l'Australie. — Joseph-Edm. *Wœrl*, fécond cartographe, qui a donné, entre autres cartes, un atlas de l'Europe, en 220 feuilles. — Fr. *Zippe*, professeur de minéralogie à l'Université de Vienne, et qui a publié d'importants travaux sur la géologie et la topographie de la Bohème.

1866-1867. — *Andersson*, voyageur suédois dans l'Afrique australe. — *Bache*, hydrographe des États-Unis. — J. *Bauer*, voyageur allemand en Australie. — Édouard *Blunt*, ingénieur hydrographe américain, qui a fait de bons travaux pour la détermination des côtes des États-Unis, et pour les communications interocéaniques. — Le vice-amiral français *Bonnard*. — N. *Bouillet*, auteur du Dictionnaire et de l'Atlas d'histoire et de géographie. — Le contre-amiral français E. du *Bouzet*. — *Carrasco*, voyageur et cosmographe péruvien. — Le capitaine de vaisseau anglais A. *Cheyne*. — Le capitaine anglais *Cresswell*, qui a pris part aux explorations arctiques de 1850-1853. — Sir George *Everest*, qui a contribué puissamment à la triangulation de l'Inde, et qui a donné son nom au point culminant de l'Himalaya. — Le professeur italien *Filippo di Filippi*, connu principalement par son voyage en Perse. — *Forchhammer*, géologue et voyageur, auteur de travaux sur la Troade, etc. — Le capi'aine russe *Goloubev*, qui a fait d'importantes explorations dans l'Asie centrale et des cartes de cette région. — *Gordon-Cumming* (le Tueur de lions), voyageur dans l'Afrique australe. — W.-H. *Harvey*, botaniste et voyageur. — Aug. de *Haxthausen*, connu surtout par ses écrits sur la Russie. — Hyacinthe *Hecquard*, voyageur en Sénégambie, en Albanie, etc. — Thomas *Hodgkin*, géographe et voyageur. — S. William Jackson *Hooker*, botaniste et voyageur. — S. *Jacobs*, excellent graveur, qui a surtout gravé des cartes du Dépôt de la marine. — Le météorologiste allemand *Kæmtz*, qui a fait faire des progrès à la géographie physique. — Le voyageur *Kinzelbach*, qui a parcouru plusieurs parties de l'Afrique orientale. — *Kotschy*, voyageur en Cilicie, en Chypre, etc. — L'Allemand *Kunstmann*, qui s'est livré à l'histoire de la géographie et a publié particulièrement les fac-simile des plus anciennes cartes de l'Amérique. — Théophile *Lavallée*, auteur de plusieurs ouvrages géographiques et professeur de géographie à l'école militaire de Saint-Cyr. — Le docteur *Lee*, astronome et géographe. — *Lecocq*, graveur, qui a contribué à la carte de l'état-major sarde. — Honoré-Albert duc de *Luynes*, savant archéologue, qui a employé sa grande fortune à réunir d'admirables collections d'antiquités, et à faire entreprendre des expéditions scientifiques; il en a dirigé lui-même une en Palestine. — H. *Meidinger*, connu par de bons travaux sur la géographie de l'Europe. — Duncan *Mac-Intyre*, voyageur en Australie. — *Mac-Gillivrey*, naturaliste, voyageur du navire le *Rattlesnake*, dans le Grand Océan. — Le général russe N. *Mouraviev*, qui a fait un intéressant voyage en Khivie. — Le baron de *Müller*, voyageur dans le nord de l'Afrique, etc. — J.-D.-F. *Neigebaur*, voyageur en Roumanie, en Sardaigne, en Italie. — A.-C. *Nordmann*, auteur d'études sur la Russie méridionale. — *Reinaud*, savant arabisant, auteur et traducteur d'ouvrages sur la géographie orientale. — George *Rennie*, ingénieur et voyageur. — L'orientaliste anglais Cecil *Renouard*. — Sir John *Richardson*, voyageur dans le nord de l'Amérique, etc. — Édouard de *Schlagintweit*, frère d'un des voyageurs de ce nom en Asie, voyageur lui-même dans le Maroc. — B. *Schepp*, auteur d'ouvrages sur l'Égypte. — Waldemar *Schultz*, auteur d'ouvrages et de cartes sur le Brésil méridional. — Ph.-Fr. de *Siebold*, voyageur au Japon, auteur de grands travaux sur ce pays. — *Slowman*, voyageur en Australie, etc. — Mac-Douall *Stuart*, voyageur en Australie. — Jacques *Swart*, voyageur et auteur d'ouvrages sur les Indes néerlandaises. — Noël des *Vergers*, auteur d'ouvrages sur la géographie archéologique de l'Italie et de l'Orient — A. *Viquesnel*, géologue et voyageur en Turquie. — *Walker*, voyageur en Australie. — Joseph *Warscewicz*, botaniste et voyageur polonais. — *Whewell*, géologue et géographe. — Maximilien de *Wied-Neuwied*, voyageur en Amérique.

1868-1869-1870-1871. — James Palladio *Busevi*, ingénieur, qui a contribué à la triangulation de l'Inde. — Adr. *Berbrugger*, qui a fait faire de grands progrès à la géographie, à l'histoire et à l'archéologie de l'Algérie. — Fr. *Bialloblotzky*, professeur à Gœttingue, qui a voyagé dans l'Afrique orientale. — P. *Bineteau*, bon cartographe. — Oscar *Blomsted*, ethnographe finnois, professeur à l'université d'Helsingfors. — Louis de *Bouet-Willaumez*, amiral français, qui a publié des relations sur les côtes occidentales de l'Afrique. — *Bourdalone*, célèbre par ses nivellements du département du Cher, de la France, de l'isthme de Suez. — *Boucher de Perthes*, qui a fait, en archéologie, en paléontologie, en anthropologie, de précieuses découvertes dont la géographie a profité. — Le contre-amiral *Boutakov*, connu par sa reconnaissance du Syr-daria, de l'Amou-daria et de la mer d'Aral. — P.-E. *Botta*, consul général de France en Orient et médecin; il avait entrepris des voyages d'exploration en Chine et en Océanie. Il eut la gloire, étant consul à Mossoul, de retrouver les ruines de Ninive. — Gaetano *Branca*, auteur d'un Dictionnaire géographique universel, d'une Bibliographie géographique, etc. — *Braouézec*, voyageur dans l'Afrique occidentale, consul de France à la Sierra-Leone, auteur de mémoires et de cartes sur divers points de la Sénégambie et de la Guinée. — Fréd. *Cailliaud*, célèbre par son voyage au Nil et la belle publication qui en a été le résultat. — Louis de *Carné*, un des membres de l'expédition de Mé-kong, auteur d'une relation de ce voyage. — A. P. *Caussin de Perceval*, auteur de l'Essai sur l'histoire des Arabes et d'autres travaux sur l'histoire et la langue de l'Arabie. — J. *Cassin*, ornithologiste et voyageur américain, qui a écrit la partie ornithologique des relations de Wilkes et de Gilliss. — J. *Cénac-Moncaut*, auteur de l'Histoire des Pyrénées et des rapports internationaux de la France avec l'Espagne, et des Voyages archéologiques dans les Pyrénées. — Léonard *Chodzko*, auteur d'ouvrages sur la Pologne. — *Darondeau*, ingénieur hydrographe, qui a contribué, avec Beautemps-Beaupré, au levé des côtes de France, et qui a fait d'autres importants travaux pour le Dépôt de la marine. — Le général Eugène *Daumas*, directeur de l'Algérie au ministère de la guerre, auteur de l'Exposé de l'état actuel de la société arabe; du Sahara algérien; du Grand Désert; de la Grande Kabylie, etc. — Anatole *Demidoff*, auteur du Voyage dans la Russie méridionale et la Crimée, et d'un Album pittoresque et archéologique de la Toscane. — L'abbé *Dinomé*, qui a fait de bons résumés des voyages en Afrique. — *Dollfus-Gras*, géologue, qui a rapporté des observations très-intéressantes sur l'Amérique centrale et divers autres pays. — Fr. *Ecklon*, botaniste danois, qui a visité l'Afrique australe. — Jules *Duval*, économiste, qui a fait la description de la France, sous le titre de Notre Pays; celle de la Terre (Notre Planète); l'Algérie, tableau historique et statistique; l'Histoire de l'émigration européenne au xixᵉ siècle; les Colonies et la politique coloniale de la France, etc. — A.-J. *Erdmann*, géologue suédois, qui a dirigé la carte géologique de Suède, et laissé des mémoires précieux sur la science qu'il cultivait. — Le comte N. d'*Escayrac de Lauture*, qui a fait d'importants voyages dans le Soudan oriental et en Chine. — Antoine d'*Etzel*, auteur d'ouvrages sur la géographie du Nord. — Léon *Foucault*, qui a le premier prouvé le mouvement de la Terre par le déplacement régulier de points atteints par les oscillations d'un pendule. — F. *Foucou*, qui a proposé de nouvelles et savantes projections de cartes. — Ch. *Girard*, qui a reconnu le Nouveau-Calebar. — Lady D. *Gordon*, auteur de lettres très-spirituelles sur l'Égypte, qu'elle a visitée. — Léon *Grimoult*, rédacteur en chef du journal le Paquebot. — J.-E. de *Hahn*, dont les voyages dans la Turquie d'Europe ont fait faire un grand progrès à la géographie de ce pays. — W. *Haidinger*, géologue autrichien, qui fut le président de la Société géographique de Vienne. — Ch. Francis *Hall*, qui a fait de célèbres voyages arctiques. — G.-W. *Hayward*, voyageur, qui a été assassiné dans les montagnes de l'Asie centrale. — Sir John *Herschel*, célèbre astronome anglais, auteur d'ouvrages sur la géographie physique, la météorologie, etc. — K. Alex. *Hugel*, connu par son savant voyage dans le nord-ouest de l'Inde et dans l'Afghanistan, etc. — J. *Hunt*, fondateur de la Société anthropologique de Londres. — Nicolas *Ivachinzov*, contre-amiral russe, qui a fait l'hydrographie de la mer Caspienne. — *Jablonski*, consul de France à Zanzibar, qui a fourni de bons renseignements sur la côte orientale de l'Afrique. — Al. Keith *Johnston*, excellent graveur et cartographe écossais, auteur d'atlas et de cartes très-estimés. — B. *Jukes*, géologue anglais, qui a fait partie de la campagne du *Fly* en Océanie, etc. — Le capitaine de frégate Ernest Doudart de *Lagrée*, qui commandait l'expédition du Mé-kong, en 1866-1867, et qui a succombé en Chine, aux fatigues de ce grand voyage. — Ferd. de *Lanoye*, auteur de bons résumés de voyages. — Léon de *Laborde*, membre de l'Institut, directeur des Archives nationales, connu comme voyageur par son exploration de la Palestine, de l'Arabie Pétrée, etc., et par l'ouvrage de luxe où il en a rendu compte. — Gustave *Lambert*, célèbre par son projet de voyage au pôle Nord, et frappé mortellement au combat de Buzenval contre les Prussiens. — Victor *Langlois*, qui a fait un voyage en Cilicie. — Dezos de *La Roquette*, qui était le doyen de la Société de géographie, et qui avait étudié spécialement les régions scandinaves et réuni des documents nombreux concernant ces pays. — A. *Legoyt*, auteur de travaux statistiques très-estimés sur la France, la Suisse, etc. — Guill. *Lejean*, voyageur français, auteur du Voyage aux deux Nils, d'un Voyage en Abyssinie, de Mémoires sur l'ethnographie et la géographie de la Turquie d'Europe, etc. — *Le Saint*, envoyé par la Société de géographie en Afrique, et mort sur les bords du Nil Blanc. — *Lévesque Desvarannes*, qui a écrit sur la Chine et la Cochinchine, qu'il a visitées comme capitaine de frégate. — *Logan*, directeur du Journal de l'Archipel indien, et à qui l'on doit des renseignements très-remarquables sur la géographie, et surtout l'ethnographie de l'Inde, de l'Indo-Chine et de la Malaisie. — *Ferdinand de Luca*, auteur de savants mémoires sur la géographie physique et historique. — *Macqueen*, géographe anglais, dont les travaux se rapportent tous à l'Afrique. — Ph. *Van der Maelen*, fondateur d'un célèbre établissement géographique à Bruxelles, et auteur ou directeur d'un grand nombre de travaux cartographiques, concernant surtout la Belgique, qui lui doit, entre autres, une carte topographique au 25 000e. — Pietro *Maestri*, statisticien, auteur d'une statistique du royaume d'Italie, etc. — E. *Mage*, lieutenant de vaisseau, voyageur en Sénégambie et au Soudan, lauréat de la Société de géographie, et qui a péri si malheureusement par le naufrage de la *Gorgone*, sur les côtes de Bretagne, en décembre 1869. — J. *Markham*, auteur de l'ouvrage intitulé : Report of journeys in China and Japan. — *Martin de Moussy*, qui a fait l'exploration scientifique de la Confédération Argentine, et décrit ce pays dans un grand ouvrage et un bel atlas. — Le contre-amiral Aimé *Mathieu*, membre du Bureau des longitudes, ancien directeur du Dépôt de la marine, et qui fut deux fois président de la Société de géographie. — Prosper *Mérimée*, auteur de tant de productions littéraires renommées, parmi lesquelles sont ses Voyages dans le midi et dans l'ouest de la France, en Auvergne, dans le Limousin, en Corse. — Alex. *Moreau de Jonnès*, statisticien français, qui a dirigé la publication faite par le ministère de la Statistique générale de la France; auteur des Recherches statistiques et économiques sur les grandes contrées de l'Europe; des Recherches sur les changements produits dans l'état physique des contrées par la destruction des forêts. — Léon *Morel-Fatio*, peintre de marine, créateur du Musée ethnographique au Louvre. — Sir Roderick Impey *Murchison*, géologue anglais, président, à plusieurs reprises, de la Société géographique de Londres, auteur de la Geology of Russia and the Ural Mountains et de cartes géologiques de l'Angleterre, de l'Europe, etc. — Carl-Friedr. *Neumann*, orientaliste et littérateur bavarois; parmi un grand nombre d'écrits, le principal est son mémoire sur les peuples de la Russie méridionale. — Le docteur *Ori*, voyageur italien dans le bassin du Nil Blanc. — Ambroise *Poncet*, qui, par une longue résidence dans le bassin du Nil Blanc, avec son frère Jules Poncet, a rendu de grands services à la géographie de cette région. — Achille *Poussielgue*, attaché d'ambassade, qui est allé en Chine et en Amérique, et qui est l'auteur de la relation du voyage de M. et madame de Bourboulon de Pé-king en Russie, de son propre voyage en Floride, etc. — Le prince *Puckler Muskau*, voyageur et écrivain allemand, connu par son esprit original. — F. *Prœschel*, auteur d'un bon atlas de l'Australie, pays où il a longtemps séjourné. — *Quoy*, naturaliste, qui a fait partie des campagnes de circumnavigation de Dumont-d'Urville, etc. — *Ramon de la Sagra*, économiste, voyageur et géographe espagnol, qui a publié de grands travaux sur l'île de Cuba et un voyage en Hollande et en Belgique. — Tristan de *Rostaing*, un des secrétaires de la Société de géographie, auteur d'un mémoire sur la Corée et de quelques autres bonnes notices. — F.-J. *Ru-precht*, botaniste et voyageur russe, qui a fait des voyages dans diverses parties de la Russie. — J.-Fréd. *Saigey*, physicien et mathématicien français, auteur de la Petite physique du globe, etc. — *Sars*, de Bergen, savant conchyliologiste, qui a beaucoup avancé la géographie sous-marine. — Karl *Schneider*, auteur de travaux géographiques sur l'Allemagne. — Jean-Henri *Schnitzler*, statisticien et géographe français, qui a publié l'Empire des Tzars et d'autres travaux sur la Russie. — John *Scouler*, naturaliste, qui a fait partie d'expéditions sur les côtes nord-ouest de l'Amérique. — Le docteur Berthold *Seeman*, botaniste et voyageur hanovrien, qui a écrit un ouvrage sur les îles Viti ou Fidji, et qui a publié aussi un écrit sur le Nicaragua. — Norton *Shaw*, longtemps secrétaire de la Société géographique de Londres, auteur de mémoires et d'atlas qui ont contribué aux progrès de la géographie. — Benjamin-Franklin *Shumiard*, géologue américain, qui a fait des travaux considérables sur la géologie du Kentucky, etc. — Lord *Strangford*, orientaliste, qui a joint souvent la géographie à sa spécialité. — Ch. *Sturt*, un des plus courageux voyageurs en Australie, et l'un de ceux à qui l'on doit les plus grandes découvertes dans l'intérieur de ce pays. — Pierre *Tardieu*, bon graveur géographe. — J. *Tennent*, qui a laissé une importante description de l'île de Ceylan. — Gottfried *Theobald*, qui a contribué beaucoup à la carte géologique de la Suisse. — *Thibaut*, vice-consul de France à Khartoum, voyageur au Nil Blanc, en compagnie de d'Arnaud, dans la première exploration de ce fleuve. — Mademoiselle Alexina *Tinné*, jeune et courageuse Hollandaise, qui a parcouru le bassin du Nil Blanc, où elle a perdu sa mère et sa tante, et qui a été assassinée dans le Sahara par les Touareg. — Ch. *Texier*, archéologue et voyageur français, auteur de la Description de l'Arménie, de la Perse et de la Mésopotamie, etc. — Nicolas *Tourgueneff*, qui a écrit la Russie et les Russes. — *Vallet de Viriville*, professeur à l'École des chartes, et qui a éclairé plusieurs points de la géographie du moyen âge. — George de *Vibann*, auteur de divers travaux topographiques sur l'Allemagne. — P.-J. *Voillez*, auteur du Dictionnaire topographique de l'Oise et du Répertoire archéologique de l'Oise. — Le docteur *Waddington*, voyageur anglais, qui a donné une relation de ses voyages en Nubie et en Grèce. — Ferd.-Ludwig *Wrangel*, amiral russe, qui a fait un voyage d'exploration à la côte nord-est de la Sibérie et a publié une fort bonne notice sur l'Amérique russe, dont il avait été gouverneur. — John *Wood*, lieutenant dans la marine anglaise, qui a publié la relation de son voyage aux sources de l'Oxus.

1872-1873-1874. — Le prince *Adalbert de Prusse*, qui a voyagé en Russie, en Orient, au Brésil, et a publié d'intéressantes relations de ses excursions. — John *Arrowsmith*, géographe anglais, fils d'un autre géographe célèbre, Aaron Arrowsmith ; auteur, comme son père, d'un grand nombre de cartes très-estimées. — Karl *Appun*, qui a voyagé dans l'Amérique du Sud. — Jacques *Babinet*, astronome et physicien, membre de l'Institut, professeur au collège de France, spirituel et savant vulgarisateur; il a donné son nom à une projection cartographique, publié une mappemonde, un atlas, et répandu des connaissances de géographie physique d'une manière agréable. — Adolphe *Bac-meister*, Allemand, philologue et auteur de recherches savantes de géographie ancienne. — Charles-Ernest *Beulé*, archéologue, qui a fait en Grèce et à Carthage des recherches dont la géographie a retiré des fruits importants. — Élie de *Beau-mont*, savant géologue, très-versé dans la géographie physique; auteur, avec Dufrénoy, de la carte géologique de France; créateur de la théorie des Soulèvements, du système du réseau pentagonal du globe, etc.; longtemps directeur de l'École des mines, et l'un des deux secrétaires perpétuels de l'Académie des sciences. — Charles *Beke*, voyageur anglais, qui a exploré le nord-est de l'Afrique et l'ouest de l'Asie. — W.-H. *Black*, archéologue, auteur de travaux de géographie ancienne sur l'Angleterre. — Sir John *Bowring*, qui a voyagé dans l'Orient, dans l'Asie et dans l'Océanie. — L'abbé *Brasseur de Bourbourg*, qui a fait des voyages dans le Mexique et l'Amérique centrale, y a longtemps séjourné, en a étudié l'histoire et a mêlé à des observations vraies des opinions trop hardies et peu acceptables. — Jules *Brenchley*, Anglais, qui a exécuté de longs voyages en Amérique, en Océanie, au Maroc, etc. — George *Catlin*, qui a beaucoup voyagé chez les Indiens des deux Amériques et a réuni de nombreux documents et de curieuses collections sur ces populations. — Arcisse de *Caumont*, antiquaire et géologue, qui a provoqué des congrès scientifiques et particulièrement des congrès archéologiques qui ont eu d'heureux résultats pour les sciences, et la géographie y a eu sa bonne part. — L'amiral *Cécille*, explorateur des mers de l'Océanie et de la Chine. — L'amiral *Chaigneau*, qui a commandé la division française du Brésil et de la Plata en 1863 et 1866. — James *Chapman*, voyageur dans l'Afrique australe. — Prosper de *Chasseloup-Laubat*, qui fut ministre de la marine, membre très-influent de nos grandes assemblées politiques et longtemps président de la Société de géographie de Paris, à laquelle il a donné une très-heureuse impulsion. — Fr.-Rawdon *Chesney*, qui a dirigé une expédition anglaise pour étudier le cours de l'Euphrate. — Louis *Cousin*, archéologue, qui a fait faire des progrès à l'archéologie du nord de la France. — Fr.-W. *Delkeskamp*, auteur de panoramas, de cartes et de reliefs sur la Suisse, le Rhin, etc. — Le docteur *Dillon*, mort dans l'Afrique orientale, et qui faisait partie de l'expédition à la recherche du corps de Livingstone. — *Dournaux-Dupéré*, voyageur, assassiné, avec son compagnon Joubert, dans le Sahara, sur la route de Ghadamès à Ghât. — Édouard *Dunsterville*, Anglais, qui a fait des travaux de marine importants. — Ch. *Dupin*, physicien et statisticien, qui, parmi ses nombreux ouvrages, a présenté les forces productives et commerciales de la France, de la Grande-Bretagne, etc. — William *Ellis*, missionnaire anglais, qui a séjourné dans l'Océanie et à Madagascar, et a écrit les relations de ses voyages. — Le capitaine *Fau*, mort victime, en Birmanie, des fièvres paludéennes — Alexis *Fedchenko*, naturaliste et géographe russe, qui a fait faire de grands progrès à la géographie physique de l'Asie centrale. — Le colonel John-Wells *Foster*, Américain, qui a étudié la géologie et la topographie du Michigan, du voisinage du lac Supérieur, etc. — Francis *Garnier*, voyageur, qui a dirigé, après la mort de Doudart de Lagrée, l'expédition du Mé-kong, et a rendu compte de cette expédition dans un magnifique ouvrage; il a trouvé la mort au Tong-king en cherchant à étendre l'influence française dans ce pays. — Claude *Gay*, connu par son histoire et ses cartes du Chili. — Fréd. *Gerstæcker*, qui a voyagé particulièrement en Amérique. — George *Gibbs*, naturaliste et archéologue américain, qui a voyagé dans l'ouest des États-Unis. — Christophe *Hansteen*, physicien norvégien, qui s'est surtout occupé du magnétisme terrestre; il a fait un important voyage en Sibérie. — Madame *Hommaire de Hell*, qui a accompagné son mari dans la Russie méridionale et l'Asie Mineure, et qui a fait ensuite des voyages en Roumanie, etc.; elle a laissé des relations pleines d'intérêt. — Hamilton *Hume*, qui a fait des explorations remarquables dans l'Australie. — Stanislas *Julien*, savant sinologue, qui tient à la géographie par l'Histoire de la vie de Hiouen-Thsang et de ses voyages dans l'Inde. — William *Kekwick* et *King*, qui ont accompagné Mac-Douall Stuart dans ses expéditions à travers l'Australie en 1860, 1861 et 1862. — J.-Gottlieb *Kutzner*, professeur et géographe, particulièrement versé dans la géographie physique, rédacteur du voyage du prince Waldemar de Prusse dans l'Inde, etc. — L'amiral *Laffon de Ladébat*, qui a rendu des services à la géographie en croisant sur les côtes de Guinée. — Madame *Liais*, qui a accompagné son mari dans ses explorations de plusieurs parties du Brésil, dirigé elle-même les expéditions pendant la maladie de M. Liais, et fait à sa place des observations scientifiques. — David *Livingstone*, missionnaire anglais, le plus grand voyageur des temps modernes; nous avons décrit ses prodigieuses explorations en Afrique. — Charles *Livingstone*, frère de David, qui fit partie de l'expédition du Zambèze (de 1858 à 1864). — Le docteur Guillaume *Luhder*, naturaliste, qui a fait un voyage sur la côte ouest de l'Afrique, en Guinée. — Henri-Bloss *Lynch*, qui a pris part à l'expédition de Chesney dans le Tigre et l'Euphrate et à des observations nautiques dans les mers de l'Orient. — Le docteur *Maack*, naturaliste allemand, qui a partagé les travaux d'Agassiz en Amérique, a voyagé dans l'Amérique du Sud et fait partie de l'expédition de Selfridge à l'isthme de Darien. — Sir Robert-John Le Mesnier *Mac-Clure*, amiral anglais qui a fait des voyages arctiques célèbres et découvert le passage du. Nord-Ouest. — Joachim-Dacosta *Macedo*, Portugais, auteur de savants mémoires relatifs aux découvertes maritimes des Portugais.— John *Mac-Inlay*, voyageur australien, mort à la recherche de l'expédition de Leichhardt. — *Maklaï-Mikloukho*, naturaliste et voyageur russe, qui a fait des recherches sur les côtes de la mer Rouge et à la Nouvelle-Guinée. — Maximilien *Malleville*, auteur de travaux historiques et géographiques sur le département de l'Aisne. — Achille-Nicolas de *Meissas*, auteur, avec M. Michelot, d'ouvrages élémentaires de géographie très-répandus. — Mathieu Fontaine *Maury*, Américain, le célèbre auteur de la Géographie physique de la mer et de cartes marines d'une importance capitale pour les courants, les vents, la température, etc. — Jacques *Melsom*, capitaine de vaisseau norvégien, qui a participé aux expéditions arctiques de 1871 et 1873.— Giovanni *Miani*, qui a visité le bassin du Nil.— J. *Michelet*, qui a fait précéder sa grande Histoire de France d'aperçus géographiques remarquables. — *Moffat*, petit-fils du missionnaire du même nom et neveu de Livingstone; il se joignit à l'expédition de Cameron pour aller à la recherche de Livingstone, et mourut dans ce voyage, près de Réhennéka. — Gaspard *Mollien*, qui a fait un voyage célèbre au Sénégal et à la Gambie, en 1818, et qui a voyagé depuis dans la Colombie. — Le capitaine *Moreau*, qui a, comme son compagnon Fau, succombé en Birmanie aux fièvres paludéennes. — Ch.-Frédéric *Naumann*, géologue, qui, entre autres pays, a décrit la Norvége. — Le docteur *Nott*, ethnographe américain. — And.-S. *Œrsted*, naturaliste, neveu du grand physicien du même nom; il a voyagé dans l'Amérique centrale. —Gustave *Parthey*, égyptologue, savant dans toutes les recherches historiques de l'antiquité, auteur, avec Pinder, de la Cosmographie de l'Anonyme de Ravenne; avec Lasarow, de l'Onomasticon d'Eusèbe, etc. — Mariano Felipe *Paz-Soldan*, directeur des travaux publics du Pérou; il a fait de bons ouvrages géographiques et des cartes sur ce pays. — *Pauthier*, auteur de nombreux travaux sur la Chine et d'une édition très-estimée de la relation de Marco-Polo. — Joseph-Barclay *Pentland*, connu par ses voyages dans les Cordillères et qui a mesuré beaucoup d'altitudes des Andes. — Eugène *Picard*, bon cartographe. —Lambert *Polain*, auteur d'ouvrages historiques et géographiques sur le pays de Liége. — Jules *Poncet*, qui, avec son frère Ambroise, a élevé des établissements pour la chasse aux éléphants dans le bassin du Nil Blanc et a fait faire des progrès à la géographie de ce bassin. — Benj. *Poucel*, voyageur dans la Confédération Argentine.—L'amiral *Rigault de Genouilly*, qui s'est fait un nom en géographie par des expéditions sur les côtes de Chine et de Cochinchine, par la conquête de Saï-gon, etc. — Jacques *Quételet*, astronome et statisticien belge, auteur de nombreux travaux, où la géographie est souvent mêlée à l'économie politique. — Maximilien de *Rian*, archéologue, qui a éclairé un grand nombre de points de la géographie ancienne de l'Allemagne. — De *Romanov*, Russe, qui a voyagé en Europe, en Asie et en Amérique, et a contribué à la communication télégraphique du bassin de l'Amour. — Gustave *Rose*, minéralogiste, qui fit avec Humboldt et Ehrenberg un important voyage à l'Oural et à l'Altaï, en 1829. — *Roget de Belloguet*, historien et ethnographe, auteur de travaux considérables sur les Bourguignons et les Gaulois. — Emmanuel de *Rougé*, égyptologue, auteur de grandes recherches sur l'histoire et la géographie de l'Égypte. — François-Désiré *Roulin*, naturaliste et voyageur· auteur de descriptions de l'Amérique méridionale, traducteur de l'Histoire naturelle de l'homme de Prichard, etc. — *Saint-Marc Girardin*, brillant littérateur, qui a touché quelques points géographiques dans ses Souvenirs et Voyages. — Eusèbe de *Salles*, professeur d'arabe, voyageur et ethnographe, qui, entre autres ouvrages, a publié les Pérégrinations en Orient. — Ch.-Christian Wilhelm *Sartorius*, connu par ses ouvrages sur le Mexique. — Christian *Schiffner*, auteur de travaux géographiques sur la Saxe. — Prosper *Schweizer*, né en Suisse, mais qui a été, en Russie, directeur de l'Observatoire de Moscou. — Jean de *Smet*, missionnaire belge, qui a fait une relation de son voyage aux monts Rocheux. — Sir André *Smith*, naturaliste, qui a fait de bonnes explorations dans le sud de l'Afrique. — Mary *Somerville*, une des plus savantes femmes de ce siècle, célèbre surtout par sa Géographie physique. — Julien *Spörer*, qui a voyagé en Russie et a fait de nombreux mémoires géographiques. — Paul *Strzelecki*, d'origine polonaise, voyageur dans beaucoup de pays, mais particulièrement dans l'Australie, qu'il a décrite dans un important ouvrage. — Émile de *Sydow*, excellent cartographe, qui a dressé la liste et fait la description des cartes topographiques de l'Europe, etc. — William *Stimpson*, zoologiste américain, qui fit partie de l'expédition de Ringgold et Rodgers dans l'océan Pacifique. — W.-Henry *Sykes*, qui a contribué au progrès de la géographie de l'Inde. — Sivert *Tobiesen*, marin norvégien, qui a fait partie des récentes expéditions arctiques. — L'amiral *Tréhoüart*, qui commanda le navire la *Recherche* pour découvrir dans les mers arctiques les traces de Jules de Blosseville, dirigea une expédition armée au Rio de la Plata, fut un des chefs de celle de Crimée, etc. — Philippe Poulletier de *Verneuil*, savant géologue, qui accompagna Murchison dans une grande expédition géologique aux monts Ourals et a fait la carte géologique de l'Espagne et beaucoup d'autres travaux estimés. — Ferdinand dal *Verme*, minéralogiste et voyageur, qui a dirigé l'exploitation des mines de cuivre de l'Oural, et qui est mort de la fièvre sur les côtes de Zanguebar. — Alfred *Waddington*, qui a exploré l'ouest de l'Amérique du Nord anglaise, dans le but surtout d'ouvrir un chemin de fer entre le Canada et le Grand Océan. — John *Walker*, qui fut pendant 48 ans le géographe de la Compagnie des Indes orientales, a contribué puissamment à la grande carte topographique de l'Inde, et a publié plusieurs cartes générales de l'Hindoustan et des pays voisins. — Fréd. *Welwitsch*, botaniste et voyageur, qui a exploré le sud de l'Afrique.

CLICHY. — Impr. PAUL DUPONT, 12, rue du Bac-d'Asnières.

www.ingramcontent.com/pod-product-compliance
Lightning Source LLC
Chambersburg PA
CBHW072100090426

42739CB00012B/2828